生活，就是你的品牌秀場！
打造專屬自己的標籤，別再消失在人群中

蔡丹紅 著

# 學會「賣」自己

## 讓你成為焦點人物

◎你是行走的品牌，還是路邊的風景？
◎你要當有價值的「玩家」，還是工具人？
◎你的人生價值，是隨波逐流，還是逆勢翻倍？

個人品牌，讓你從今天開始逃脫平凡！
別做生活的配角，成為你人生的主打款！

# 目錄

前言

**Part1　蓄勢 —— 樹立個人品牌理念：**
**品牌化人生，把自己「賣」到天價**

　　第 1 章　為何要打造個人品牌？　　　　　　　　　　　012
　　第 2 章　什麼是個人品牌？　　　　　　　　　　　　　033

**Part2　導勢 —— 個人品牌定位：**
**數一數二，或獨一無二**

　　第 3 章　特色定位 —— 成就個人品牌的三大基礎　　　052
　　第 4 章　形象定位 —— 建構個人品牌形象的四大系統　063

# 目錄

## Part3　造勢 —— 個人品牌行銷：
### 先造人，後造財

第 5 章　成功的品牌行銷，鑄就成功的個人品牌　　　090

第 6 章　粉絲行銷 —— 建立和管理好粉絲關係的四大步驟　　　116

第 7 章　社群行銷 ——「老」行銷、新思路、新打法　　　144

第 8 章　公關行銷 —— 提升個人品牌形象的錦囊妙計　　　173

第 9 章　話題行銷 —— 只有造勢借勢，才可先聲奪人　　　195

## Part4　融勢 —— 個人品牌管理：
### 在溝通與相處中，讓你的身價翻倍

第 10 章　個人品牌化下的人際關係與溝通技巧？　　　214

# 前言

立言不易，我勇敢地試著寫點東西，內心卻是別樣的惶恐。我敬畏讀者的時間，不敢將就、湊付。翻閱如今市場上出版的有關個人品牌與品牌的圖書，並抱著學習的態度認真、仔細地閱讀了一番，其中大部分相當枯燥，而且對個人品牌的建立無法發揮任何作用。

既然如此，我還有勇氣寫出一本書來嗎？就算我寫了，你又為什麼要費心地讀它呢？

這的確是個令人深思的問題，讓我來想辦法回答吧。

在寫這本書時，我告訴自己：將空話全部丟掉，也不說令人聽過即忘的大道理。我所能做的就是陳述所思所想，並言之有物。我把自己近20年對個人品牌的研究和實踐落實在行文中，也希望我的文字盡可能經過自身的檢驗，能讓讀者真正受用。

因為我的職涯發展受我父親影響深遠，在此，我想先從我的身世說起。

我的父親年幼失怙，與哥哥相依為命，正逢家道敗落。為了生計，父親只好投身於雜技團拜師學藝，並成為某藝術團的核心成員。不知大家是否看過舊時戲曲團隊的教育方法，那完全是嚴苛的「封建家長制」的做法。父親在這樣的環境下長大，腦子裡盡是傳統的封建思想。當然，傳統的思想裡也有許多非常優秀的東西，比如「仁、義、禮、智、信」的為人處事原則。但是總體來說，規矩還是占多數。我的童年就是在父親每天吃飯時的訓話（都是他那套做人的老道理）中長大。客觀地說，當時

## 前言

的我，很厭惡這些大道理。

造化弄人。一場高燒，讓我在升大學的重要考試中失利。而志願選擇失誤，又讓我十分不情願地去讀了我最討厭的師範大學。這與我骨子裡遺傳下來的藝術細胞是如此的不協調。我終究無法割捨對藝術的熱愛，從進入大學的第一天起，一直到我工作的前兩年，我的身心都聚焦在文藝生活中。我學習聲樂、演講、舞蹈、作曲、鋼琴，浸淫在藝術的世界中不亦樂乎，似乎這一切都按照我的藝術之夢發展著。然而，在工作的第二年，我參加了一次聲樂比賽。比賽中，評審不公平的判定，讓我了解到自己的性格以及從父親身上傳承下來的價值取向，與我夢想中的演藝之路，是如此的不相契合。於是，我毅然決然地放棄了從兒時起延續了二十多年的夢想，轉而投身學術發展。我做了一個重要的決定：考研究所。

當時網路還沒普及，資訊交流並不通暢。我在考研究所的過程中，沒有任何幫助和指導，靠的就是自己的分析判斷和認真刻苦的努力。這時我身上的那種商業天賦開始顯現：以考研究所成功為目標，分析規劃，並選擇最容易實現的路徑。天賦與我的刻苦努力精神完美地融合在一起，我順利地實現了自己的目標。

我在研究所期間主修中國哲學，畢業論文的選題就是孔孟之道的研究，畢業後我成了一名大學哲學講師。可以想像，這些傳統的儒家理念是如何一步步地走入我的腦海並生根發芽的。它與我父親的那一套做人的大道理如此巧妙地結合在一起，無論我接受還是不接受，我的腦子就這樣被洗禮了。它深深地影響了我一生的職業發展和人際關係的處理方式。

外在思想的浸染和內心的性格在我身體裡發生了劇烈的衝突。我與

生俱來喜歡創新、喜歡變化的天性，時不時地竄出來，攪動著我的心。特別是看到系裡的老主任騎著一輛老破腳踏車，在菜市場徘徊的情景，讓我不敢想像這就是我的未來。

於是，我離開了大學中規中矩的生活。按照當時的時尚說法：我下海了。

我下海後的第一份工作就是公關策劃人，而且是在一個赫赫有名的跨國公司的公關部。在這裡，我可以盡情地發揮我的創意能力。很快地，喜歡新事物的我發現自己在這家企業已經學不到新東西了。於是，我跳槽到其他公司，當了經營部副總經理，後來又到了一家著名的集團擔任行銷公司總經理，繼而是一家集團的經營副總經理。在經歷了七年專業經理人的生涯後，我回到了大學，開始以企業顧問的身分為企業服務。在累積了一定經驗後，註冊了一家以自己名字命名的企業管理顧問事務所，從此開啟了我二十年的諮詢生涯。

說到這裡，或許大家會覺得奇怪：為什麼要以自己的名字為公司命名？這在 1998 年，簡直令人難以想像。

事實上，促使我用自己名字命名的原因，是因為我覺得一個依託於個人的專業技能，創造客戶價值的新品牌剛入市，必須先取得客戶的信任才有可能發展。管理諮詢在當時是一個新事物。客戶在不知道如何判別的情況下，用自己的名字命名品牌，往往是一種專業自信和誠信的暗示，因此更能讓人信服。為了確保自己的專業服務的品質，在公司開業不久，我就給自己定下了「五不做」原則：公司總經理不親自參與的不做、公司領導者心態不成熟的不做、公司高層內部鬥爭嚴重的不做、自己的精力能力顧不上的不做、沒有充足利潤保證的不做。

## 前言

　　諮詢業是個完全個性化的行業，不能機械化大量生產。訂單多了，即使我的諮詢水準再高，也無法保證品質。因此，要想真正打好基礎、蓬勃發展，就必須學會拒絕。這在 1990 年代，簡直是異類。

　　總體來說，企業的發展策略不外乎做大或是做精兩條路。按照當時的市場來看，管理諮詢處於行業發展的成長期，快速做大是很容易的，因此也成了許多諮詢公司的策略選擇。而我基於維護我個人品牌的考慮，選擇了做精這條路。因為只有堅持「少而精」的發展策略，不做大，才能把專案做到客戶滿意。而我本人，一直堅持專家定位。我認為一個諮詢公司的掌門人或者選擇做專家，或者選擇做企業家；前者要的是專業，後者要的是管理。我是個追求心性自由的人，不喜歡管人，也不喜歡別人管我，所以我選擇了當一個專家。所以，只要我經手的專案，都是用我的心血去完成。因此出現的一個怪異現象是：客戶往往和我合作越久，越覺得我的可貴。常常出現的狀況是：一開始，客戶請我住的是三星級的飯店，到後來就住當地最好的飯店。而這也正是我二十年品牌不倒的原因所在。

　　回顧往事，我的整個人生猶如個人品牌打造的教科書，在這個過程中，我一直在為我自己而戰 —— 我要的是思想、行為、生命的尊嚴和自由。我渴望「蔡丹紅」這三個字有分量，能透過自己的影響力發出自己的聲音，擁有一定的話語權。所以，我尋找了一個能夠撬動世界的支點。這個支點就是「個人品牌」。

　　我之所以打造自己的個人品牌，是因為我喜歡真實和誠信。一個有價值的個人品牌，承載著厚重的文化素養、豐富的情感和獨特的個性。與其說我在打造自己的個人品牌，不如說我在打造我自己。在真誠嚴重

缺失的今天，在競爭如此激烈的今天，我們要想獲得認同，就必須有自己的個人品牌。

認同就是尊嚴。

當然，在我創業的過程中，我也碰到過客戶不信任的問題。對此，還是從品牌的角度來理解。我認為這是因為我的品牌影響力在他們心中沒有形成的原因。所以對這樣一些客戶，我寧願選擇放棄，而不是用降價這些交易手段來促成。這二十年來，我一直努力地避免與我的客戶形成交易關係，我認為我只有把我當成合作夥伴、策略聯盟的企業家朋友，才是我可以為之工作的客戶。實踐證明，這確實是一個行之有效的方法。

基於此，我把我打造個人品牌的路徑、方法和研究，最重要的是將我的思想著述成文，成為這本能夠給處在個人品牌亂局中獨自摸索的你撥開迷霧的指南，希望對你建立你的個人品牌，能夠產生猶如醍醐灌頂般的深刻感悟。

本書的內容是按照「理念 —— 定位 —— 行銷 —— 管理」的邏輯順序展開，融合了品牌學、行銷學、心理學、社會學與溝通學等知識，並聚焦於建立期的個人品牌塑造。正因為這是個人品牌系統，內容上環環相扣，建議你能按篇章閱讀。雖然前面部分的內容遠不如後半部分更加有價值，但是行文順序上必須如此，希望大家理解。也切忌浮躁心態，看了前面內容，就妄下決斷。

本書將以全新的個人品牌視角為你帶來一場洗禮，也一定會和許多已經約定俗成的錯誤思維和方法產生強烈碰撞。但是只要你遵循我的思想之道，它將為你的個人品牌帶來巨大的溢價和「柳暗花明又一村」的境遇。

## 前言

　　連結你我的是思想，希望你能夠接收到我發出的訊號。再好的方法如果沒有實踐，一切將是無用功。我僅是拋磚引玉，如果你能把這塊「玉」用到你的個人品牌雕塑上，那將是另一番光景──不光能獲得事業上的成功，還有詩和遠方。

# Part1　蓄勢 —— 樹立個人品牌理念：
## 品牌化人生，把自己「賣」到天價

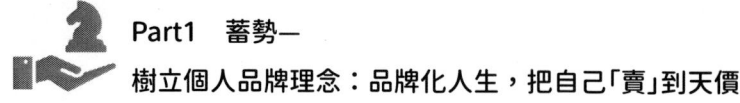

Part1 蓄勢—

樹立個人品牌理念：品牌化人生，把自己「賣」到天價

## 第1章　為何要打造個人品牌？

【導言】

　　市場競爭風雲變幻莫測，我們已經進入了注意力經濟時代，如何在這個時代裡一舉奪魁？我認為，唯一的祕訣就是打造個人品牌。

　　你也許會有疑問：「我又不是什麼明星、重量級人物、地產大亨，我只是一個普通人，每天上班下班，奔波於家、公司兩地之間，我這種凡夫俗子有什麼個人品牌好打造的呢？」如果你也抱著這樣的想法，那麼你的一生注定碌碌無為，毫無建樹。

　　事實上，「個人品牌」並不是什麼高深莫測的東西，「個人品牌」的基礎就是你的個人特徵。人們從你的品牌特徵推斷出你的個人特徵，最後決定喜不喜歡你以及你的產品。

　　當今是注意力經濟盛行，網路及自媒體多元化蓬勃發展的時代，更是個人品牌致勝的時代。為此，美國著名管理學者湯姆‧彼得斯（Tom Peters）曾說過：「21世紀的工作生存法則就是建立個人品牌。」個人品牌將成為無懈可擊的力量，深遠地影響我們每一個人。

　　品牌可以給商品好的「賣相」，有品牌的人自然有身價。現在的市場競爭越來越激烈，不管在什麼樣的環境裡，你要充分展示自己的能力才能讓大家認識並且認可你。如果你只會埋頭苦幹，你的突出表現就會被其他人的長袖善舞所遮蔽。所以，個體的價值被認可是一件非常重要的事。

## 第1章　為何要打造個人品牌？

　　想要獲得個人的成功，擁有自己夢想的生活，我們就要像那些明星一樣，樹立起自己鮮明的「個人品牌」，讓大家接受自己、認同自己，這樣才能為自己畫出一條光明的事業線。對大多數仍在不斷追求、進取的人來說，如果能夠成功打造自己的個人品牌，無異於找到了一個邁向成功的加速器；對於成功者來說，個人品牌是鞏固和維護身價不可缺少的護身符，他們小心地管理著自己的身分和名聲，並盡力使之保值、升值。

　　如果到現在為止，你還不知道為什麼要打造個人品牌，那麼本章將會給你一個很好地詮釋：

　　打造個人品牌，是時代的趨勢；

　　打造個人品牌，會讓你成為職業中有價值的「玩家」；

　　打造個人品牌，是你脫穎而出的競爭法寶；

　　打造個人品牌，會讓你的身價倍增；

　　沒錢、沒人、沒場地，照樣創業成功，靠的也是打造個人品牌。

　　有詩說：「紙上談兵終覺淺，絕知此事要躬行。」打造一個有特色的個人品牌不是可有可無，而是勢在必行。實際上，想要打造一個能夠占領市場的個人品牌也不是什麼難事，只要你有一顆不尋常的心，並且認真地閱讀完本書，你就能成功地打造出個人品牌。

　　我們要用正向的態度面對目前的工作處境，樹立好自己的「個人品牌」，拒絕被矮化，被否定，被固化，要盡可能把自己所做的事情當成是自己的使命，不要懈怠。世界上沒有哪一件事情是絕對吸引人，或者絕對枯燥乏味的。一件事情的好壞，多半取決於我們自己的態度。積極向上的心態會讓你渾身充滿鬥志，充滿對成功的渴望，這種渴望會讓負面

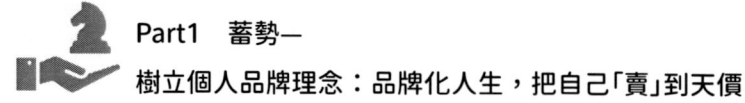

Part1　蓄勢—
樹立個人品牌理念：品牌化人生，把自己「賣」到天價

的情緒如過眼雲煙，立即消散，你的樂觀、聰慧、勇敢和創造力都會被激發，一起向目標前進。

英國詩人威廉·亨利（William Henry）曾寫下：「我是自己命運的主宰，我是自己靈魂的統帥。」（I am the master of my fate, I am the captain of my soul.）

這兩句詩告訴我們，我們才是自己命運的主人，因為，是我們自己的態度決定我們的人生。

歷經滄桑，不忘初心，掙脫習慣的束縛，遠離沮喪的心情，打造一個精彩的「個人品牌」。當我們故步自封、安於現狀時，我們要質問自己：「你在奮鬥嗎？你在努力嗎？你的目標達成了嗎？」要勇於向障礙發起挑戰，哪怕傷痕累累，也要奮力一搏。這才是新時代人才該有的精神。

從現在開始，樹立個人品牌，越快越好！

## 1.1 個人品牌時代已來臨，你準備好了嗎？

無論你承認與否，如今的我們生活在一張「網」裡。網路的出現改變了我們的工作和生活方式。全球化、資訊化、網路化是我們現在所處時代的主要特徵。透過社群媒體，比如 Facebook、Instagram、Threads，我們不再是一個被動的旁觀者，而是一個參與者。只要我們勇於發聲，全世界都將傾聽我們的聲音。

### ◆ 社群媒體時代的來臨，讓打造個人品牌成為必然性

任何新事物的發生、發展都需要時間，個人品牌也是一樣。當易於傳播的社群媒體出現後，打造個人品牌才成為必然性。

第1章　為何要打造個人品牌？

　　社群媒體的流行，為我們打造個人品牌提供了免費、暢通無阻的自媒體環境。如果到現在為止，你還認為在 Facebook、Instagram 上分享生活感悟、寫文章，是一件費力不討好的事情，那就大錯特錯了。只要你長期在 Facebook、Instagram 上寫文章、寫感悟，時間久了，你就會發現，社群媒體已經慢慢成就了你的個人品牌。那些瀏覽你資訊、文章的人，能夠從中讀懂你的思想，建構你的形象，並由此喜歡你、信任你。只要你願意，你可以與他們建立合作，獲得商業價值。只要你有特點、有個性，經過努力，都有可能在社會化媒體平臺上脫穎而出，成就個人品牌。通俗地說，也就是「網紅」。

　　時勢造英雄，再厲害的人也需要掌握時代的風口。而現今，在這個社群媒體時代，基本趨勢是打造個人品牌。如果你不想被時代所拋棄，不想被邊緣化，那麼請大膽投身於個人品牌打造這個浪潮中吧。

## ◆ 多元化社會，讓打造個人品牌具可能性

　　如今的社會是一個多元化的、充滿個性的社會，更加包容並尊重每個人的自由。我們每個人都可以透過打造個人品牌，建立良好的社會影響力，從而實現自己的人生價值。打造個人品牌，讓更多的人認識自己與接受自己，建立起具有鮮明個性的個人品牌，無疑是當下最具有殺傷力的競爭武器。

　　同時，打造個人品牌也不僅僅是為了獲得經濟價值，也可以是一種生活態度，一種對自己的期望。建立個人品牌，能夠讓你獨特的個性得到彰顯，更能由此找到更多志同道合的同伴。

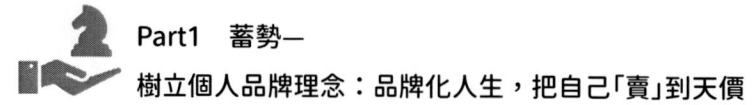

Part1 蓄勢—
樹立個人品牌理念：品牌化人生，把自己「賣」到天價

## ◆ 資本紛至沓來，個人品牌迎來「我」時代

由於個人品牌所具有的商業價值，讓越來越多的資本紛至沓來。品牌網紅成為交易的入口，形成一種商業價值。

當然，我們也要明白，從資本的角度來看，個人品牌的價值更多取決於他所能提供的市場價值，因此個人品牌與資本能夠攜手的最關鍵因素是：個人品牌是否能為目標使用者提供更多價值，個人品牌所提供價值的技能能力如何。

不可否認，資本已經對個人品牌敞開了懷抱。個人品牌由之前的自產自銷，到資本介入後的品牌化運作，從而迎來了「我」時代。不同於傳統媒體時代聚集了大量的資本，然後在網路時代將資本加以轉嫁，如今，真正的個人開始崛起，他們靠著自己在某方面的專長，透過社會化媒體、多元化社會的特性和資本，打造出自己的個人品牌。只有現在才是真正的個人品牌時代的來臨。

正在翻閱本書的你，意識到了嗎？你就是你，你的精彩你做主，社群媒體時代、多元化時代和資本的介入，讓個人品牌成為時代的英雄，這就是這個時代的神奇之處。看到這裡，你是不是熱血沸騰呢？打造個人品牌，成為明星、成為品牌網紅、成為時代的跟風者，真的離你很近很近。你，準備好了嗎？

## 1.2 如何在職場中成為有價值的「玩家」？

如今，隨著大學擴招，大學畢業生每天都以成倍的速度在增加，空前的就業壓力成了高懸在每個人頭上的「達摩克利斯之劍」。同時，隨著科技以及人工智慧的逐漸發展，機器取代人工越來越趨於平常化，這也

## 第 1 章　為何要打造個人品牌？

造成企業對人才的需求趨於穩定。經過裁員和人才重組後，企業在招人時將更為謹慎。那麼，我們如何在職場中成為有價值的「玩家」呢？

最好的答案就是：打造個人品牌。

我曾經聽過這樣一個故事：一名員工在一家公司做了 15 年，他每天用同樣的方法做著同樣的工作，領著同樣的薪水。在第 16 年的一天裡，他憤憤不平地找到老闆要求加薪，他對老闆說：「我有著 15 年的工作經驗。」老闆看看了他說道：「你並沒有 15 年的工作經驗，你只是一個工作經驗用了 15 年而已。」

聽完這個故事，我由衷地替那名員工感到可悲。成長是一個人一生的主題，如果我們始終沒有成長，那麼我們的價值就面臨折損的風險。現在，請你停下來，好好地思考一下：如果有一天你的公司炒了你魷魚，你該怎麼辦？你的明天又該何去何從？

如果你的思考結果是誠惶誠恐，那麼請你認真地、仔細地閱讀本書，因為它將讓你獲得職場競爭力；如果你的思考結果還算安心，那麼也請你認真地閱讀本書，因為長江後浪推前浪，你的職場技能將會被無數人前仆後繼地超越或替代。

職場是殘酷的，你沒有價值就會被淘汰。所以，你應該明白：傳統「媳婦熬成婆」的成長路線已經不再可靠，取而代之的是另一條有效的成長法則，那就是打造個人品牌。如今的職場競爭就是一場「個人品牌」之間的較量，打造個人品牌，將會讓你成為職場中有價值的「玩家」。

為了更好地向大家闡述這個觀點的準確性和重要性，下面，我將透過四點個人品牌對職場的影響及作用來佐證。

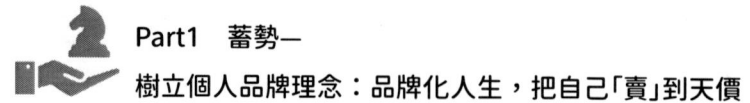

# Part1 蓄勢—
## 樹立個人品牌理念：品牌化人生，把自己「賣」到天價

### ◆ 世界上沒有所謂的「鐵飯碗」，個人品牌能讓你永遠有工作

在從前的時代，政府機關、國營事業幾乎是所有人理想的工作，以為只要考上公務員，就可以高枕無憂。然而時至今日，政府機關也跟所有的企業一樣，不存在所謂的「鐵飯碗」了。換一個角度來說，即使我們在一家公司內穩定任職，我們是否能保證可以在這裡從一而終呢？許多公司甚至遠遠不如你長壽呢！

如果你是一粒種子，有成為一棵大樹的意願，那麼請接受市場經濟的血雨腥風吧！職場競爭，靠的是你超出常人的個人職業核心競爭力。當你賦予你的核心競爭力品牌特徵後，你就猶如插上翅膀的雄鷹，即使你所在的公司倒閉了，你也會被其他的企業爭相邀請。

### ◆ 技能和資源終會被取代，而個人品牌無可取代

如今的時代，資訊、知識更新速度太快，累積在新知識基礎上的技能，生命週期也是如此之短。因此，單純地依靠個人技能獲得的職場優勢，隨著時間的推移，技能的邊際效益會逐漸遞減。這也就是說，無論你是客服、業務、工程師，或者是主管、經理、總監等等，你的能力優勢很容易被新人超越和替代。即使你已經從拚技能進階到玩資源的管理層，你的個人能力優勢依然會呈現遞減狀態。年齡、資歷成為越來越沒有價值的東西。

那麼靠勤奮行不行？從小我們被教育：天才＝勤奮＋悟性。但是網路時代，我們每一個獲取知識的管道和速度是一樣的。為了獲得成功，這個社會永遠不缺勤奮的人，你勤奮，他比你更勤奮。即使是一個普通人，透過辛勤學習也有可能成為某一個細分領域的大師。那麼，請問：

第 1 章　為何要打造個人品牌？

你還能僅僅靠勤奮創造你的個人溢價嗎？

請務必再重新思考：

為什麼別人能升遷、加薪，而你一直拿著一樣的薪水？

為什麼你不敢跳槽，怕找不到工作，而別人卻是被人爭相聘請？

為什麼你追了一個很久的案子，別人輕而易舉地就能搶走？

為什麼你是公司的 CFO，可是個人估值放到資本市場依舊很低？

為什麼你融不到資，沒有人願意投資你？

……

如此之多的為什麼，原因卻只有一個，那就是：技能總有被超越的時候，資源總有被取代的時候，勤奮也是容易被超越，成功不再只是靠技能、資源、知識、勤奮，而是依靠個人品牌。個人品牌的溢價能力越高，你被他人取代的可能性就越低。這就如同世界上沒有完全相同的兩片樹葉，你的個人品牌也是獨一無二的。

◆ 個人品牌讓你擁有持久的、獨特的職場競爭力

如果說把我們每個人比作一家企業，那麼你所擁有的東西──技能、資源、知識、思維、策略，就是你的「產品」。職場中，你的「產品」──技能、資源、知識、思維、策略等是可以被他人透過辛勤學習而超越的，而你的個人品牌卻可以讓你擁有持久的、獨特的職場競爭力。

你的個人品牌就是你在「消費者」心中的「形象」，用來與其他對手競爭，影響消費者購買決策。

你的「消費者」是誰？職場中，你的「消費者」就是你的主管、老

## Part1 蓄勢—
### 樹立個人品牌理念：品牌化人生，把自己「賣」到天價

闆、人資、客戶、投資人、同事、員工。你的個人品牌就是你在職場的一個標籤，是你與其他人的連結。

「形象」是什麼？形象就是他人在提到某個領域、某個技能時，就會想起你，你在他人心中所有的形象就是你的個人品牌。

什麼是購買決策？在職場中的購買決策就是你在求職時、商務談判時，與他人進行競爭時，最終公司為何錄用你，客戶為何願意與你合作，投資人為何願意投資你的原因所在。

如何能在激烈的職場競爭中獲勝？答案就是建立個人品牌。個人品牌融合了你所有的「產品」，總結起來，有以下兩類：

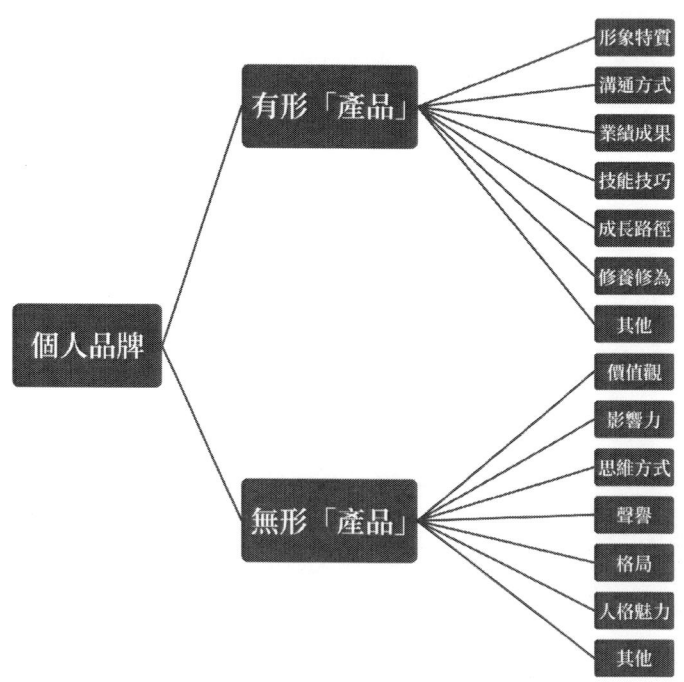

圖　個人品牌包含的內容

# 第 1 章　為何要打造個人品牌？

當你打造了自己的個人品牌時，就如同擁有了自己的市場，它是增加超額獲利的無形資產，不需要你自我推銷，個人品牌就能將你與其他人區別開來，在激烈的職場競爭中脫穎而出，用個人品牌叩開工作的大門。

## ◆ 個人品牌成就職場最強音

網路催生了新的經濟形式，引發了一場有利於實現自我價值的工作革命。如今的員工大多都是八年級、九年級生，人人都渴望個性解放，都希望能夠主宰自己的命運。誰是未來的王者？不再是組織，而是個體。個人將成新時代的主導力量。過去，我們看重組織資本，以企業為家。如今，個人越來越依靠自己的聲譽和技能，靈活選擇自己的發展空間。個人品牌成就職場最強助攻。打造個人品牌與你的年齡、性別、職務無關，任何人任何時候都需要個人品牌。

過去，求職者找工作都是拿著履歷。如今，許多企業是透過你平時在社群媒體上的發文等內容來了解你的成長能力和人格特徵，這就是個人品牌成為職場最強助攻的代表。

為什麼企業願意聘雇個人品牌的塑造者？我們可以透過下表來發現一些端倪。

表　個人品牌與普通職員的不同之處

| 事項 | 個人品牌塑造者 | 普通職員 |
| --- | --- | --- |
| 生活 | 積極生活，喜歡變化 | 循規蹈矩，過一天算一天 |
| 工作 | 積極地把每個項目都做得精彩 | 只做好自己分內的事情 |
| 心態 | 追求提升自身價值 | 只要有足夠的薪水即可 |
| 人際 | 隨時在學習與人相處之道 | 只要自己開心就好 |
| 學習 | 隨時在學習中 | 不常學習 |

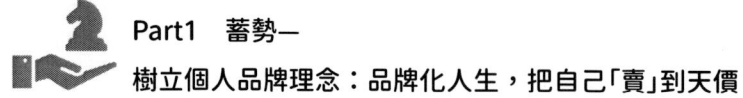

Part1　蓄勢—
樹立個人品牌理念：品牌化人生，把自己「賣」到天價

| 創意 | 有很強的創新能力 | 平庸，難以有出彩之處 |
| --- | --- | --- |
| 目標 | 有著堅定的目標 | 走一步算一步 |

上表便是個人品牌塑造者與普通職員在生活、工作、心態、創新等方面的不同，相信你一眼就能看出彼此的區別之處。試想一下，如果你是老闆，更傾向選擇哪一種人當你的員工？答案不言而喻。

透過以上四點，我們可以清晰地知道如今的職場競爭已經進入一場個人品牌之戰。如果你想在競爭激烈的職場中生存下去，就必須打造自己的個人品牌，像經營企業一樣經營你自己。從某種意義上來說，打造個人品牌就是在創業，你就是你個人品牌的的 CEO。

既然創業，就有創業失敗的可能。但是，打造個人品牌的努力，即使不能讓你成為超級 IP，最差也能提高你在職場上的議價能力。所以，打造個人品牌，是穩賺不賠的事情。

從現在開始，讓我們奮力崛起，打造自己的個人品牌吧。這是職場成為有價值「玩家」的唯一路徑。

## 1.3　什麼是助你脫穎而出的競爭法寶？

凡是經商之人，必定懂得企業參與競爭的法寶就是：擁有你自己的核心競爭力。為此，你需要設定清晰的競爭策略。

這一點，我作為一個策略管理諮詢師，體會是無比深刻的。事實上，在我近 20 年的管理諮詢的從業經歷中，我一直基於企業的競爭策略角度，思考如何幫助企業建立核心競爭力。而能夠持續走向成功的企業，也一定是建立了他自己獨特的競爭力，有自己牢固的「護城河」。

企業要想在激烈的市場勝出，就需要具有自己的核心競爭力。而行

## 第 1 章　為何要打造個人品牌？

業發展的不同階段，市場環境的不同，核心競爭力是不同的。而今天，對於絕大多數的行業來說，已經告別了短缺經濟，我們需要在物質產品力的基礎上，鍛造出自己的品牌力。品牌是當今企業，參與市場競爭最重要的武器，最關鍵的競爭法寶。

企業如此，我們個人更是如此。事實上，我們已經見證過許多透過鍛造自己核心競爭力，打造個人品牌，而在事業中步步輝煌，走上巔峰的人。這些人之所以成功，其最大的訣竅就在於他們明白自己的優勢，懂得揚長避短。他們擅長整合資源，善於發現、洞察未來，有著激勵他人、影響他人的能力。

打造個人品牌，對你核心競爭力的提升所帶來的是無法複製的優勢，這些優勢會進入目標使用者的心智，是他人無法取代的。具體來說，打造個人品牌，對你的核心競爭力有以下三大影響：

| 不可替代的差異化能力 | 能夠持續提升價值的能力 | 獲得關注和信賴的能力 |
|---|---|---|
| • 個人品牌是你所獨具的能力，是競爭對手不易甚至無法模仿的。 | • 個人品牌使你具有獲得超額收益的品牌溢價能力。 | • 個人品牌透過自己特殊的吸引力，會吸引更多的人關注你；擁有個人品牌的人，一定擁有良好的個人口碑，更容易獲得信賴。 |

圖　個人品牌對一個人核心競爭力的影響

策略決定興亡，戰術決定成敗。戰術做好了你有可能成功，若做不好，失敗了也可以重來。

但是一旦策略選擇錯誤，那將是不可救藥的。就像曾經輝煌一時的

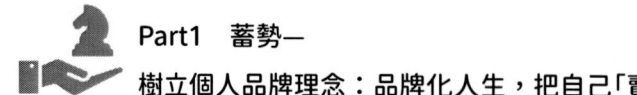

**Part1 蓄勢—**
**樹立個人品牌理念：品牌化人生，把自己「賣」到天價**

柯達，就因為策略轉型沒做好而衰落了。人也一樣，如果你在自己的事業發展中沒有打造出自己的個人品牌，也就意味著你失去了與他人差異化的核心競爭力，那麼脫穎而出也是一句空話。個人品牌與核心競爭力互為因果，互相作用，互相促進。

既然打造個人品牌，對一個人的核心競爭力如此重要，那麼我們可以透過什麼方法來打造個人品牌，提升自己的核心競爭力呢？歸納起來，一個人參與市場競爭，有以下三種打造核心競爭力的方法：

### ◆ 勤奮策略

所謂勤奮策略，就是比別人做得更多、更勤快。有的人認為自己能力平平，技術水準也沒有什麼過人之處。所謂「笨鳥先飛」，要想超過別人，就得透過勤奮來取勝。勤奮實際上是在「量」上取勝，也就是你做的比別人更多、更累，透過付出得比別人更多「量」的累積來使自己脫穎而出。這是一種老方法，過去非常有效，但是時至今日，這種成功方式不再像過去百試百靈。

### ◆ 環境選擇策略

所謂環境選擇策略，意指若在這個環境裡，你的對手太多，無法勝出，那麼你就換到一個周圍能力不如你的環境裡，你就更容易從中脫穎而出。比如，如今有許多家長逼著孩子在明星學校就讀，但是進去後，孩子發現自己在這裡完全屬於劣勢，自信心很快就受到打擊，一蹶不振，這對他未來的發展是非常不利的。要知道，信心是一個人成功的內在核心動力。

現在許多人也明白這個道理。如今，許多年輕人並不願意去大企業，因為那裡人才競爭太過激烈。他們寧願到創業公司或中小企業去發

第 1 章　為何要打造個人品牌？

展，在那裡更能發光發熱。

我在年輕時就為自己立下一個座右銘：寧願當一根蠟燭，放在沒有亮光的地方；也不願當一顆電燈泡，放在到處充滿亮光的地方。我的這句座右銘說的就是環境選擇策略。

◆ 差異化策略

差異化策略，實際上是從質的角度找到自己跟別人不同的點，在這個點上鍛造自己的核心競爭力，與別人形成差異。

而關於如何形成差異化，這就涉及品牌學知識了。品牌學是一門專門研究如何差異化競爭的學問。我們要透過品牌學的學習來吸取營養，吸收知識。所以建立個人品牌的過程，實際上就是鍛造我們的核心競爭能力的過程。

## 1.4 如何讓你的身價倍增？

在本節的開頭，我想問大家一個問題：什麼東西最值錢？

正處在事業上升期的人會說時間最值錢；跐蹋於官場的人會說權力最值錢；正在接受教育的學生會說知識最值錢；靠技術能力吃飯的人會說技術最值錢；沉浮於商業的商人會說金錢最值錢……

而我，作為品牌行銷專家，會說：品牌最值錢。明明是某間不知名小工廠生產的包，貼上「Coach」的牌子，價格立刻漲了 20 倍；同樣是甘油製作的護膚品，貼上「雅詩蘭黛」的牌子，價格立刻上漲 10 倍不止……

窺一角而知全貌，這就是品牌帶來的價值。個人品牌與產品品牌一樣，是寶貴的無形資產，其價值甚至高於有形資產，是無估量的。

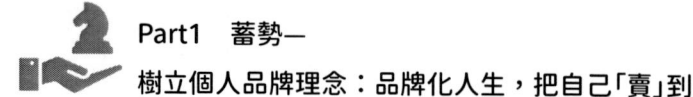

# Part1　蓄勢─
## 樹立個人品牌理念：品牌化人生，把自己「賣」到天價

試想一下：如果你到銀行說：「給我一筆錢」。銀行會如何回答你？銀行肯定會說：「你瘋了吧？」當然，這只是一個笑話。但是對個人品牌價值的理解卻有很大的啟發意義。

你到銀行說你需要一筆錢，銀行之所以認為「你瘋了」，那是因為你對他們來說，毫無價值可言。現在把身分換一下，如果是知名企業家到銀行，我想不用他們開口，銀行會主動地把錢奉上。為什麼？因為他們擁有自己的個人品牌，有著非同尋常的價值。

現在，請你停下來，思考一下：你有怎樣的身價？如果你要用你自己去融資，你能把自己「賣」多少錢？

我想，大部分人可能「賣」不出好價錢，因為你尚未打造自己的個人品牌。個人品牌就是一個人的價值展現。我們每個人都能透過打造個人品牌來創造自己的價值，使自己身價倍增。

個人品牌的價值不是一朝一夕形成的，而是透過努力和策略建立起來的。有許多成功的例子告訴我們，個人品牌的建立是每個人都可以實現的，而絕非憑空捏造。

關於個人品牌如何具體讓我們的身價倍增，我可以透過以下兩點來詮釋：

### 讓你有更高的收入

一個產品值多少錢，取決於市場。事實上，很多時候我們購買一款產品，除了價格的考量以外，我們更願意選擇購買品牌，這就是品牌的價值所在。

個人的價值也是一樣，為什麼老闆為他人升遷加薪，卻不給你？其最大原因就是他認為他人的「品牌」比你值錢，他的投資會有穩定的回報。

第 1 章　為何要打造個人品牌？

如果你是一個職場新人，擁有響亮的個人品牌，必定會讓你升遷加薪；如果你是一個業務，擁有響亮的個人品牌，你的產品會暢銷萬里；如果你是一個工程師，擁有響亮的個人品牌，你的薪資肯定比同事更高；如果你是一個作者，擁有響亮的個人品牌，你的書肯定比其他的書更暢銷……

**幫助你進入一個更高的階級**

上面我說個人品牌可以提高我們的收入，算是眼前的苟且，大家可能會說我比較俗。

那麼，我就來說說「詩和遠方」。俗話說「人以類聚，物以群分」，我們都希望和自己所在行業的大咖成為朋友，獲得他們的提攜和指點，但大咖通常只會和大咖玩。當我們自己沒有獲得足夠的社會價值之前，即使有一堆的名人朋友，也是沒有價值的。

但是當你有了個人品牌以後就不一樣了，個人品牌打造的過程，就是你知名度提高的過程，你會慢慢成為業界大咖。即使你不一定是大亨，也未必是權高位重之人，但是你的名聲值錢，你照樣有資格獲得更高圈層的進入權。而這種社交關係反過來又能促進你的事業的成功。

當然，個人品牌能讓你的身價倍增的方式還有很多，我在這裡就不一一陳述。萬變不離其宗，有一個好的個人品牌，你的身價將大大提高。這個時代個人品牌的價值增速肯定會超過房價的增速。所以，最好的賺錢方式就是投資自己，打造自己的個人品牌。

# 1.5 沒錢、沒人、沒場地，照樣創業成功靠什麼？

問大家一個問題：要創業，你首先想到的是什麼？

錢、團隊、場地，不說三樣俱全，至少你得占一樣吧。

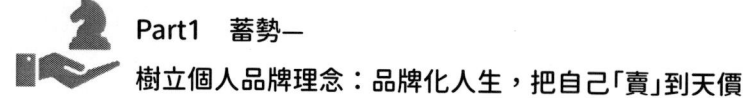

Part1　蓄勢─

樹立個人品牌理念：品牌化人生，把自己「賣」到天價

　　創業艱難，沒錢、沒人、沒場地，還能創業成功，這是很多人的夢想。很多創業者帶著滿腔熱情踏上創業之路，經歷風雨後，才知道「理想很豐滿，現實很骨感」這個道理。熱情無疑是創業者必不可少的心理狀態，但是光有熱情還遠遠不夠。

　　沒有資金、沒有團隊、沒有場地，能創業成功嗎？

　　當然能。有經營頭腦的人，即使沒有太大的投資，也能白手起家，反之亦然。那麼，當你缺乏資金、團隊和場地時，創業成功的關鍵是什麼？

　　在回答這個問題之前，我想先分享我的創業故事，希望能對大家有所啟發。

　　十幾年前，我開始自己的創業之路。那時的我是一個徹底的「三無人員」──沒有資金、沒有團隊、沒有場地。在這種情況下，我如何創業成功呢？經過一番思考，我發現自己雖然是「三無人員」，但我擁有自己的品牌資源。例如，我擁有多年專業經理人的經歷、為各種公司做公關策劃的經驗、為大型集團做行銷公司總經理的經歷、為多家知名品牌擔任顧問的經歷，以及來自前輩的信任等等。

　　這些資源組合起來，就是我的個人品牌象徵。基於這樣的條件，我決定的創業路徑是「賣」自己，選擇的行業是「賣」服務。於是我正式成立公司，並命名為「蔡丹紅管理顧問事務所」。請注意，我是用自己的名字註冊，因為我要打造自己的個人品牌。

　　為什麼我決定「賣」自己，用個人品牌來創業呢？這裡至少有以下三個好處：

第 1 章　為何要打造個人品牌？

### ◆ 節省廣告成本的投入，傳遞服務能力

因為當時我沒有場地，我借用了別人辦公室裡的一張桌子，並與對方達成協議：我替對方打打雜、做做文書、跑跑腿，換取免費使用這個辦公桌，也就是我的場地。

場地問題解決了，但是由於資金不足，我無法下廣告。幸運的是，我的個人品牌向客戶展示了我的真誠和專業服務能力，好口碑就這樣在客戶間口耳相傳，從而節省了廣告成本。尤其是當我在做管理諮詢的同時，也在進行培訓演講，這樣一來，我的品牌便隨著我的演講散播、到達每個地方，而不需要為新品牌額外投入廣告費用。

### ◆ 建立品牌辨識

建立品牌的初衷就是為了區別，使人能一眼認出你。創業時，策劃公司和廣告公司已遍地開花、隨處可見，但是管理諮詢類的顧問公司卻很少。因此，我首先在自己的業務類別上建立了與策劃公司不同的辨識──「企業管理顧問事務所」。後來，當我賺到一些資金後，我將公司名稱改為「行銷管理諮詢有限公司」。

這是建立個人品牌非常重要的一步，你需要在業務類別上顯得與眾不同。當我的「行銷管理諮詢有限公司」有了獨特的品類名稱和個人品牌名稱後，我就擁有了明顯的辨識性。在眾多諮詢服務企業中，我的品牌更容易被辨識和傳播。

### ◆ 建立核心競爭力

每個行業都有其關鍵成功要素，而一個品牌的核心競爭力往往與這些要素密切相關。

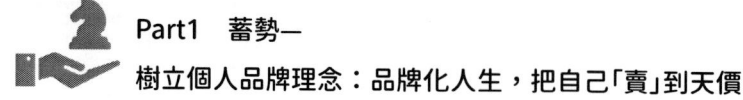

## Part1 蓄勢—
### 樹立個人品牌理念：品牌化人生，把自己「賣」到天價

我所在的管理諮詢業，其核心競爭力是諮詢師的邏輯思維能力。而諮詢師不僅要有嚴密的思維，思維結構更需要奠基於扎實的管理理論基礎上。我專精於品類行銷管理諮詢，需要諮詢師十分扎實的企業行銷實戰基礎，空談理論是無法指導實踐的。

我哲學碩士畢業，思維縝密，強調邏輯。我在建立我的諮詢公司之前有著7年的企業品牌和行銷實戰經驗，並且是從公關策劃文員到行銷公司總經理、集團經營副總經理，跨行業、跨體制。同時我性格活潑，善於創新，喜歡接受新事物，符合管理諮詢師的個性要求。綜合這些，就形成了我在品牌與行銷管理諮詢領域獨特的競爭力，這就是：專業、實務、系統。

我當時為什麼沒有選擇做策劃公司，做一個創意策劃人？在品牌與行銷諮詢領域，其實有兩類人。一類是從傳媒領域進入的，他們的諮詢偏重於創意策劃，主要是產品上市後的推廣傳播；另一類是從管理領域進入的，更強調策略與管理，強調邏輯。我選擇的是後者。與其他人力資源等管理諮詢不同，品牌與行銷管理諮詢更強調創新，這非常適合我的思維特點。

所以大家是否看到，當我在建構我的核心競爭力時，其實就是在選擇我參與市場競爭的競爭策略。而這種策略的選擇，是基於當時的市場環境，和我個人的能力、性格、經驗等多方面的要素。

事實證明我的選擇是十分正確的。這麼多年來，我們在沒有花錢做廣告、沒有推廣人員的前提下，透過口碑行銷，創造了同類產品客單價遠遠高於同行的業績，就證明了這一點。

以上便是我的創業之路，透過我的創業路徑，大家可以清楚地了解

第 1 章　爲何要打造個人品牌？

到：沒錢、沒人、沒場地，照樣可以創業成功，靠的是什麼？

答案就是：靠個人品牌。

只有打造了自己的個人品牌，你的創業才有可能在初期存活下來，然後才可能有今後的發展。如果你只想著未來的廣闊前景，而不注重解決擺在眼前的現實問題，你的創業理想就很可能被殘酷的事實擊得粉碎。

說到這裡，有的人可能會有疑問了：蔡老師，按你的說法，沒錢、沒人、沒場地，打造個人品牌就一定可以創業成功嗎？

當然不是！

創業就像拉力賽。打造個人品牌，就如同汽車有了充足的油，但能否克服重重障礙贏得比賽，你還需要六樣東西，這六樣東西我把它叫做「一感五力」。

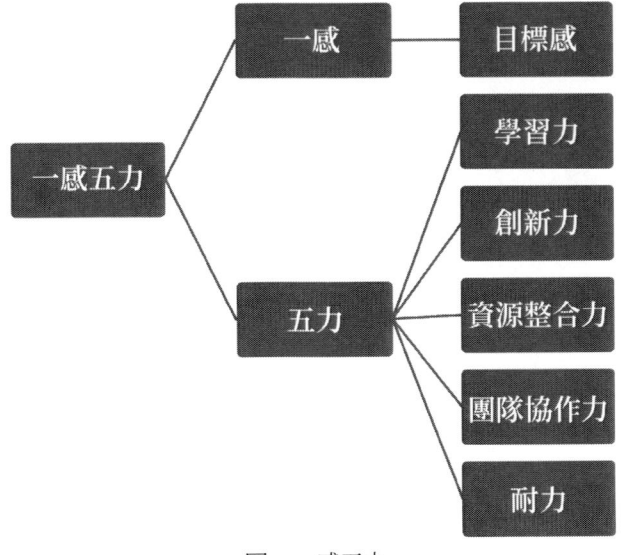

圖　一感五力

031

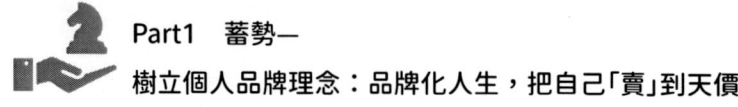

# Part1 蓄勢—
## 樹立個人品牌理念：品牌化人生，把自己「賣」到天價

這五個力，相信大家一看就明白，我就不解釋了。

這是最好的時代，也是最壞的時代。然而，只要你勇敢創業，就有機會寫下商業傳奇。即便你沒錢、沒人、沒場地，也能因為有了個人品牌這個利器，在創業的路上，如猛虎添翼。

第 2 章　什麼是個人品牌？

# 第 2 章　什麼是個人品牌？

## 【導言】

不論是在培訓課程中，還是在企業諮詢中，每當我問大家：「什麼是品牌？」時，總會聽到各式各樣的回答。

有人認為品牌是一種複雜的象徵，包含名稱、包裝、聲譽、廣告方式等；

有人認為品牌是名稱、術語、標記、符號等的綜合運用，目的是為了區別差異；

有人認為品牌是無形資產；

也有人認為品牌是一種信任。

總覽這些品牌觀點，乍聽之下，似乎都沒錯。但是大家聽完後，是否真正理解其中的深意？事實上，這些品牌觀點只是品牌自上世紀二三十年代發展至今，各大專家學者的一種論述。

品牌是一門應用科學，它自誕生以來，隨著市場環境的變化而不斷形成不同的理論。理論是隨著實踐的發展不斷演變推出的，品牌的概念好比是個人品牌打造的基本單位，對其正確理解是成功解讀整個品牌學的基礎。每一種對品牌的解釋，實際上都代表著某個時代對品牌的理解。而我們學習理論的目的，正是為了指導實踐。顯然，我們不能用已經過時的理論來指導今天的品牌實踐。

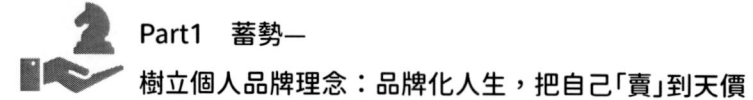

# Part1　蓄勢一

## 樹立個人品牌理念：品牌化人生，把自己「賣」到天價

所謂「千里之行，始於足下」，要成功打造個人品牌，首先必須對品牌形成正確的認識。因為個人品牌是建立在品牌學基礎上的。如果脫離這個基礎，許多問題將無法解釋清楚。或者，如果你對品牌的理解與我不同，我們的討論便無法進行。

所以在本章中，我將以我的獨特視角，與大家分享一個符合當今時代的最新品牌觀。也許你在閱讀這個品牌觀時，會與你先前的品牌觀產生強烈的衝突。不過，不用擔心，多思考、多比較它們之間的不同之處。也許不同的視角，能為你帶來全新的理解，並為你個人品牌的打造帶來全新的行動計劃。

在了解了當今時代的品牌觀後，我們接著會討論個人品牌塑造的一個最基本問題：什麼是個人品牌？雖然我們對於個人品牌這個概念已經有所接觸，但是關於它的定義，卻始終沒有一個準確的共識。在Google及各大書店上，關於個人品牌的書籍和解釋有很多，但是大多都停留在傳統的個人品牌觀裡，對於我們想要從零開始打造個人品牌的人來說，並不能提供有效的指導。

為什麼呢？

大家仔細想一想：那些大咖，他們所需要的品牌理論，跟我們這些剛起步、準備打造個人品牌的人，是一樣的嗎？再進一步說，一個人在剛起步的時候，他的個人品牌所要解決的問題，與他現在的個人品牌要解決的問題是一樣的嗎？

我相信，現今看起來再厲害、再成功的個人品牌塑造者，在剛起步時，與我們大多數人一樣，缺乏公信力、影響力，在融資時，也是一樣四處碰壁。然而現在，他幾乎想要什麼就能實現什麼，資源也容易向他

## 第 2 章　什麼是個人品牌？

傾斜。難道他的個人品牌，需要面對的問題與新手的我們的一樣嗎？他過去所面對的大環境與現在是一樣的嗎？

這說明了什麼問題呢？這說明個人品牌與其他產品一樣，也有生命週期。個人品牌在建立階段、發展階段、成熟階段與衰退階段所要解決的問題是不一樣的。

而對於我們大多數人來說，我們想要打造的個人品牌，正處於建立期，也就是品牌進入市場的早期階段。所以在這本書裡，我將帶給大家的個人品牌理論，主要針對建立期的個人品牌塑造者展開。

要成功打造個人品牌，一開始就要腳踏實地，深入了解品牌、個人品牌的概念，以及個人品牌的生命週期，並避免誤入個人品牌打造的迷思或誤解。在撰寫這些理念時，我努力拋開一切虛浮，直指問題核心，希望提供的概念能夠更具指導性。

從現在開始，忘記那些讓你碌碌無為的觀點吧！忘記那些讓你循規蹈矩的原則！當你開始從全新的角度看待個人品牌時，你已經登上了開往個人品牌成功之路的快車。

## 2.1 什麼是品牌？—— 最新鮮的品牌觀

透過前一章的閱讀，相信你已經知道了我們為何要打造個人品牌 —— 為了提高身價、為了縱橫職場、為了創業成功等，不管是何原因，我們都將開始個人品牌之旅。

俗話說「千里之行，始於足下」。要想打造個人品牌，首先我們要明白：什麼是個人品牌？而要真正理解個人品牌的概念，我們又必須先理解：什麼是品牌？

035

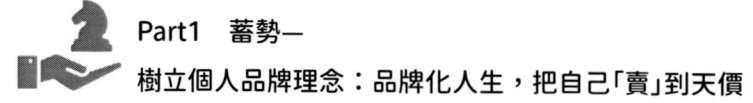

# Part1　蓄勢—
## 樹立個人品牌理念：品牌化人生，把自己「賣」到天價

為了讓大家更好地理解品牌的概念，我先跟大家講個故事。

前段時間，我腰椎病發，疼痛不已，知道我情況的人對此都非常關心。我有一位學生，非常熱愛養生。她經常收看各類中醫養生節目並認真學習，覺得自己已經掌握了很多中醫知識。而節目裡常常有各位醫學專家推薦一些良方和藥材。學生學得非常認真，不僅做筆記，還馬上付諸於行動。所以當她得知我的情況後，馬上送來她認為對我有幫助的藥材，還不時地發訊息，告訴我各種偏方。她的熱心讓我都不知道該如何拒絕。

這就是當今中醫的現狀之一。透過各種節目、網路的學習，似乎只要懂一點藥材知識，大家都可以當一個醫生了。

讓我記憶深刻的是，去年我到美國拜訪我的一個同學，他們夫妻都在美國行醫。在聊天中他們告訴我，想要獲得美國的醫生執照，難於上青天。他們為此花費了半生的心血、精力，才考上醫生執照。

這兩者的對比讓我們明白了品牌形象的影響。我雖然支持各種專業知識的普及，但是門檻過低可能會損害某些專業的品牌形象。

故事講到這裡就要告一段落。

我之所以在本節的開頭講中醫與西醫的故事，其實是為了告訴大家：品牌就如同一門專業。說起品牌的概念，好像誰都可以說出一些道理，乍聽之下，好像誰都沒有說錯。這就好比那些從節目中學習醫學和藥理知識的人，他們可能知道紅棗、西洋蔘對人體的好處，但是卻無法達到能夠替人問診治療的高度。因為這世界上任何東西都不是絕對的好或不好，關鍵在於如何運用。紅棗、西洋蔘雖然對人有好處，但是否對所有人都有好處呢？你是否適合使用這味藥呢？與其他藥材組合後會發生怎樣的相互作用呢？這是值得深思的問題。

## 第 2 章　什麼是個人品牌？

　　品牌也是一樣。看似簡單，好像誰都可以發表意見，但是真正運用起來，卻是一個相當複雜的系統工程。正因為它看似容易理解，反而讓我們容易學習得不夠扎實，進而走偏。

　　事實上，一個優秀且稱職的醫生，在診斷時一定會先辨別體質。不同的體質需要不同的對待，即使是同一種藥材，其藥性在不同人身上也會產生不同的效果。學習品牌、創建品牌，同樣需要先了解自己的狀態，選擇適合自己的理論來指導。

　　我們選擇了一味藥，即使這味藥對大多數人有好處，卻不一定適合你。品牌的理論有很多，關鍵在於你如何確保所選擇的理論對你有用，能夠指導你進而實踐，這就是我們首先要解決的問題。

　　而品牌理論眾多，我們在實踐的過程中，該以哪個理論作為自己的指導原則呢？用哪個理論來指導自己的實踐行動呢？是不是所有人所用的品牌理論都是一樣的呢？

　　不是的。

　　品牌是一個應用實踐學科，從誕生至今，其理論經歷了不斷的迭代和更新。如果你對品牌的認識還停留在過去，雖然你的品牌理論不一定是錯的，但是若試圖用過去的認知來指導現代，顯然是行不通的。所以，我要分享的品牌概念是比較適合我們今天這個時代的品牌觀。

　　但是假如你對過去的品牌觀不了解，直接談論當下的品牌觀也會失去意義。因此，為了幫助大家理解，我將透過比較過去和現在的品牌概念，幫助大家更清晰地了解現代的品牌觀應該是什麼樣的。

　　首先，我們來看看過去對品牌的認知。1960 年代有一位非常著名的廣告人，叫大衛・奧格威（David MacKenzie Ogilvy），他是奧美公司的創

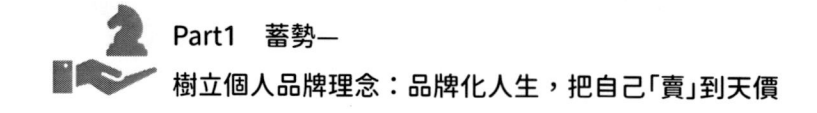

# Part1 蓄勢—
## 樹立個人品牌理念：品牌化人生，把自己「賣」到天價

始人，歷史上最先提出品牌概念的人之一。在他的理念中，品牌是一種錯綜複雜的象徵，它是品牌屬性——名稱、包裝、價格、歷史、聲譽和廣告方式的無形綜合。

在同個時代，還有一個權威機構——美國品牌行銷協會（American Marketing Association，AMA），在 1960 年也提出了品牌的概念。他們認為品牌是由名稱、術語、標記、符號、設計等元素的綜合運用。

仔細觀察，你就會發現這兩個品牌的概念有一個共同特點，就是他們都關注品牌的形象價值，也就是關注品牌的名稱、影像、符號、廣告語等形象要素所帶來的市場競爭價值。

不過，相較於大衛・奧格威的品牌概念，美國品牌行銷協會更強調品牌作為辨識工具的功能，這是對品牌作用和意義的認識，因此更為全面一些。直到今天，許多教科書仍然將美國品牌行銷協會的品牌概念作為解釋品牌的基本概念。

然而，雖然美國品牌行銷協會的品牌概念對品牌有一定的指導作用，但是如果你完全按照他們的品牌概念來理解如今的品牌，那你就跟不上時代了。

如今的品牌概念與過去有什麼不同呢？如今的品牌是一個系統工程，如果你不用系統觀來經營你的品牌，你就很可能會失敗。那麼，今天的品牌究竟有什麼樣的概念？換句話說，如今的品牌包括哪些系統？

總結來說，如今的品牌系統至少包括以下三個要素：

### 功能要素

什麼是功能要素呢？比如，我們談到臺灣啤酒時，首先想到的是這款啤酒有什麼特點？它的賣點與其他品牌有什麼不同？飲用後有什麼感

## 第 2 章 什麼是個人品牌？

受？它的品質如何？價格怎麼樣？包裝如何呈現？這些屬於物理性可以感知的東西，就是功能性要素。

**形象要素**

對於形象要素，大家都非常熟悉。過去，我們在打造品牌時，通常會進行包裝設計、取名、設計商標、專賣店形象、員工形象等，這些都屬於產品最基礎的形象要素。

**心理要素**

所謂心理要素，是指品牌對企業或產品服務的認知、感受、態度和體驗。這些認知、感受、態度和體驗其實都基於主觀的感受。比如在認知方面，你對問題的看法肯定與我不一樣，因為我們的性格不同，知識背景不同，對事物的認識也會不同。因此，在品牌系統論中加入心理要素，就是強調在打造品牌時，要重視人們的心理對品牌的影響。所以如今的品牌已經發展到需要從心理學的角度，仔細辨別並找尋與消費者的共鳴點，深入體會消費者的感受。

以上就是我想要告訴大家的「最新的品牌觀」。品牌就是這樣一個系統工程，如今我們做品牌，千萬不要像大衛・奧格威那個時代，以為做品牌只需請一個廣告公司設計圖示、包裝一下就行了。現在，我們打造個人品牌，必須運用最新的品牌觀，對自己形成正確的認知，從而成功打造個人品牌。

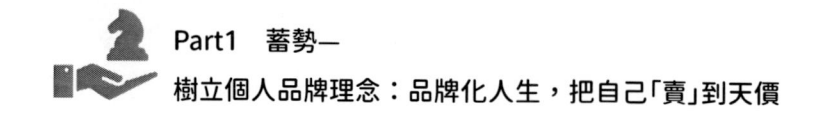

**Part1 蓄勢—**
**樹立個人品牌理念：品牌化人生，把自己「賣」到天價**

## 2.2 什麼是個人品牌？

目前，個人品牌在品牌學裡屬於一個新的分支學科，還處於起步階段。如果你在網路上搜尋「什麼是個人品牌」，搜尋出來的結果大多只是某個人的觀點，只是從個人的角度提出對個人品牌的想法，並不代表專家們一致認可的理論。

我研究品牌行銷管理近20年，根據我的研究和實踐，我認為一個人在不同的時期、不同的品牌發展階段，其所依據的個人品牌理論是不同的。例如，指導知名企業家的個人品牌理論，肯定和指導普通人的不同。我的個人品牌理論主要針對建立期的個人品牌打造，更多是講述在個人品牌尚未形成足夠影響力時的建立方法。而已成功的品牌，他們更多的是要學習如何處理品牌關係、品牌生態的問題。

因此，對於大多數普通人來說，我們需要學習的是如何處理品牌符號、選擇適合自己的策略、設計形象系統，以及如何將價值主張植入到目標受眾的心裡。所以，在本書中，我所講的內容是基於建立期的個人品牌塑造。那麼，我要分享的個人品牌理念，也是基於建立期的個人品牌概念。

那麼，究竟什麼是個人品牌呢？

所謂個人品牌，就是基於目標受眾心中建立的差異化辨識，或者說是具有影響力的個人價值符號系統。簡單來說，就是富有影響力的個人價值標籤。

要準確地理解這個概念，我們可以從以下個人品牌的三大要素開始探討：

## 第 2 章　什麼是個人品牌？

### ◆ 個人品牌是一個價值符號或價值標籤

　　個人品牌的本質，就是鍛造自己的無形資產，建立你在使用者心中的價值。那麼這個價值該如何建立呢？首先，你需要明確地定義你的價值。這個價值需要透過使用者能接受的資訊傳遞給他們，所以它是一個價值符號，或者說是一個價值標籤。有了符號和標籤，就能便於辨認。設想一下，如果你要用兩百字來表達你是怎麼樣的人，便會變得很冗長，使用者可能記不住。但是如果你用三個字、五個字或八個字來概括，情形就會大不相同。這就是為什麼要用價值標籤的原因。

　　舉例來說，我的價值符號是「品牌化行銷體系管理諮詢專家」。在這個價值符號中包含三個內容：一是從職業上來說，我是管理諮詢專家；二是從專業上來說，我提供的是品牌化行銷體系的內容；三是從業務上來說，我專注於品牌化行銷體系管理諮詢的研究。

　　要設計價值標籤，意味著你必須學會提煉，把囉嗦的、多餘的表達去掉。精簡是第一要則。為什麼呢？我們可以透過產品品牌的價值標籤來理解這一點，然後將其應用於個人品牌的價值標籤設計，就會比較容易理解。

　　一個產品如果要打造自己的價值標籤，商家在新產品開發時，會先確定它的定位。比如，某款洗髮精的標籤是：去頭皮屑的洗髮精，「洗髮精」是品類名，而「去頭皮屑」就是它的功能價值點，是獨特的賣點。商家會圍繞這兩個要點進行設計，將這個價值概念傳遞給消費者。這個去頭皮屑的功能就是該品牌的價值標籤。因此，我們在設計個人品牌的價值標籤時，也是一種去繁就簡的策略選擇過程。所謂策略，其實就是將一萬字濃縮成一個字的過程。雖然看起來只是幾個字，但是背後的策略研究卻是精心考量的。

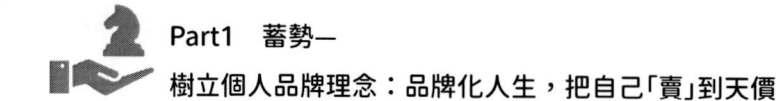

# Part1 蓄勢—
## 樹立個人品牌理念：品牌化人生，把自己「賣」到天價

同樣地，個人品牌價值標籤的提煉也是一種濃縮的過程，濃縮的都是精華。但是，我們在傳遞個人品牌價值符號時，卻比產品品牌複雜得多。因為產品品牌完全是人為打造的，是透過組織化的手段管理出來的後天產物。但是個人品牌的塑造卻涉及許多先天因素。人不是一個物品，其所服務、輸出始終與當時當地的情緒、過往的經驗、以及先天承繼的性格等有千絲萬縷的關係。因此，即使你在策略上已經確定了自己的價值標籤，在實際運作中，仍然可能會偏離這個價值軌道。

以我為例。我從小愛唱愛跳，學過聲樂，也是學校裡的文藝少年代表。但是在這近 20 年的品牌與行銷管理諮詢生涯中，我幾乎從來不在客戶面前展現我的文藝能力。為何如此呢？因為當他們對我品牌行銷體系研究的能力還沒有認同時，如果我過多呈現自己的文藝能力，可能會影響他們對我的價值判斷。他們可能會認為我是靠其他因素來獲得發展，而非依靠專業能力。這樣的判斷對我的個人品牌發展是極為不利的。因此，在我個人品牌尚未建立之前，我對自己的行為管理十分謹慎。

### ◆ 個人品牌價值符號是差異化的

品牌從它誕生的那天起，就是為了應對競爭。如果一個產品供不應求，那它根本不需要品牌。同樣地，如果你在人才市場上本身就是稀缺資源，那你也未必需要打造個人品牌。個人品牌的目標正是在同質化嚴重的社會中，形成自己的差異化競爭。

縱觀如今的人才市場，一方面有許多人找不到合適的工作，另一方面用人單位卻難以找到合適的人才。究其原因，就是人才同質化嚴重。同一個職位，大家的技能都相差無幾，這就導致了誰都能找到工作，卻

第 2 章　什麼是個人品牌？

又誰都不能脫穎而出的局面。此時，如果你想讓自己更具競爭力，就必須透過打造差異化的個人品牌，讓自己具備獨特的價值符號。

例如，同樣是傳授某一類知識，為什麼有些人能夠成為品牌？這是因為他們在詮釋知識時，能夠以風趣幽默、通俗易懂的方式傳達原本高深的內容，讓無論是誰都能輕鬆理解。正是這種差異化的價值，使得他們打造出了自己的個人品牌。

◆ 個人品牌的價值符號要深植於你所要傳播的對象心中

如果你要在市場中贏得客戶，那就必須讓你的價值符號深植於客戶的心中。如果你要贏得粉絲，就要讓你的價值符號深植於粉絲的心中，使他們在腦海中認同你的價值。這說明個人品牌需要傳播，需要交流互動。即使你才華橫溢，但是如果沒有人認識你，也無法發揮作用。然而，如果你善於將自己品牌化並有效傳播，即使你的才能一般，也能夠從品牌中獲得無限的價值。

## 2.3 如何把握個人品牌的發展生命週期？

一個人的生物學上的生命是有限的。但是如果能夠成為品牌，就可以超越生物學的生命限制，達成無限影響。就像孔子、孟子雖然已經逝世幾千年，但是他們的思想卻傳承至今，弦歌不輟。

個人品牌從產生到發展到成熟到衰亡，它也有其規律，有其生命週期。因此，我們就要按照它的發展規律來運作自己的個人品牌。

個人品牌的形成和發展主要經歷以下幾個週期：

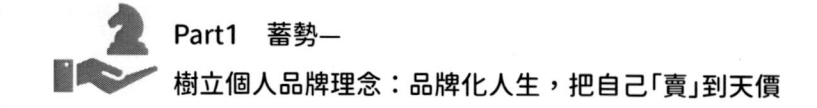

## Part1　蓄勢─
### 樹立個人品牌理念：品牌化人生，把自己「賣」到天價

### 第一週期：孵化建立期（醞釀期）

雖然如今的社會貧富差距較大，有的人一出生就含著金湯匙，而有的人則需要靠自己的努力奮鬥才能實現理想的生活。不論你是天生的「富二代」，還是靠自己奮鬥的「追夢者」，如果你的餐館名字叫「小李餃子館」，你的藥房叫「健康大藥局」，或者你本身就是一個靠出賣技能謀生的律師、醫生、教師、教練……等，你自然就走上了個人品牌塑造的道路。透過一步步的努力，你希望擴大自己的影響力，讓你的服務價值更加廣泛，從而獲得技能服務或產品的溢價。這時，你就處於個人品牌的孵化期或醞釀期了。

俗話說「欲速則不達」，在個人品牌孵化和建立期，我們不能急於求成，妄想一夜之間取得巨大成功。無根之木、無源之水都是無法長久發展的。

蘇軾的《傷仲永》裡說方仲永是一個神童，五歲就能寫詩，因此獲得了周圍人的賞識，有不少人都慕名前來觀摩他作詩，甚至有人用錢財和禮物求仲永寫詩。方仲永的父親覺得有利可圖，就帶著仲永四處「表演」，從而讓仲永錯失了最佳的學習機會。後來，蘇軾在舅舅家裡再次見到方仲永時，他已經十二歲了，但是已不復往日的才氣。又過了七年，蘇軾從揚州回鄉，問起仲永的情況，蘇軾的舅舅說：「仲永的才氣完全消失，跟一般人差不多了。」

冰凍三尺，非一日之寒的道理我們大家都懂。同樣的，在個人品牌孵化建立期，如果沒有打下堅實的基礎就直接進入爆發期，過早地收穫了品牌的溢價，那也就是提前讓自己品牌的生命週期走向衰亡。就如同方仲永一樣，最終走向平庸與衰落。

## 第 2 章　什麼是個人品牌？

當然，這裡僅僅強調了在孵化期打下堅實基礎的重要性。事實上，從個人品牌建立的角度來看，最重要的工作還包括做好策略選擇、建立定位、確立價值標籤，以及品牌的行銷和基礎管理。在後面的篇章中，我們將詳細探討這些內容。

### 第二週期：爆發期

這個階段和上個階段一脈相承，孵化醞釀的時間越長，爆發時就越有力量。

任何一個經過長期努力和積累的人士，在機會來臨時，往往能夠迅速脫穎而出，取得巨大的成功。

### 第三週期：平穩期

「平穩期」是指你的個人品牌已經建立了品牌認知，並且形成了品牌效應，繼續向良好狀態發展的階段。這個階段的時間長短與孵化期息息相關，正所謂「厚積薄發」，孵化期積累的能量越多，釋放能量的時間就越長。

真正考驗個人品牌實力的關鍵，就在平穩期。許多明星或名人在一夜之間爆紅，迅速收獲大量粉絲，但是如果前期的能量積蓄不足，後期的推動力跟不上，品牌的生命力自然會很短暫，最終難以持久發展。

### 第四週期：衰亡期

一般情況下，個人品牌在經歷平穩期後，往往會走入衰亡期。這是因為每一個個人品牌都有其適應的市場環境。所謂「時勢造英雄」，每個時代的英雄都有其獨特的時代特徵。比如，在某個時代，特定的職業或角色可能成為英雄，而在另一個時代，其他職業則可能崛起。

> **Part1　蓄勢—**
> **樹立個人品牌理念：品牌化人生，把自己「賣」到天價**

　　當一個個人品牌過多地聚焦於其生物性特徵，且其價值過度依賴於這些特徵時，隨著追隨者熱度的減退、新人的出現以及環境的變遷，該個人品牌也可能隨之衰退，最終成為「墓地品牌」——雖然人們對其仍有印象，但是卻逐漸被遺忘。例如，某些曾經風靡一時的偶像，隨著時間的推移和風格的過時，最終淡出人們的視野。

　　然而，如果一個個人品牌能夠在進入平穩期後，將其價值凝聚在精神層面，而非僅僅依賴於個人的生物特徵，並隨著時代的發展，讓這種價值觀與當時的社會思潮相吻合，那麼，這樣的個人品牌就有可能超越產品的生命週期，走向永恆。當一個人的價值觀和理念被社會廣泛認可並延續下去，這樣的品牌便可以在歷史的長河中持續發揮影響力，生生不息。

## 2.4 打造個人品牌的 5 大失誤

　　如今是個人品牌的時代，我們每個人或許都渴望成功打造自己的個人品牌。無論是網紅、新聞媒體還是直播，數量之多幾乎難以計數，幾乎每個人都在為了吸引流量、關注而不懈努力。然而，被我們熟知的個人品牌卻屈指可數。

　　事實上，在浩瀚的個人品牌海洋中，只有少數品牌能夠脫穎而出，大多數的個人品牌則黯然失色。許多個人品牌塑造者試圖透過各種手段提升知名度，例如花重金打廣告或利用噱頭炒作，這些方法雖然在短期內可能有效果，最終卻難以逃脫消失在大眾視線中的命運。

　　在現實中，我經常看到有人為了打造個人品牌，認為在這個「顏值」時代，外在形象更為重要，因此盲目追求華麗或怪異的包裝，忽視了自

## 第 2 章　什麼是個人品牌？

身能力的培養。也有些人自恃才華橫溢，因此不注意愛惜羽毛，結果遭致目標受眾的反感。還有些人在個人品牌建立期過程中為了獲得更多關注，動起了歪腦筋。黃賭毒、腥羶色等內容雖然在社會中招致負面觀感，但是在吸引注意力方面卻具有巨大的誘惑力，因此利用這些內容來博取眼球的現象屢見不鮮。

個人品牌打造之所以會出現這樣的情況，根本原因在於我們對個人品牌存在一些誤解。在利益驅動下，個人品牌的建立過程逐漸偏離了正確的方向。一個真正有價值的個人品牌，不僅要有知名度，還要具備美譽度和忠誠度。僅有知名度而缺乏美譽度的個人品牌是無法持久發展的。

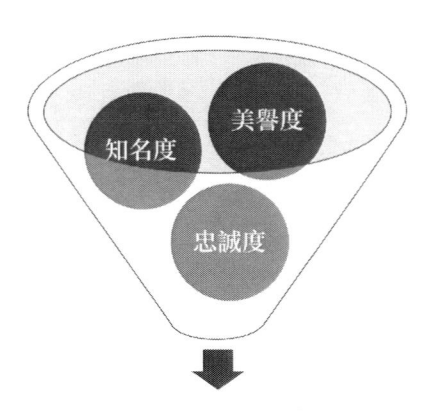

圖　個人品牌三度

根據我近 20 年對個人品牌的研究和實踐，我總結出以下打造個人品牌的 5 大誤解，希望大家在建立個人品牌的過程中引以為戒。

### 誤解一：只要宣傳做到位，沒有內在無所謂

個人品牌意味著個人價值，而價值是由你的專業能力，知識累積、道德修養、藝術品味等多個要素所構成的。沒有深厚的涵養做後盾，個人品牌就是空談。是「遺臭萬年」還是「流芳百世」，取決於你的個人內涵。

## Part1 蓄勢—
### 樹立個人品牌理念：品牌化人生，把自己「賣」到天價

**誤解二：名氣就等於個人品牌**

許多人認為「名氣就是個人品牌」，以為名氣越大，個人品牌就做得越好。於是，為了獲得名氣，有些人透過低俗的炒作或浮誇的宣傳方式來博取眼球。雖然這些不健康的宣傳手段可能暫時帶來一些人氣，但是它們絕對無法幫助你塑造良好的個人品牌形象。譁眾取寵或許能幫你快速達到目標，但是真正良好的個人品牌聲譽才是個人品牌的根基。

例如，曾有一位直播主為了博取眼球，採取了極端手段，結果不僅沒有建立起良好的個人品牌形象，最終還遭遇了法律的制裁。這種利用敏感話題、無視道德底線的行為，不僅無助於個人品牌的長遠發展，反而可能帶來毀滅性的後果。

再比如，曾有一位以自戀和狂妄形象吸引大眾關注的網紅，後來意識到這種行為給她帶來的負面影響，開始轉向公益事業，並努力重塑自己的形象。她在接受採訪時表示，希望如今的她能成為一個現象、一個品牌，代表著千千萬萬追求夢想的人們，而不再僅僅是因為外表和噱頭而被記住。

打造個人品牌的 5 大誤解

- 誤解一：只要宣傳做到位，沒有內在無所謂
- 誤解二：名氣就等於個人品牌
- 誤解三：個人品牌是拜金主義的表現
- 誤解四：個人品牌只與明星名人有關，與我無關
- 誤解五：個人品牌不需要保護

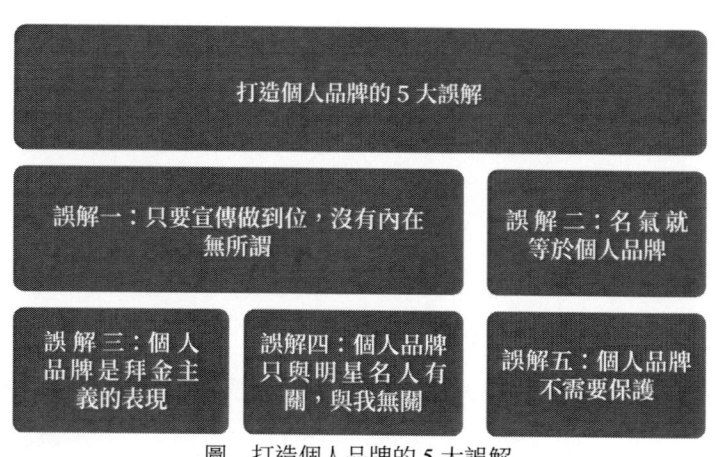

圖　打造個人品牌的 5 大誤解

## 第 2 章　什麼是個人品牌？

這兩個例子告訴我們，打造個人品牌時，名氣只是次要的，樹立一個有意義、有價值的個人品牌才是關鍵。

**誤解三：個人品牌是拜金主義的表現**

我們常說談錢傷感情，在我們的傳統想法裡，金錢已經被打上了「俗」的標籤。但是一方面即使偉大如孔子，也認為「富與貴，是人之所欲也，不以其道得之，不處也；貧與賤，是人之所惡也，不以其道得之，不去也。君子去仁，惡乎成名？君子無終食之間違仁，造次必於是，顛沛必於是。」

「君子愛財，取之有道。」正是這個道理。

另一方面，品牌本來就是商戰發展到高級階段的產物。個人品牌化的建立初衷就是為了在職場中戰勝競爭者，達到個人職業價值、事業價值的最大化。因此，不僅在打造個人品牌時需要考慮金錢問題，而且品牌資產的大小，正是衡量品牌是否成功的重要代表。

**誤解四：個人品牌只與明星名人有關係，與我無關**

「我只是個普通上班族，為什麼要費心費力去包裝自己？包裝自己需要錢，而且我也不喜歡惺惺作態地作秀，這有什麼意義呢？」你一定這樣想過吧。然而，現在的競爭越來越激烈，在這個時代，低調的人被淘汰的機率是很大的。如果你是「金子」，那麼為什麼要低調？如果你連「金子」都不是，就更沒資格低調了。

此外，明星名人只是成功的結果，許多明星名人在成名前也只是普通人，這一點大家都看到了。那些從平凡生活中走出來的成功故事，已經成為許多人的夢想。

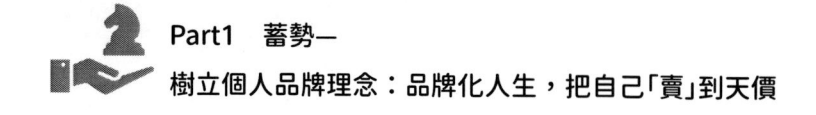

## Part1 蓄勢—
樹立個人品牌理念：品牌化人生，把自己「賣」到天價

**誤解五：個人品牌不需要保護**

　　大多數人認為，只有企業和產品才需要樹立品牌，個人樹立品牌沒多大意義，更遑論什麼品牌保護了。然而，個人商標被惡意搶註的事件屢見不鮮。許多個人和小型公司由於未及時保護自己的品牌或商標，最終不得不面臨巨大的法律和經濟損失。

　　例如，一些公司因為未能及時註冊他們長期使用的宣傳語或商標，結果被他人成功搶註，導致無法繼續使用這些標語或商標。如果強行使用，後期的產權官司會讓企業疲憊不堪，對企業發展帶來嚴重影響。不僅如此，這種情況對於打算上市的公司來說，更是一次沉重的打擊。不僅是公司，凡是有些名氣的人士，如體育明星、企業家，他們的姓名被搶註的現象也不時發生。

　　因此，我要提醒大家，如果你想打造自己的個人品牌，一定要有品牌意識，並根據自身的條件、情形提前做好預防措施。保護的對象不僅僅包括姓名，還有你的作品、發明專利等各類智慧財產權。

# Part2　導勢 —— 個人品牌定位：
## 數一數二，或獨一無二

Part2　導勢—
個人品牌定位：數一數二，或獨一無二

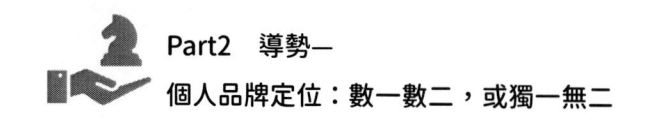

# 第 3 章　特色定位 —— 成就個人品牌的三大基礎

【導言】

好，現在萬事俱備，你已經決定建立自己的個人品牌，我們即將開始走上這條個人品牌塑造之路。

那麼，究竟該怎麼做呢？

前面提到，個人品牌建立的本質就是在目標受眾心中，植入你獨特的價值符號（標籤）。當人們想到某個領域的專業人才時，第一個想到的就是你。

比如，需要手術的患者可能會問：「你知道這家醫院，誰的心血管手術做得最好嗎？」另一個人回答：「當然是胡一刀啊！他不但開刀技術精湛，術後恢復得也快。」你看看，胡一刀已經成功地將他的品牌價值符號深植在人們的心中了。

現在讓我們回過頭來想一想，如果我要建立個人品牌，我是否應該首先回答這個問題：我將向怎樣的目標受眾，傳遞關於我的什麼價值聯想？

如果你是個醫生，專長於心血管外科治療，而你的醫院裡已經有了胡一刀、張一刀、李一刀，你該如何脫穎而出，讓別人記住你呢？這就是我們在建立個人品牌時首先要解決的問題。這也是個人品牌塑造的第

052

## 第 3 章　特色定位—成就個人品牌的三大基礎

一個系統內容 —— 個人品牌的特色價值定位。那麼，什麼是個人品牌特色價值定位呢？

前面我提到過，個人品牌是一個富有影響力的價值符號系統。這個符號系統可能聽起來有些抽象，但是如果具體一些，可以將其表達為價值標籤。個人品牌定位主要是指個人品牌的價值聯想（理念）定位，我們要解決的問題是：這個價值到底針對誰，以及它能帶來什麼好處。具體來說，需要解決三個問題，也是定位的三個步驟：

第一步：你要明確你的目標受眾群體是誰，你為誰打造你的個人品牌？誰是你的潛在粉絲？

第二步：讓你的目標受眾清楚知道你是誰。第一步是確定你為誰服務，第二步是確定你是誰。要解決「你是誰」的問題，就需要給自己貼上一個職業標籤。這個職業標籤可以選擇一個大家已經約定俗成、廣泛認可的技術能力標籤，也可以根據目標受眾的評價體系，找到尚未被競爭對手發掘的價值需求點，從而凸顯你的獨特性。

第三步：給你的服務再貼上一個特色標籤。你的服務有什麼特色？有什麼特點能讓別人願意為它買單？服務的特色標籤必須具備兩大特點：既是價值理念又是價值追求。

以上便是本章的主要內容。你只需繼續翻閱本書，運用你的思維改變和整理自己。接下來，你就可以開始展現自己的個人品牌了。

## 3.1 我為了誰 —— 如何選擇你的目標使用者？

在本章的開頭，我想問大家一個有趣的問題：如果樹上停著一群鳥，你手裡有一枝槍，你會怎麼打鳥？

## Part2 導勢—
## 個人品牌定位：數一數二，或獨一無二

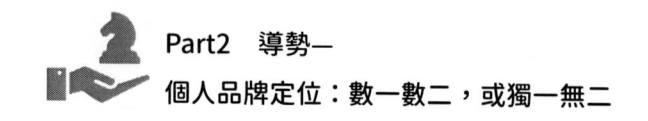

相信聰明的人一定會選擇瞄準一隻鳥打，而不是試圖瞄準所有的鳥。為什麼呢？因為只有瞄準一隻鳥才有可能成功打下來。如果瞄準所有的鳥，最終可能一隻也打不下來。

同樣的道理，個人品牌塑造者的目標是成為人群中的佼佼者，要有人承認、有人追隨。那麼你首先要做的第一件事就是：選擇你要吸引的目標受眾，確定哪些人是你的潛在粉絲。

說到這裡，你或許會想：選擇受眾群體自然應該選擇規模大的，這樣市場「蛋糕」足夠大，才能產生更大的影響力。就像一些擁有成千上萬粉絲的大型品牌一樣，他們的每一個活動都能吸引大量的關注。在我授課的過程中，當說到這裡時，經常會有學生站起來向我提出疑問。這是大多數人的慣性思維，以為市場「蛋糕」大，粉絲才會多，才會有價值。做個人品牌，誰不想成為網紅呢？個人品牌不就是靠影響力賺錢的嗎？沒有大量的目標粉絲群體，怎麼能夠產生強大的影響力呢？但是，這是一種非常有害的思維方式，是個人品牌塑造者必須摒棄的思維方式。

除此之外，令我感到遺憾的是，很多個人品牌塑造者在起步階段，沒有主動、理性地選擇目標受眾。有的個人品牌塑造者可能只是「瞎貓碰到死老鼠」，剛好自己的某種特徵符合了某個受眾群體的需求，於是這個群體逐漸壯大，他們也因此成了網紅。對於這類人，我只能說他們運氣好，靠運氣成就了自己。但是運氣不是人人都有的，個人品牌塑造者不能抱著僥倖心理。大多數品牌建立者，還是需要透過全面而客觀的市場環境分析，了解受眾的需求、競爭者的威脅，並找出自己的優勢，來為自己尋找一個可以發揮的戰場。

那麼，個人品牌塑造者究竟要如何選擇目標受眾呢？

第 3 章　特色定位—成就個人品牌的三大基礎

個人品牌塑造者選擇目標受眾最有效的方法就是：細分受眾，選擇一個相對小的受眾群體。關於細分受眾，有一個非常有趣的口號叫：「寬度一公分，深度一公里」。這意味著你選擇的目標群體要窄，窄到只有一公分的寬度，但是在這個窄小的領域內，你要做到深耕細作，達到一公里的深度。通俗地說，就是要選擇一個高度垂直細分的市場。這就如同打鳥一樣，別貪心，瞄準一群鳥不容易成功，專注於一隻鳥才有可能打中。

為什麼個人品牌塑造者在選擇受眾群體時需要細分呢？這是競爭帶來的結果。個人品牌就是個人的競爭武器，如果沒有競爭，人才稀缺，你也就不需要塑造個人品牌了。然而，如今的社會人才濟濟，特別是網路的發展，改變了資訊不對稱的局面，人人都有機會自學成才。每年都有許多新人透過各種平臺脫穎而出，參加各類節目如才藝秀、歌唱比賽等。因此，競爭越激烈，我們選擇的受眾群體就越需要精準。

那麼，個人品牌塑造者該如何細分受眾呢？具體來說，可以按照以下 4 個步驟來進行：

### 第一步：探索性調查研究，定性分析，找出受眾在乎的價值點

所謂探索性調查研究，就是不設限制的深度訪談，挖掘受眾在乎的價值點。這是細分受眾的第一步。許多人不理解這一點，往往一開始就用問卷調查，而問卷調查更適合用於定量分析。在問題的性質尚未確定的前提下，定量分析是沒有意義的。因此，第一步一定要先做定性分析，了解基本受眾在接受這類服務時最在乎什麼，並列出所有他們關心的價值點。

例如，如果你希望在健身教練領域脫穎而出，那麼首先要做的就是研究那些想要健身的人的需求。你需要了解他們是如何選擇健身教練

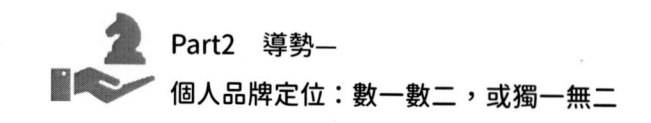

## Part2 導勢—
### 個人品牌定位：數一數二，或獨一無二

的？他們在乎什麼？不在乎什麼？他們在乎的正是他們認為有價值的部分，也是他們願意為之付費的部分。這就是受眾細分的第一步，也是關鍵點——找出受眾在乎的價值點。

### 第二步：利用大數據定量分析，研究受眾在乎的主要價值點

在深度調查研究和訪談受眾群體後，你可能會發現許多受眾在意的價值點。例如，健身教練的潛在客戶可能看重的價值點包括：專業技術好、形象佳、教學水準高、態度好、負責任等。而每一個價值點又可能包含更細小的分支，如專業技術好可以體現為知識面廣、指導用語精準、訓練效果顯著等等。

因此，在第一階段結束時，你可能會羅列出非常多的需求價值點。那麼，如何從如此多的價值點中做選擇呢？這時你可以利用大數據或其他定量分析的方法，整理出受眾最看重的主要價值點。價值點太多會讓你無法進行下一步的受眾細分，只有提煉出主要的價值點，才能有針對性地選擇受眾。

### 第三步：對不同的價值偏好群體做如同「抓嫌犯」般的特徵描述

僅僅提煉出主要價值點是不夠的，關鍵在於還需要進一步細分這些價值點。你要分析不同的價值點與人群之間的關聯。也就是說，這些人群生活在哪裡？從事什麼職業？收入如何？受教育水平、性格愛好和價值觀是什麼？你需要按照價值偏好詳細地描述這些人群，就像抓嫌疑犯一樣，仔細描繪出這些具有不同價值偏好的人群特徵。

例如，將專業技術排在價值選擇第一位的群體，他們可能是年齡偏大的男性，較為理性，生活比較規律等等。

## 第3章 特色定位—成就個人品牌的三大基礎

### 第四步：將自身能力與目標受眾配對

第四步，你要做的就是思考：我有哪些能力？哪個群體的需求與我的能力最為相符？將你的能力與目標受眾配對，最後得出的受眾群體就是你的目標受眾群體。

以上四步就是個人品牌塑造者細分受眾的操作步驟。在這四個步驟中，第一步是整個過程的堅實基礎，第二步則進一步深化、量化並使其清晰化。傳統觀點認為第一步是關鍵，但是我認為第二步其實更為重要。如果你能在他人未能覺察的情況下，發現新的價值點或價值趨勢，那你就能捕捉到未來。因為那些大家普遍認同的價值點，往往已經是一片紅海。比如，我提到的「專業技術好」這個健身教練的價值點，是一個常識性的價值點，定位在這裡實際上並沒有多大意義。只有在深入研究分析後，你才能真正找到在「專業技術好」這個標籤下的新價值需求。這才是問題的核心。

因此，提煉出主要價值點是受眾細分的核心，也是最大的難點。如果你能提煉出來的價值點是大家尚未發現的，那麼你作為「第一個吃螃蟹的人」，抓住了這個價值點，並率先去滿足它，這就可能是一片藍海。因此，你最終要呈現出來的價值點，應該是能從現象中看到本質，從當前看到未來。如果你具備這樣的能力，那麼你的目標受眾將成為你個人品牌打造之路上的繁星，照亮你光明的未來。

那麼，如何才能找到這樣一個代表未來趨勢的全新價值點，一個尚未被滿足，甚至還未被受眾自己覺察到的價值點呢？答案在於深入的受眾感受。從感官感受到情感感受，再到精神感受，一步步深入感受，才能發現這些隱藏的價值點。

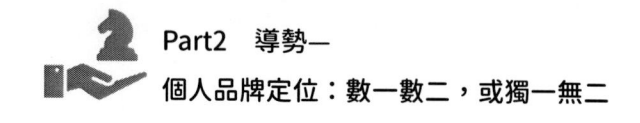

Part2 導勢—
個人品牌定位：數一數二，或獨一無二

## 3.2 我是誰 —— 如何給自己貼職業標籤？

在產品品牌領域，有一個非常成熟的品牌定位模式，即品類定位。何謂品類定位？舉例來說，說到礦泉水，我們的腦海裡首先想到的可能是「多喝水」；談到紅燒牛肉麵，我們第一個浮現的可能是「滿漢大餐」；說到送禮的禮品，第一可能是「蜜蘭諾」……等，我們每個人的記憶是有限的，在一個品類裡面，我們只能記住一個。品牌學的研究顯示：要成為一個品牌，一個人或一個事物必須在某一個品類中找到自己的位置，並成為這個品類的代表。這就是品類定位。

個人品牌是為了個人的事業成功服務的，它是一個教你如何在人群中脫穎而出的管理工具。因此，當你選擇好你的目標受眾以後，接下來要做的就是清晰地告訴你的目標受眾：我是誰？這其實就是給自己貼上一個明確的職業標籤。

這個標籤在個人品牌定位上屬於職業類別標籤。它對個人品牌的塑造具有非常重要的作用，具體來說，有以下兩大好處：

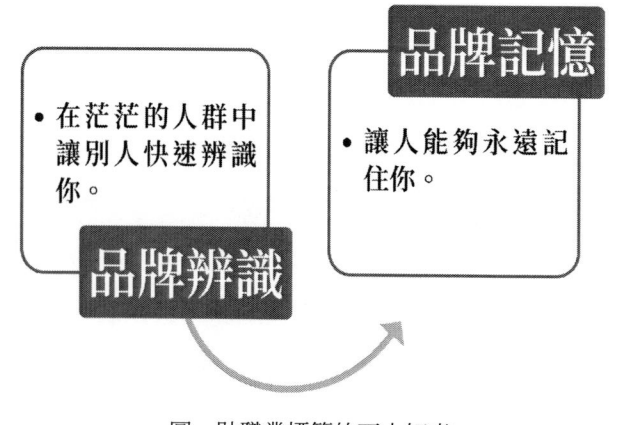

圖　貼職業標籤的兩大好處

## 第 3 章　特色定位—成就個人品牌的三大基礎

既然給自己貼上職業標籤有如此大的好處，那麼，我們該如何給自己貼上這個標籤呢？換句話說，你要如何向別人介紹你是誰？又該如何表達呢？

個人品牌塑造者在貼職業標籤時，有以下兩大方法值得借鑑：

### ◆ 技術能力表達法

作為一名個人品牌塑造者，我曾多次上節目擔任專家來賓。每次上臺前，主持人都會問我應該如何介紹關於我的資訊？我通常要求他們介紹我是：「品牌與行銷專家、大學教授蔡丹紅。」請大家注意，我在介紹自己時用了兩個標籤：一個是「品牌與行銷專家」；另一個是「大學教授」。這樣介紹後，大家是不是能夠清晰地知道我是一個什麼樣的人？

在這兩個標籤中，我給自己貼職業標籤的方法就是：技術能力表達法。首先，我強調自己是一名「大學教授」，然後在「大學教授」之前加上了我的專業領域——「品牌與行銷專家」，這是一個定語，用來限定和強調我的專業方向。這種表達法其實是一種非常傳統的職業標籤法。這種標籤法的最大特點在於：使用傳統的、客觀的、大家普遍認同的技術評價體系來表示你的職業價值。

技術能力表達法的最大好處是，它能清晰地呈現你的職業價值。這種方法特別適合運動員、演員、專家、教授等個人品牌塑造者。

需要特別提醒的是，在使用技術能力表達法時，應該選用一個被普遍認可的、約定俗成的技術職稱。如果你能在技術能力前面加上專業領域的細分，效果會更好。比如，如果你是一名運動員，可以在前面加上自己的專業領域，如「體操運動員」或「游泳運動員」。限定得越細，大家對你的認知就越清晰。

059

**Part2　導勢—**
**個人品牌定位：數一數二，或獨一無二**

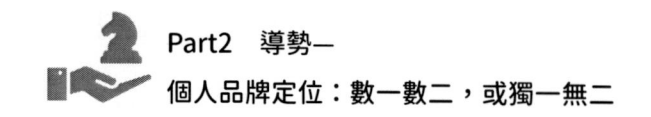

### ◆ 找準目標受眾的價值評價視角

如果你只是一個普通人，沒有得到權威的、客觀的職業技能評價，那該如何給自己貼上職業標籤呢？答案是：透過找準目標受眾群體的價值評價視角來為自己貼上職業標籤。

在網路時代，這是一個多元化的世界。你的目標受眾群體除了關心傳統的評價體系外，他們可能還有其他的價值評價視角。找到那些與你有相同價值觀的人，並將自己打造成能滿足他們價值需求的人，然後貼上相應的職業標籤。這是一個非常有用的策略，特別適合草根型個人品牌建立者。

在這方面，薛之謙是一個非常典型的例子。

以唱歌來說，薛之謙並不算突出。幾年前，無論他在歌唱事業上多麼努力，仍然未能獲得足夠粉絲的認可。然而，從 2015 年開始，他為自己貼上了「段子手薛之謙」這樣一個職業標籤。這個標籤讓他在滿是「小鮮肉」的娛樂圈中迅速走紅。2017 年初，薛之謙在某節目上大膽自曝自己的身價。他直言不諱地說：「因為有了『段子手薛之謙』這個標籤，我賺的錢是做歌手的 10 倍！」

所以，如果你只是一個普通人，沒有任何職稱或級別，不要緊。你可以學習薛之謙的做法，找準目標受眾的價值評價視角，然後滿足他們的需求，你同樣能夠成功。

## 3.3 我能提供什麼──如何貼服務特色標籤？

除了選擇目標受眾群體，並建立清晰的職業標籤讓大家知道你是誰之外，我們還需要建立一個能夠為目標受眾帶來具體服務體驗的價值標

## 第 3 章　特色定位—成就個人品牌的三大基礎

籤。成功的個人品牌，一定會有一個非常清晰、能夠為他人創造價值的服務特色標籤。

如果說本章的第一部分討論的是「我是誰」，那麼職業標籤只是初步的類別特徵定位。我要告訴大家的是，在這個職業標籤之後，還需要根據你提供的服務進一步細分，建立一個獨特的服務特色標籤。

例如，我是一名品牌化行銷體系專家。然而，同樣是教授，同樣從事品牌化行銷體系研究的人有很多，他們也在做諮詢，也在授課。那麼，我的品牌化行銷體系諮詢和培訓服務有什麼特別的呢？

因此，在個人品牌特色定位的第三階段，我給自己增加了一個價值標籤——「系統、實務」。也就是說，我希望透過這個標籤告訴大家：我的品牌行銷諮詢和培訓服務的特色在於系統化和可操作性，這些服務可以很好地落實執行。這就是我的服務特色標籤。所謂服務特色標籤，就是基於你所提供的服務類別，進一步確定你的獨特價值。

那麼，我們該如何建立自己的服務特色標籤呢？個人品牌塑造者在建立服務特色標籤時，有以下兩大原則必須遵循：

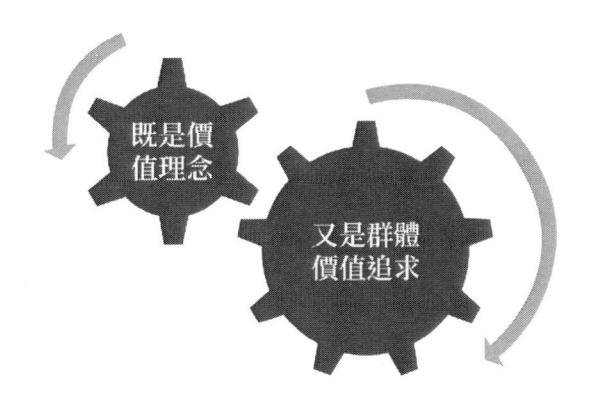

圖　貼服務特色標籤的兩大原則

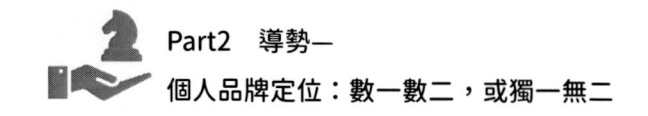

# Part2 導勢—
## 個人品牌定位：數一數二，或獨一無二

### 既是價值理念

所謂價值理念，就是我們認為某件事是值得去做的。比如，一對小夫妻剛剛拿到年終獎，男方想買車，女方則想買房。男方買車的理由是同事們都有車，沒有車在社會上會顯得沒有面子，形象很重要；而女方認為買房可以帶來家的感覺，能夠提供安全感。那麼，到底是安全感更重要，還是面子和形象更重要呢？這就是兩種價值理念的碰撞。最終，男方為了愛情，妥協了買房，這又是一種「愛情至上」的價值理念。

透過這個例子，我們可以發現，每個決策背後，真正有決定作用的是價值理念。價值理念是指導我們採取行動的內在準則。因此，在我們進行個人品牌定位或服務特色定位時，選擇的服務特色標籤一定要體現一種價值理念。

### 又是群體價值追求

除了體現價值理念之外，我們所選擇的服務特色標籤還必須反映出一種群體性的價值追求，這種追求是你所瞄準的目標受眾群體心中共同嚮往的。單純反映某一個個體的價值觀是不夠的，因為你需要的是整個群體的認同。因此，你需要在個性化基礎上分析共性，抽出這個群體共同的價值追求。例如，國家元首的價值理念，時常代表著整個國家或社會在某個階段的共同追求。

個人品牌塑造者在建立服務特色標籤時，一定要表達出目標受眾群體心中所追求的東西。這考驗的是你從現狀中洞察未來的能力。因此，要將自己打造成一個強大的個人品牌，你必須具備深入的洞察力和細緻的研究能力。

# 第 4 章　形象定位 ── 建構個人品牌形象的四大系統

## 【導言】

那麼，什麼是個人品牌形象系統呢？在解釋這個之前，我們先來看一個小故事。

多年以前，我曾與一位著名品牌傳播策劃人一起參加電視節目。在錄製工作間討論節目內容時，討論卻突然中斷了。為什麼呢？原因是這位策劃人不肯脫下他頭頂上的那頂帽子。

行業內的人都知道，這位策劃人的廣告隨處可見，無論是在機場還是高速公路上。他經常被邀請去講課和做策劃，但是無論他走到哪裡，那頂帽子始終戴在頭上。有些人可能會猜測他的頭上是否有什麼特殊的情況，不方便見人。不管外界如何猜測，作為一名個人品牌塑造專家，我認為，這位策劃人不願脫帽其實是在刻意打造自己的個人品牌形象，那頂帽子已經成為他的代表物，是他的個人 LOGO。

那麼，究竟什麼是個人品牌形象系統呢？個人品牌形象系統是指個人品牌塑造者為了更有效地管理自己的品牌形象，根據個人品牌的核心價值，透過自然形象、社會形象、行為形象和意識形象，為自己構築的一個動態的價值符號和外在表達的符號系統。

具體來說，個人品牌形象包括以下具有三個特色的四大系統：

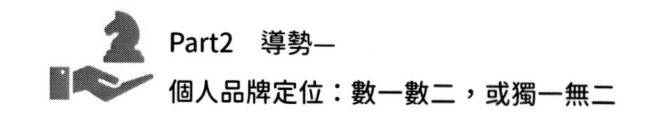

# Part2 導勢—
## 個人品牌定位：數一數二，或獨一無二

**是個人品牌特色定位的外在表達符號系統**

如果說個人品牌特色定位是解決「為了誰」、「我是誰」，以及「我的服務有什麼獨特的價值？」這三個問題，那麼個人品牌形象系統則解決的是形式上如何展現的問題。個人品牌形象系統會幫助你回答：在價值觀上我該怎麼呈現？在行為上我該如何表達？在自然形象和社會形象上，我又該怎麼展現？因此，個人品牌形象系統將一個代表某種特色價值的抽象個人，變成了一個活生生的人──有風格、有原則、動態且可被感知的人。

例如，某位著名策劃人總是戴著一頂黑色的鴨舌帽。他為什麼不選擇氈帽或禮帽呢？大家仔細想想，禮帽和氈帽傳遞的是什麼價值？它們是否代表著一種復古、懷舊或保守的表達？而這位策劃人的職業標籤是品牌廣告策劃和創意策劃，他的價值定位是新銳、獨特和勇猛。顯然，鴨舌帽比氈帽或禮帽更能貼合他的個人品牌定位。

**內含形象系統，複雜度更高**

我們以品牌符號系統的基本要素為例，產品品牌符號的基本要素無外乎就是名（名稱）、字（字體）、圖（圖形）、色（色彩）這四個元素。品牌定位之後，品牌需要取一個符合定位的名字、有一個更好的圖形表達、選擇更適合的字型和色彩。所以當我們想到一些非常成功的產品品牌時，我們的腦海中會自動浮現出這些產品的形象。

比如，想到「海倫仙度絲」的洗髮精，我們可能會聯想到這個品牌的外包裝形象，腦海中馬上會浮現出它的藍色圖示和白色瓶子。再比如，提到飲料，我們會想到可口可樂。一百多年來，可口可樂的經典形象一直沒有改變，其流線型字體和紅白兩色的組合早已深入人心。

## 第 4 章　形象定位—建構個人品牌形象的四大系統

那麼，這些元素應用到個人品牌上會是怎樣的情景呢？個人品牌符號系統比產品品牌符號要複雜得多，因為它既涉及到作為自然生物的人所具有的自然特徵，如年齡、性別、容貌、身材、音質、膚色、髮色、名字，還有身上的一些特殊印記等等。這些自然特徵會影響人們對個人價值的判斷，因此也是個人品牌形象系統的重要基本要素。

但是，除了這些自然屬性的特徵之外，個人品牌形象系統還涉及「人」作為社會存在物所具有的特徵。例如，這個人的生活城市、家庭背景、學歷、所屬行業、職業技能、職位和榮譽等，這些因素也會影響我們對一個人價值的判斷。因此，這些社會屬性也是個人品牌形象系統中非常重要的一部分。

此外，個人在社會活動中的行為也屬於品牌形象的一部分。在不同場合中的表現，構成了個人品牌的行為形象系統。這些生物與社會行為的表現方式及特徵，實際上源自個人的價值觀和道德觀，這就是個人品牌的意識形象系統。而我們在評價一個人時，必然會涉及到對其道德屬性的評價，例如這個人是否誠實、有大局觀，或者是否不講信用、目光短淺。因此，在塑造個人品牌形象時，必須考慮到意識形象，或者說倫理形象。因此，倫理形象系統也是個人品牌形象系統的重要組成部分。

因此，與產品品牌形象系統相比，人的品牌形象系統顯然更為複雜。對於我們來說，必須主動設計和管理這樣一個複雜的系統，以確保其統一和一致性。

**比產品品牌形象更為動態**

多年以前，我在擔任某公司的顧問時，發生了一件讓我記憶深刻的事情。當時，該公司面臨著是否應該換包裝並漲價的難題。品牌的舊包

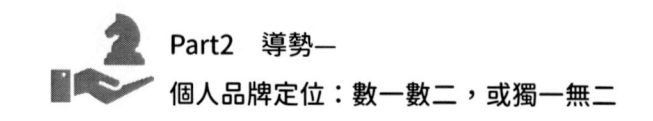

# Part2 導勢—
## 個人品牌定位：數一數二，或獨一無二

裝已經使用了十幾年，但是由於材料和內容成本的上漲，如果不漲價，公司將無法繼續盈利。

問題在於，市場上和經銷商手上的產品仍然是未漲價前的價格，而更換新包裝的產品將以新的價格上市。這樣一來，市場上將出現同一種產品兩種包裝、兩個價格的情況，這可能會導致品牌形象混亂。

為了解決這個問題，企業考慮將漲價的產品換成新包裝，以避免市場上的包裝混亂。然而，換新包裝也帶來了新的擔憂：消費者是否會接受新的包裝？這樣的改變會不會對品牌造成負面影響？企業在這個問題上陷入了兩難，於是來與我討論應該如何處理。

產品品牌的外在包裝是品牌形象的重要組成部分。一旦確定，它通常會在很長一段時間內保持穩定。除非有特殊情況，企業一般不會輕易改變它。這包括產品的圖示、名稱、字體、色彩，這些元素會出現在店鋪形象、員工服裝、運輸工具甚至建築物上。這樣的品牌形象穩定性有助於在消費者心中留下深刻印象，是打造產品品牌的重要策略。

然而，人與產品不同，人是動態的。人的「包裝」指的是他的穿衣風格、髮型、體型等，這些都是會變化的。要像產品品牌那樣保持一成不變的形象，對於人來說非常困難。人每天都在與外界互動，溝通和表達自己，並且會受到健康和情緒的影響。因此，人的形象無法像產品包裝那樣固定不變。

儘管如此，與產品品牌一樣，個人品牌也需要具備統一性、穩定性和持久性，才能形成鮮明的個性和特徵。特別是在職業領域，我們通常只展現自己的一個側面。因此，能夠在不同場合和條件下始終如一地傳遞品牌資訊，對於我們來說是一個更大的挑戰。

第 4 章　形象定位—建構個人品牌形象的四大系統

　　至此，我已經詳細解釋了個人品牌形象的四大系統的三大特色。那麼，個人品牌塑造者在理解自己的形象系統後，究竟該如何建構這四大系統呢？也就是說，如何為自己貼上這四大形象標籤呢？很多個人品牌塑造者在面對這些問題時會感到迷茫，不知從何下手。在本章中，你將找到解決這些困惑的答案。善於模仿的個人品牌塑造者，可以從中學到品牌形象定位的核心技能，發現自己身上的獨特之處；而善於學習的品牌塑造者，則能透過本章提升自己的個人形象水準。以下分別介紹個人品牌形象的四大系統。

## 4.1 如何用獨特的生物特徵吸引使用者？
## ── 自然形象表達法

　　樹葉繁茂，我們在這個世界上很難找到兩片完全相同的樹葉。同樣，人海茫茫，我們也找不到兩個完全一樣的人。每個人都是獨一無二的，擁有著自己獨特的形象和性格。

　　你是否注意到，當我們提到個人品牌時，首先浮現在我們腦海中的往往是一個人的外在形象。為什麼會這樣呢？因為，一個人的內涵和實力需要經過一段時間的檢驗才能被他人真正認識，而一個人外在的自然生物特徵則是可以一眼就看到的。例如，有些人以其獨特的外表特徵而為人熟知：某些演藝人員可能以其獨特的髮型或風格為代表，某些聲音演員的聲線也可能成為他們的個人代表……這些都是個人品牌形象的自然形象系統中的重要要素。

　　說到這裡，我想有必要為大家解釋一下：什麼是個人品牌自然形象系統？

Part2　導勢—

個人品牌定位：數一數二，或獨一無二

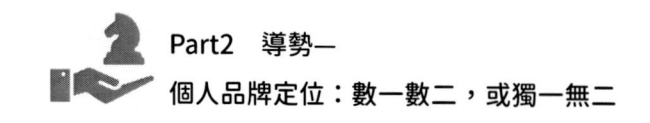

## ◆ 個人品牌自然形象系統

每個人的生物特徵都受遺傳基因的影響，這些特徵各不相同。面部輪廓、五官特徵、骨骼結構、膚質以及身材等，這些構成了人的自然氣質特徵。我們與生俱來的形象便是我們的自然形象。那麼，個人品牌自然形象系統，就是個人品牌塑造者呈現給其受眾的，基於人類生物特徵的外在形象。除了這些基本要素外，你身上的一些特殊印記也可以納入個人品牌自然形象系統中。

說到這裡，很多人可能會說：「這很簡單嘛，就是把我本來的樣子展現給受眾看就行了。」

當然不是！

如果一個人的自然屬性，也就是他與生俱來的特徵，可以原封不動地直接應用於個人品牌，那麼就不需要特別討論如何塑造個人品牌了。品牌化的個人自然屬性與非品牌化的原生態個人特徵，最大的差異是什麼呢？品牌化的自然屬性，是指品牌塑造者根據社會公眾的心理需求，以及品牌的定位來重新設計和選擇自然特徵。

那麼，如何選擇和設計個人品牌自然形象的特徵？如何根據受眾心理和品牌定位來設計個人品牌塑造者的自然形象呢？

### 個人自然形象的選擇和設計

當我們提到一些名人時，你首先想到的是什麼？某些人可能以他們的外在特徵而為人熟知。這種第一印象通常源自他們成功的自然形象標籤。例如，有些演藝人士以其特別的外貌特徵、風格或體態而被人牢記。

為什麼會這樣呢？

## 第 4 章　形象定位─建構個人品牌形象的四大系統

這是因為他們選擇並塑造了成功的個人自然形象標籤。比如，周杰倫便以其獨特的風格、形象和唱腔成為媒體焦點，這樣的形象標籤使他在公眾心中留下了深刻印象。這就是個人自然形象標籤在個人品牌塑造中的重要作用。這裡所說的標籤不僅僅是指文字稱謂，還包括許多其他形式。其本質在於：當提到你時，粉絲能用一個詞來概括你，或在腦海中立刻形成一個畫面。

那麼，對於個人品牌塑造者來說，如何選擇和設計自己的個人自然形象標籤呢？

選擇個人品牌自然形象標籤時，可以參考以下兩個標準：

### 符合受眾心理

首先，在你眾多的自然屬性要素中，選擇一個或幾個最能表達受眾認同的特徵。記住，受眾認同代表著他們在某件事上的共同價值取向，這是一種群體認同。

比如，某位知名主持人和演員以其身材特徵來表達她的定位，走的是性感路線。這樣的做法是否恰當呢？從她的職業標籤來看，作為一名女主持人或女演員，外在形象對於這個行業來說非常重要。許多觀眾可能會認為，從事這個行業的人需要具備一定的顏值和身材條件。如果一名女演員或女主持人的外在形象不夠出眾，觀眾可能會質疑她的適任性。因此，這位主持人從外在形象入手來建立自己的價值標籤，這個基本思路是沒有錯的，它符合觀眾的心理和受眾的期望。

但是外在形象的優勢要如何表達呢？顯然，她在容貌上可能不那麼突出，這並不能成為她的差異化價值特徵。但是她的身材特徵非常具有競爭力，所以她將自然形象價值標籤定位於自己的身材。這種選擇幫助

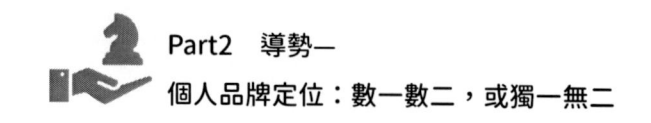

# Part2　導勢—
## 個人品牌定位：數一數二，或獨一無二

　　她在眾多女演員中脫穎而出，形成了她的個人品牌辨識度，讓人們記住了她。於是，我們經常在電視和網路上看到，她總是穿著能夠展示她身材優勢的服裝，自然而然地，「性感」這個標籤就與她的個人品牌緊密相連。這顯然對她的成名有著非常重要的作用。

　　「性感」成為了她個人自然形象的標籤，也成為她在競爭中勝出的重要自然屬性標籤。當然，在成名後，她是否選擇繼續堅持這個標籤，那又是另一個話題了，這裡我們暫且不討論。

### 符合個人品牌的價值定位

　　上面我提到選擇個人自然形象標籤要符合受眾心理，但是問題來了：受眾所喜歡的，是不是我們就能直接決定將其作為我們的標籤呢？

　　不是的！

　　如果你是一位女性企業家，即使你擁有出色的身材，在塑造個人品牌時，卻不能像某些名人一樣選擇「性感」或「大胸」作為你的自然形象標籤。因為社會公眾對企業家的價值認同，首要關注的是你的經營能力和智慧，而不是外在性感形象。經營智慧是一個廣泛的概念，你需要深入細分，找到一個核心價值點，這個價值點將成為你個人品牌定位時需要考慮的重點，而你的自然形象必須支持這個定位。我相信，女企業家在職業生涯中，更會強調智慧與能力，而非外在的性感形象，因為這符合女企業家的職業類別價值定位。

　　再比如，某知名廣告策劃人選擇戴鴨舌帽作為其形象標籤，這是一個正確的選擇。這頂帽子強化了他新銳、深刻的品牌形象，特別是帽子上的標誌設計，增添了神祕感，讓他的形象更加深入和有層次感，這有助於提升人們對他品牌價值的感知。

第4章　形象定位—建構個人品牌形象的四大系統

總之，在塑造個人品牌時，我們一定要在自己的自然生物特徵中，找到一到兩個具有象徵性的價值標籤，來表達自己的品牌價值特徵。如果你實在找不到，不妨學學那位廣告策劃人，戴上一頂有個性的帽子來強化你的形象，這也是一種不錯的選擇。

到此為止，我相信你已經基本掌握了個人品牌自然形象的表達方法。接下來，你需要做的就是：仔細品讀我上面所說的內容，然後精心策劃一個適合你價值定位的獨特生物特徵，並始終如一地貫徹執行它。一段時間後，你一定會有所收穫。

## 4.2 如何讓社會階層為你增光添彩？
### —— 社會形象標籤法

我們每一個人都是社會中的個體，而社會又是由我們每一個人共同組成的。人與社會相互連結、密不可分。如果將社會比喻成大海，那麼我們每個人就如同大海中的一滴水，相互依存。我們無法脫離社會獨立存在，而個人品牌塑造的本質，正是因為我們需要參與社會競爭。因此，除了給自己貼上一個自然形象標籤外，還必須考慮如何建立自己的社會形象價值標籤。

那麼，我們應該從哪些方面著手，來建立自己的社會形象價值標籤呢？事實上一切可以用來表達我們社會化形象的因素，都可以成為社會形象標籤的一部分。

但是既然是標籤，顯然不需要太多，因為大眾的記憶空間是有限的。因此，社會形象標籤最好能夠具備展示的邏輯。如果我們能找到這個邏輯，那麼我們對自己社會化形象的表達就會變得更加清晰，呈現出

071

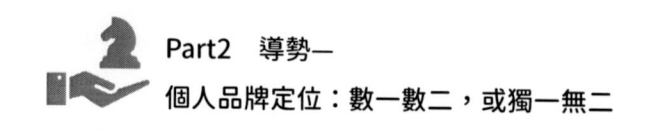

# Part2 導勢—
## 個人品牌定位：數一數二，或獨一無二

一個完整的框架，從而能更輕鬆地表達自己的個人品牌社會形象。

因此，雖然可以用來作為社會形象標籤的要素非常多，但是關鍵在於個人品牌塑造者如何找到一個合適的邏輯來表達，這正是建立社會形象標籤的重點，也是本節我要帶給大家的核心內容。

### ◆ 三維表達法

個人品牌塑造者如何表達自己的社會形象呢？我跟大家分享一個很好用的方法：現在、過去和未來的三維表示法。

如果你不能理解的話，我就以自己為例，「現身說法」，向大家詳細地介紹一下這個方法。

### 現在的表達法

對於我的現在，我是這樣表達的：

科技大學在職教授；

名校 EMBA 的教授；

蔡丹紅行銷管理諮詢公司首席諮詢師。

我同時擁有以上三個身分，那麼我如何表達我的社會形象標籤呢？

請大家再次仔細閱讀我提到的三個身分。

不知道你有沒有發現，我在表達我的社會形象標籤時，使用的是社會形象要素中的職業標籤，也就是我的職業是什麼？我用自己的職業來直接表達我的社會形象，這樣一來，大家一聽就能立刻了解，因為這些職業都是大家所熟知的。這就是三維表達法中的「現在」的表達法。

那麼，我們該如何設計一個能夠代表你當下價值的社會形象標籤

### 第 4 章　形象定位—建構個人品牌形象的四大系統

呢？以下兩種方法可供選擇：

(1) 羅列法：現在，請大家回過頭來看看，我在表達自己現在的社會形象時，具體是如何做的？是不是把一個個職業羅列出來？這就是羅列法，適合於那些職務相對較少的個人品牌塑造者。

(2) 總結法：如果你是一位非常成功的人士，擁有許多企業和社會職稱，那麼你可能不適合使用羅列法。此時，你應該使用總結性標籤表示法。所謂總結性標籤表示法，就是你要學會抽象總結自己的眾多職務。比如，我同時是諮詢師、培訓師和教師，因此我將自己總結為「三維一體的老師」。

這種總結法是否讓你感到耳目一新呢？

### 過去的表達法

那麼，我的過去該怎麼表達呢？我是這樣表達的：

作為培訓師，我曾經為數十萬學員和上千家企業授課，並且獲得了一些榮譽；

作為顧問，我曾經為上百家企業提供管理顧問服務；

作為大學老師，我是一位教授。

在表達我的過去時，我使用的是社會形象要素中的「業績和榮譽」這個標籤。那麼，問題來了，我們該如何設計一個代表你過去榮譽的社會形象標籤呢？以下五種方法可供參考：

(1) 榮譽太多，只選最重要的：如果你獲得的榮譽很多，每個榮譽都要一一列舉，會顯得冗長。因此，個人品牌塑造者在表達過去時，可以選擇最重要的榮譽，每個類型精簡到 1~2 個即可。

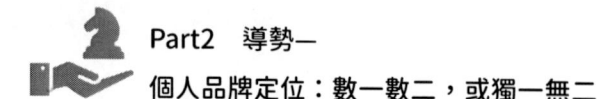

**Part2　導勢—**
**個人品牌定位：數一數二，或獨一無二**

(2) 成功案例表達法：對於沒有獲得榮譽的個人品牌塑造者，可以使用成功案例來表達。比方說，有一位知名化妝師，他在出道時給自己貼了一個非常醒目的社會形象標籤——曾為一位知名演員化妝。這樣的標籤幫助他迅速打響了知名度。

(3) 職業技能表達法：如果你擁有國家註冊會計師、國家一級運動員、一級演員等傳統的權威資格認證，可以直接使用這些職業技能標籤來表達，簡單明瞭。

(4) 成長經歷的特殊部分表達法：如果你沒有職業技能，也沒有成功案例，可以強調你的成長經歷中的特殊部分。比方說，當我剛創立顧問公司時，還沒有什麼榮譽或成功案例。我在宣傳冊上請了一些成功人士為我寫下「十年磨一劍」，強調我在企業界十年的磨練，這種方式也非常有效，值得個人品牌塑造者參考。

(5) 出身背景表達法：如果你的出身背景很特別，也可以將其作為你的社會形象價值標籤。比方說，有位網紅在起步時期就依託了「某知名人物的女朋友」這個身分，迅速吸引了大眾的注意。

### 未來的表達法

那麼，我的未來又該怎麼表達呢？我是這樣表達的：

我是《商界評論》的編委、《銷售與市場》的行銷專家、《企業管理》核心期刊的專家作者，以及某研究會的副會長等等。

我為什麼會選擇這些標籤來表達呢？因為這些職務都代表了我在社會上的影響力，透過這些身份，大家可以清楚地感受到我在未來能夠產生的影響。因此，我在社會形象的諸多要素中，選擇了社會職務來作為自己未來的標籤。

## 第 4 章　形象定位—建構個人品牌形象的四大系統

那麼，該如何為自己設計一個代表你對未來有影響力的標籤呢？以下兩種方法可供參考：

(1) 代表你在人際關係中對他人的影響：一般來說，如果你在某個商會擔任會長、主席；或者在某個雜誌社、電臺擔任評論員；又或者在大學裡當社團領袖；甚至你管理著十幾個、幾十個社群……等，這些職務都能代表你在人際關係中對他人的影響力，並可以用來作為你未來影響力的表達。

(2) 按照品牌定位來排列：如果你擁有很多社會職務，這時就需要考慮如何排列這些對社會產生影響力的職務。如何排列呢？一定要按照品牌定位來排序，也就是根據你的職業價值標籤和服務價值標籤來決定順序。

以上這些就是個人品牌社會形象標籤的三維表達法。簡單來說，就是給自己貼上一個身份標籤，表述你現在在社會上提供的職業服務狀態、過去你在職業上做出的貢獻，以及未來你能產生的影響。

在這裡，我要特別提醒個人品牌塑造者：每一個維度的社會形象標籤，最好只選一個，最多兩個，三個更是上限。選擇越多，受眾就越不容易記住你。在傳播學上有一個「USP 原則」，也就是獨特賣點設計的原則，設計賣點最好不要超過八個字。在個人品牌塑造上也是如此。

### ◆ 用戶名稱表達法

在網際網路時代，我們幾乎每個人都擁有一個以上的帳號。這些帳號可能是 LINE、Facebook、Instagram、電子郵件……等。擁有網路帳號就涉及到用戶名稱，許多個人品牌最初都只是從一個用戶名稱開始的。

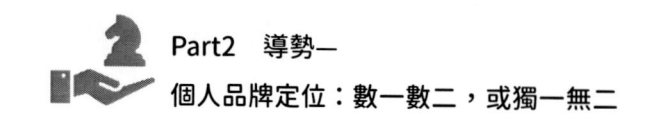

## Part2 導勢—
### 個人品牌定位：數一數二，或獨一無二

尤其對於個人品牌塑造者來說，你的用戶名稱就是網路個人品牌最關鍵的組成部分。這不只是使用電子郵件和社群媒體這麼簡單，整個過程都要與你的用戶名稱連繫起來。因此，用戶名稱是個人品牌社會形象中最重要的部分之一。

那麼，我們該如何利用用戶名稱來表達個人品牌的社會形象呢？以下我為大家列舉了四種方法：

#### 1. 真名表達法

以我自己為例，我的用戶名稱可以是我的真實名字：蔡丹紅。而且我的職業標籤也全部使用真實的身份、真實的業績和榮譽。這種表達法適合已經在社會上取得一定成就的人，好處在於容易讓人建立起信任感。

#### 2. 聯想表達法

真名表達法雖然好，但是它的缺點是缺乏個性。比如，我的名字叫蔡丹紅，名片上印著蔡丹紅，社群軟體上也是蔡丹紅，沒有太多的聯想。而個人品牌塑造最重要的就是透過名字去表達你的價值，讓你的受眾聯想到你所代表的職業價值，或是你提供的服務特色價值。那我的職業價值是什麼呢？就是幫助企業解決問題，提供決策參謀，這是一個管理顧問的角色。但是社會上很多人可能對這個角色不太了解，直接用「管理顧問」來表達，大家可能不會有太多共鳴。所以，是否可以稍微改一下呢？

「蔡丹紅」是我戶籍上的名字，這是我不能隨意更改的。但是我可以透過虛實結合、聯想擴展的方式來改變，讓它成為展示個人品牌的工

具。因此，我在用戶名稱的備注裡寫的是：「企業幕後軍師」。顯然，這個標籤比單純的「蔡丹紅」更具形象。透過「軍師」，我讓受眾產生一些聯想：這個軍師是什麼？是不是像諸葛亮那樣？這些聯想會讓我的個人品牌更感性、更豐富、更有個性和深度。這就是虛實結合的表達法。

個人品牌塑造強調的不僅是功能價值，還要有心理和情感的價值。透過「虛」的精神表達，個人品牌的形象自然會比真實的、板正的名字來得鮮活許多，更容易引起他人的心理共鳴。

### 3. 服務承諾表達法

有一位健身教練名叫王大羽，他的用戶名稱是「型男大羽」，個性簽名裡寫著「你也可以的」。這就是服務承諾表達法。「你也可以的」與「型男大羽」結合在一起，代表一個塑身健身教練給你的承諾。他帶給你的服務承諾是：王大羽是一個非常自信且守信的人，他是一個把自己練得很好的健身教練，你也可以變得像他一樣成為「型男」。

### 4. 你的個性簽名就是你的個人品牌廣告語

前面我提到用戶名稱的表達法，但在用戶名稱裡，不管是LINE、Facebook，還是Instagram，個性簽名都是非常重要的，所以說用戶名稱的表達，其實也包括了個性簽名的表達。做產品品牌的人一般都非常看重廣告語對品牌傳播的重要性，而個性簽名同樣具備這樣的重要性，因為它就是你的個人品牌的廣告語。

在現實中，我經常看到很多人的個性簽名會隨著自己的心情不斷變化。這對於普通人來說，或許沒什麼問題。但是對於個人品牌塑造者來說，這樣做其實並不太好。經常更換個性簽名，會削弱其傳播效果（當

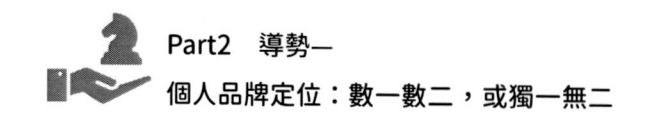

Part2 導勢—
個人品牌定位：數一數二，或獨一無二

然，如果是定期有策略地變化，也是一種風格）。我建議個人品牌塑造者在設定個性簽名時要慎重，選好後不要輕易更換。因為只有反覆地展示，讓受眾不斷看到你的簽名，才能形成記憶。除非你的目標受眾的喜好和需求發生了變化，這時你才需要考慮更換個性簽名。

現在回顧一下，為什麼你的個人品牌社會形象標籤沒有為你增光添彩？為什麼沒能成功？想一想，是否是因為你沒有運用三維表達法和用戶名稱表達法？現在開始運用這些方法，為時不晚。這些方法非常簡單，誰都可以實踐，只要你稍加學習和模仿，就可以達到很好的效果。

## 4.3 如何讓你的言行舉止傳遞品牌資訊？
── 行為形象標籤法

在本章的開頭，我們先來看這樣一個故事：

2017年2月，中國的一座動物園發生了一起老虎咬人的事件。一名男子試圖逃票進入動物園，並靠近老虎區，結果被老虎咬死。這件事一經報導，立刻引起了廣泛的關注。許多人在留言中提到有一個廣為流傳的笑話，與這次事件的情節相似，讓人不禁感慨現實有時比故事更離奇。

這個事件讓人聯想到了一些知名人物，他們的特定行為或語言已經成為他們的行為形象標籤。比如，一位著名的喜劇演員，因為經常在表演中使用某句代表性的臺詞，觀眾每次看到他登場時，還沒開口，觀眾就會自動齊聲說出那句臺詞。這種行為標籤不僅成為他個人品牌的一部分，也讓他的形象更加深入人心。

在塑造個人品牌形象時，除了自然形象標籤和社會形象標籤之外，行為標籤也是不可或缺的重要部分。如果說自然形象和社會形象標籤反

第 4 章　形象定位—建構個人品牌形象的四大系統

映的是靜態的個人品牌形象,那麼行為標籤則展現了動態的你,反映出你是一個怎樣的人。

那麼,哪些要素可以被用來作為個人品牌行為形象標籤呢?

## ◆ 個人品牌行為形象標籤的五大要素

事實上,一切在人的活動中展現的行為都可以作為自己的行為形象標籤。

### 1. 服飾

服飾包括人的衣著、配飾和髮型。以我為例,我是一名企業講師,我一般很注重自己的服飾形象。大部分情況下,我會穿紅色的西裝和黑色的裙子,包括我開的車也是紅色的。為什麼我這麼喜歡用紅色呢?因為我的名字「蔡丹紅」裡有個「紅」字,所以我用紅色作為我的個人品牌行為形象標籤,這樣可以加深使用者的記憶。

服飾形象對於一個人第一印象的形成至關重要,尤其當你面對的是一個對你的服務價值缺乏認知的人時。大部分人在見到一個人的第一面,是無法判斷這個人有多少內涵的。因此,他們會藉助你的服飾形象和行為舉止來判斷你的專業度。所以,個人品牌塑造時一定要重視服飾行為形象的設計。

### 2. 儀態

所謂儀態,指一個人的身體姿態,主要包括站姿、坐姿、行走方式、手勢及面部表情等。儀態不僅能反映出一個人的教養和教育程度,還能表現出一個人內心的世界。因此,儀態也是個人品牌行為形象的重要組成部分。

## Part2 導勢—
### 個人品牌定位：數一數二，或獨一無二

去年在研究所的入學面試中，我與其他幾位教授一起擔任考官。有一位面試者讓我印象深刻。這位女孩在面試過程中，自始至終保持著挺拔的姿勢，回答問題時不慌不忙，顯得非常自信。最後，我們一致通過了她的面試。這說明，一個人的儀態對於其人生發展有多大的幫助。

### 3. 聲音

俗話說「言為心聲，聲如其人」。除了你說話的內容反映你的內涵之外，音色、音量和音調也是值得研究的重要因素。要讓使用者對你印象深刻，獨特的聲音可能成為一個最有利的行為形象標籤。例如，名模林志玲以她嗲嗲的聲音成為其個人行為形象標籤，不管你喜不喜歡這種嗓音，至少你記住了她。同樣，歌手周杰倫也是透過獨特的唱腔形成自己的特色，受到歌迷的追捧而走紅。

聲音雖然只是傳遞資訊的一種媒介，但是它所傳達的效果是其他媒體無法比擬的。個人品牌塑造者可以透過自己獨特的聲音來樹立個性與特色，讓使用者記住你。

### 4. 生活方式與工作方式

生活方式更多的是指衣食住行等非工作狀態下的行為。而工作方式則主要指在職場上的行為方式。你採取怎麼樣的工作方式，也會影響人們對你的價值判斷。例如，一個經常泡夜店或熬夜加班的人，可能在一些人眼中是時尚的代表，但是在另一些人眼中卻是缺乏自律的象徵。到底要表現出一種怎麼樣的生活方式和工作方式，取決於你想建立的形象和使用者的價值觀。

第 4 章　形象定位—建構個人品牌形象的四大系統

## 5. 人際關係

人際關係的建構是形成個人行為形象的重要途徑之一。你是否注意到，朋友圈裡有些人喜歡發與名人合影的照片；餐廳常常展示與名人的合影；公司展示領導人來訪的照片，這些其實都是在展示自己的人際關係和社會資源。現在流行的圈層文化，強調編織高品質的人際關係網。在一些國家，中學就安排專門的課程教導學生如何處理人際關係，甚至成為大學錄取的重要參考標準。這些現象都表明，在個人品牌塑造過程中，人際關係的重要性不容忽視。

那麼，我們應如何建構良好的人際關係呢？關於這方面有許多專門的書籍可以參考。但是美國社會學家提出了一個流行的觀點，我想與大家分享。這個觀點談的是人際關係建構的核心：回饋是成功的基石。意思是說，對任何人都要及時回應，包括回覆訊息和表達感謝，強調雙向溝通。例如，我在講課時，善於回應問題的學生讓我覺得他們非常投入，這樣的互動非常有效。回家後，與朋友分享活動的感想，也是一種積極的回饋方式。美國社會學家認為，善於回饋的人在人際交往中更容易取得成功。

知道了個人品牌行為形象標籤的五大要素後，你可能會問：如何才能運用這些要素設計個人品牌的行為形象標籤呢？這正是接下來我要告訴你的方法。

Part2　導勢—

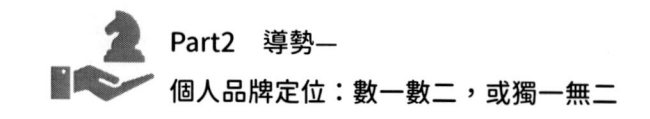

個人品牌定位：數一數二，或獨一無二

## ◆ 如何設計個人品牌行為形象標籤

個人品牌塑造者設計行為形象標籤時，要遵循以下三大原則：

### 原則一：系統化

所謂系統化原則，就是個人品牌塑造者必須做到三大符合：符合目標使用者、符合職業標籤、符合服務特色標籤。

舉個簡單的例子。以服飾行為形象要素來說，如果我要表達的是專家的形象，那麼最合適的服飾應該帶有書卷氣息，這樣可以傳遞出我的文化底蘊和內涵。但是又不能過於書卷氣，以免讓人感覺迂腐、不合時尚。我的職業標籤是品牌行銷專家，而品牌與行銷是應用學科，與商業世界密切相關。所以，我的服飾更適合時尚的職業裝，而不是旗袍，因為旗袍顯然過於傳統，不符合我的職業價值定位。

因此，個人品牌塑造者在設計行為形象標籤時，一定要符合職業價值定位、服務價值定位，並符合個人品牌的特色定位。這是設計行為形象標籤的第一原則，也是最重要的原則。

### 原則二：主次分明，聚焦

所謂主次分明和聚焦原則，就是個人品牌塑造者在五個行為形象要素中，應該選擇其中一個作為主要的行為形象標籤，而不是面面俱到。為什麼只能挑選一個呢？因為人是活的，我們每個人在職業生涯中都要不斷參與社會各種活動。如果選擇的要素太多，首先需要極大的毅力才能堅持下來；其次，使用者接受的資訊太多，也會感到資訊混亂，難以記憶。因此，塑造個人品牌行為形象標籤時，應該聚焦在一個最能表達你特點的要素上，其他則作為輔助，配套即可。

第 4 章　形象定位—建構個人品牌形象的四大系統

### 原則三：變與不變相結合

雖然我強調一個人的行為形象標籤不應隨意改變，但是在具體運用情境中，還是應結合所處環境的變化做出適當調整。例如，服飾這個標籤，許多傳統公司都喜歡統一員工的服飾，但是隨著網際網路時代的到來，人們越來越注重人性化和個性化。因此，大部分公司不再強調服裝的統一，除了生產線的工人，高階管理層基本上都可以自由穿著。

我們身處的環境，通常是我們無法控制，也難以改變的。你能做的，就是先改變自己的行為，讓使用者記住你。特別是在競爭激烈的現代社會，只有不斷調整和變通自己的行為，才能隨時應對世界的鉅變，避免被淘汰，進而實現個人品牌的成功塑造，改變自己的命運。

在這個過程中，你必須依靠日積月累的努力。終有一天，這些點滴的努力會像涓涓細流，匯聚成勢不可擋的洶湧波濤，而成功的到來可能比你想像中更快。

## 4.4 如何讓自己做一個有「特色」的好人？
## —— 倫理形象標籤法

個人品牌的倫理形象管理是一個普遍的盲點。試想一下，你能否立即想起哪位明星讓你發自內心地認同他們的倫理形象？儘管我們每天都能看到許多明星參與公益活動，但是大多數時候，我們卻認為他們只是在做表面功夫。為什麼會出現這樣的情況呢？

問題的根源在於個人品牌塑造者對倫理形象的忽視，並未將其納入個人品牌建設的系統性框架中做整體考量。倫理形象缺乏特點，通常是被動式的表達，這是目前個人品牌管理中普遍存在的一種狀態。

083

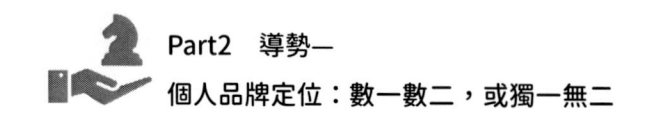

**Part2 導勢—**
**個人品牌定位：數一數二，或獨一無二**

那麼，什麼是倫理形象呢？

倫理形象就是指道德形象。「倫」指的是人與人之間的關係，而「理」則是指道理和規範。我們每個人作為社會的一份子，必然會參與到各種社會活動中，與親朋好友、同事上級、合作夥伴、競爭對手、鄰居、政府機構、銀行等產生各種關係。在這個過程中，你是如何用道德規範來約束自己，並因此塑造出你的形象，這就是你的倫理形象。倫理形象背後反映的是一個人的善惡觀、是非觀，也可以說是個人的意識形態。

其實，我們在進行任何與他人相關的活動時，背後都會受到我們的是非觀和善惡觀的影響。因此，在建立個人品牌形象時，我們必須雙管齊下：一方面要打造我們物質層面的專業形象，依靠專業技術和服務水平來塑造個人品牌形象；另一方面，我們也必須注重倫理形象和意識形象的建設。

## ◆ 不懂個人品牌倫理形象，你一樣也會輸慘

個人品牌塑造者尤其要高度重視倫理形象的建設。如果你不理解或忽視個人品牌的倫理形象管理，可能遭遇挫敗。這背後主要有以下兩個原因：

### 傳統文化的影響

傳統文化中的倫理觀念深植於社會的方方面面。孔子所提倡的「君子小人」之別，實際上就是道德上的君子與小人之分，「修身齊家治國平天下」的理念更是強調了道德修養在個人和社會中的重要性。因此，品德在我們的社會中，對個人的評價具有非常高的權重。企業在招聘人

## 第4章　形象定位—建構個人品牌形象的四大系統

才時，也往往首先考慮品德。基於這種文化背景，我們在塑造個人品牌時，必須特別重視倫理形象的建設。

**情感價值創造的需求**

　　個人品牌的核心價值在於為客戶創造價值。但是這個價值不再僅僅依賴於專業技能和服務功能，還需要進一步拓展至形象價值和情感價值。尤其是在網路時代，資訊的平等與透明使得專業技能的差異化變得越來越難以保持。以歌唱為例，無論是明星還是素人，都有可能因為技藝而獲得關注，但是這種技能的差異已經無法支撐一個人持久的影響力。

　　為了在這種競爭中脫穎而出，個人品牌必須在功能價值的基礎上增加形象價值，甚至進一步創造情感價值。這也是「小鮮肉」和網紅現象流行的原因之一：光有外在形象還不夠，還需要透過獨特的行為、故事來打動人心，從而增加情感價值。這種情感價值通常表現為一種超出常人的道德堅持或獨特的道德觀念。

　　然而，我們需要注意的是，情感價值的打造並非僅僅是對道德的泛泛認同，而是要塑造出符合時代需求、具有個性化的「好」。例如，傳統文化中，「好人」往往被定義為聽話、老實的形象，而現代社會對「好人」的定義可能更偏向於有個性、有獨立思考和追求的人。「壞壞」的好，成為當代年輕人推崇的一種新時尚，這也解釋了「雅痞文化」在當下的流行。

　　因此，在塑造個人品牌時，不僅要具備專業技術，還需要深入理解和運用倫理形象，打造一個符合目標使用者期待的、有獨特情感價值的品牌形象。

**Part2 導勢—**

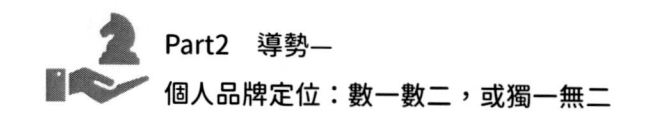

**個人品牌定位：數一數二，或獨一無二**

### ◆ 如何建立個人品牌倫理形象標籤

個人品牌塑造者在建立倫理行為形象標籤時，應該遵循以下三大原則：

**原則一：既符合使用者倫理觀，又堅持獨特個性**

例如，有些廣播節目主持人以強硬、尖銳的主持風格而出名。他們在節目中直言不諱地回應聽眾的問題，即使語氣帶有挑釁意味，仍能吸引大量忠實聽眾。這是因為這些主持人的表達內容符合大眾的倫理道德觀，即使語氣尖銳，但是不會與聽眾的倫理觀發生衝突。

這提醒我們，在建立個人品牌倫理形象時，必須確保你的表達既符合使用者的倫理觀，又能夠保留自己獨特的個性。這是個人品牌塑造的關鍵。

**原則二：你的善惡觀必須與時俱進**

時代在不斷變遷，今天被視為「好」的行為，可能在明天就會有所改變。因此，個人品牌塑造者在建立倫理形象時，必須注意與時俱進，隨著時代的變化調整自己的善惡觀和是非觀。這種靈活性是保持個人品牌持久影響力的關鍵。

**原則三：適度創新**

作為個人品牌的塑造者，你要意識到自己是目標使用者的引領者。既然是引領者，你的思想就不能太落伍，但是也不能過於前衛。這意味著在建立個人品牌倫理形象時，要適度創新。個人品牌的影響力很大程度上來自於創新，但是這種創新必須是適度的。如果你的價值觀與目標

第 4 章　形象定位─建構個人品牌形象的四大系統

使用者的主流價值觀有出入，你需要找到一個平衡點，以能夠被目標使用者接受的方式來表達自己。

◆ 總結

　　掌握了這些原則後，關鍵在於立即行動起來，將這些知識運用到實踐中。個人品牌形象的定位並不困難，難的是將其付諸實踐。記住，行動才是最重要的。如果你沒有真正地去運用這些知識，那麼學習這些內容所花的時間就只是浪費了。越早行動，你的個人品牌就越能早日成形並取得成功。

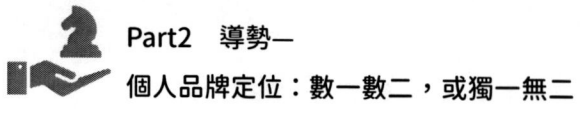

**Part2** 導勢—
個人品牌定位：數一數二，或獨一無二

# Part3　造勢 —— 個人品牌行銷：
## 先造人，後造財

# Part3 造勢—
## 個人品牌行銷：先造人，後造財

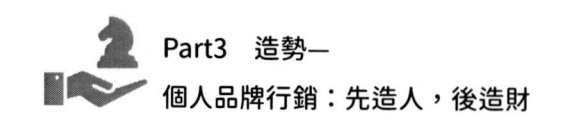

## 第 5 章　成功的品牌行銷，鑄就成功的個人品牌

### 【導言】

在市場競爭日益激烈的今天，成功的個人品牌行銷策略已經成為許多知名人物和品牌成功的關鍵。無論在哪個角落，這些個人品牌都在世界範圍內取得了巨大的成功。他們成功的背後，是因為他們採用了有效的個人品牌行銷策略。毫不誇張地說，個人品牌的成功與成功的行銷策略密不可分。成功的個人品牌行銷就像是一把利劍，能助你在市場中脫穎而出。

那麼，如何才能「活學活用」這些成功品牌背後的策略？如何將個人品牌行銷這把利劍揮灑至極致？這正是所有個人品牌塑造者迫切想要了解的問題。

平庸的思維模式只會導致平庸的結果，真正讓我們失敗的是對於個人品牌行銷的錯誤理解。要想成功地行銷個人品牌，首先要從源頭上弄清楚「什麼是個人品牌行銷」。成功的個人品牌行銷並沒有萬能的公式，而是取決於正確的思維和策略。只有從根本上理解行銷，才能真正找到個人品牌行銷的出路。

本章將圍繞「行銷」這個核心，詳細介紹個人品牌行銷的真正概念，並為那些正處於迷茫中的個人品牌塑造者指明一條正確的行銷與成長之路。

# 第 5 章　成功的品牌行銷，鑄就成功的個人品牌

透過閱讀本章，我希望你能夠：

了解行銷的真正涵義，明白廣義行銷與狹義行銷之間的區別；

掌握個人品牌行銷的核心概念；

理解行銷個人品牌的兩大原則。

個人品牌行銷的成功取決於對其概念、特性和原則的深入理解。從現在開始，放下你對行銷的舊有偏見，拋開那些讓你循規蹈矩的舊原則！當你以全新的視角來看待個人品牌行銷時，你就已經踏上了成功建立個人品牌的康莊大道。

## 5.1 你理解的行銷是管理視角還是傳播視角？

在我進行企業管理諮詢的 20 年裡，我發現一個讓人驚訝的現象：許多老闆只有在產品上市後遇到推廣困難時，才會來找我做顧問，希望我能幫助他們更快或更好地將新上市的產品推向消費者。為何會這樣呢？

根本原因在於，這些老闆往往將行銷僅僅理解為如何透過各種方法和策略把產品賣出去。其實，不只是這些企業的老闆，我們大多數人對行銷的理解，也常常局限於傳播和推廣的層面。按照這樣的理解，個人品牌行銷似乎就是如何吸引粉絲，如何將自己推銷出去。

但是如果個人品牌行銷真的如此簡單，那我們就不需要花費這麼多時間來學習行銷了。因為僅靠一些小聰明或小點子就能輕易獲得成功。

然而，個人品牌塑造者若要真正做好個人品牌行銷，首先要明白：什麼才是真正的行銷？

事實上，關於行銷的概念有許多種說法，隨著研究方向的不同，對

# Part3 造勢—
## 個人品牌行銷：先造人，後造財

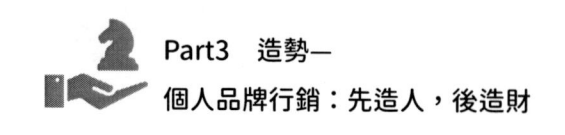

行銷的詮釋也各不相同。管理學和傳播學對行銷的解釋各有其特點。

管理學研究的行銷是廣義的，涉及全局性的策略和管理；而傳播學研究的行銷則是狹義的，更多關注推廣和促銷層面。準確地說，後者的行銷實際上指的是促銷。因此，我們日常聽到的社群行銷、電商行銷等，其實都是從推廣和促銷的角度來討論的。由於傳播學的老師們在市場上更有影響力，大眾對行銷的理解往往也隨之狹隘化。

然而，個人品牌的建立者需要同時理解廣義和狹義的行銷概念。廣義的行銷從管理視角出發，可以幫助我們做好個人品牌的策略和管理，提供全局性的視野，建立系統的工程；而狹義的行銷則讓我們更好地將自己的品牌傳播出去。這兩者同樣重要。接下來，讓我們耐心地梳理這兩個行銷概念，了解它們的異同與應用。

### ◆ 廣義的行銷（管理視角下的行銷）

廣義行銷是從管理學的角度來詮釋的，它指的是一個創造價值、滿足需求、建立牢固的客戶關係，並從顧客身上獲得價值的管理活動。

#### 廣義行銷的三大要素

要準確理解這一點，關鍵在於掌握以下三個要素：

#### 第一要素：創造價值，滿足需求

無論何種行銷活動，其最終目標都是創造價值。也就是說，你所銷售的產品必須能夠真正滿足消費者的需求，而不是透過欺騙或強制手段讓客戶購買。

例如，培訓界曾經流行一個問題：如何將梳子賣給和尚。從廣義行

## 第 5 章　成功的品牌行銷，鑄就成功的個人品牌

銷的角度來看，要把梳子賣給和尚，就必須考慮這個梳子如何為和尚創造價值，並從實際需求出發去思考。比如，雖然梳子不會用來梳理頭髮，但是它可以用來按摩頭部，那麼一把以頭部保健按摩為核心功能的梳子應該如何設計？這才是開發者應該著眼的方向。

然而，從狹義行銷的角度看，將梳子賣給和尚的重點在於如何結合和尚的特點找到一個賣點，讓他願意接受這把梳子，或是如何調整推銷話術。梳子本身並未改變，改變的只是銷售方式。

顯然，如果先不解決梳子的價值問題，而僅僅著眼於推廣，那麼要賣出梳子給和尚，顯然會更加艱難。

對個人品牌塑造者來說，如果在未解決自己的核心價值之前，就急於將自己推廣出去，實際上就如同硬要把梳子賣給和尚。表面上看似進入了「賣」的階段，但是從全局來看，這樣的推銷過程反而會更慢、更艱辛。

那麼，如何創造價值，滿足需求呢？

滿足需求有以下兩種模式：

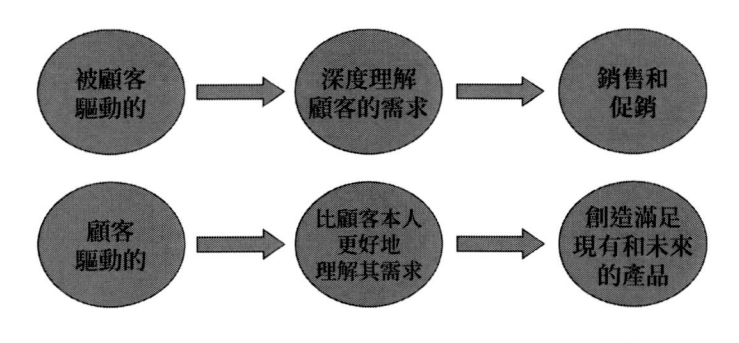

圖　創造價值，滿足需求的兩種模式

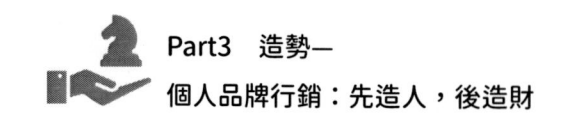

## Part3 造勢—
### 個人品牌行銷：先造人，後造財

所謂顧客驅動行銷，是指企業透過洞察消費者的需求，找到那些客戶未被滿足的需求點，然後生產出相應的產品來滿足這些需求。過去的二十年，尚未被滿足的需求還有很多，這些需求通常被稱為「藍海」。企業在市場上尋找機會的過程，也就是發現藍海的過程。

而驅動顧客行銷，則是指行銷者憑藉自己對需求的深入洞察和思考，基於對新產品的創新理解，創造性地設計並開發出新產品。這些產品在投入市場後，能夠與消費者內心深處的需求相契合，從而獲得市場認可。舉例來說，賈伯斯創造的 iPhone 就是驅動顧客行銷模式的典型代表。

一般來說，以物質性和功能價值為主的產品，往往適合採取顧客驅動行銷。因為顧客對於自己在物質層面上的需求通常是明確的，例如醫療、食品或耐用消費品的需求。然而，當物質需求基本得到滿足後，顧客開始尋求精神層面的需求時，他們往往並不清楚這種需求應該如何在產品上體現出來。在這種情況下，那些具備高度市場悟性和豐富創意思維的研發者便有了施展才能的空間。因此，在當今的新產品開發中，更需要的是那些擁有創意思維、發散性思維且具備想像力的人才。

### 第二要素：建立牢固的客戶關係

在市場的成長期，隨著新產品需求的增加，客戶數量也在不斷增長，此時獲取新客戶顯得尤為重要。

行銷者的主要策略是擴大市場占有率，不斷拓展新的市場。然而，當產品進入成熟期後，需求與供應的關係趨於穩定，這時考驗的是哪個品牌能夠突破這種平衡，從競爭對手那裡吸引客戶，這就需要強化客戶關係。

第 5 章　成功的品牌行銷，鑄就成功的個人品牌

如今的市場中，需求往往集中在可有可無的非必要性需求上，這進一步凸顯了客戶關係的重要性。因此，現代行銷的重點已經從單純的促銷和廣告推廣，轉向了對客戶關係的培育和管理。

第三要素：管理活動

行銷的本質其實是一項管理活動。

企業的經營和獲利涉及到產品研發、採購、製造、銷售、物流、行政管理以及品牌文化建設等多個方面。這些模組之間如何協同運作、遵循什麼原則來管理，變得非常重要。行銷過程中需要按照既定的目標進行，也必須做好 6R 管理，即：賣給誰、賣什麼、什麼時間賣、什麼地點賣、怎麼賣、為什麼賣。

建立相應的組織保障，並按照計劃有序推進，特別是在服務業已成為主流產業的今天，管理活動的重要性更加突出。由於服務的輸出主要依賴於人的表現，而人是最具變數的因素，因此管理在這個過程中顯得尤為關鍵。

## ◆ 廣義行銷的五大步驟

奠基於這三大要素來理解行銷，可知廣義行銷的工作是非常龐大的，它是一個系統工程。行銷作為一門應用學科，其理論隨著市場環境的變化不斷調整和創新。許多朋友可能學過行銷，但是你了解當前的行銷理論有哪些變化嗎？

接下來，我將透過菲利普・科特勒（Philip Kotler）在他的新書中對市場行銷的最新理解，為大家介紹市場行銷管理的整體理論框架，也就是廣義行銷的五大內容或步驟。

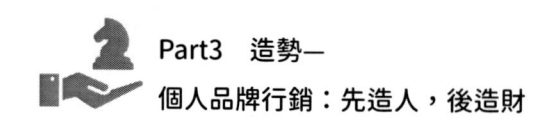

### Part3 造勢—
### 個人品牌行銷：先造人，後造財

## 行銷管理過程模型
## 5 步驟

**為顧客創造價值並建立客戶關係**

理解市場和客戶需求 → 制定客戶導向的行銷策略 → 建立傳遞超高價值的整合行銷方案 → 建立可盈利關係和創造客戶愉悅 → 從客戶獲取價值來創造利潤和顧客權益

## 行銷過程的簡化模型

圖　廣義行銷的五大步驟

### 第一步：理解市場和客戶需求

萬丈高樓平地起，對於行銷者來說，行動的第一步必然是深入的調查研究。那麼，該如何進行調查研究呢？調查研究只是手段，其真正的目的在於理解市場與客戶的需求。科特勒將市場和客戶需求分開強調，實際上是在告訴我們，研究必須深入，不能止於表面。

傳統的行銷者在制定行銷計劃時，通常會提到市場調查研究，這已經是老生常談的內容。然而，僅僅做市場調查研究是遠遠不夠的。市場是由群體組成，而客戶則是個體。只有群體層面的調查研究，卻忽略了個體需求的理解，是不夠深入的。因此，行銷五大步驟的第一步是同時深入研究市場和客戶。不僅僅是簡單的調查研究，而是要真正理解市場與客戶的需求。這要求我們以更加細緻和深入的方式來分析。

# 第 5 章　成功的品牌行銷，鑄就成功的個人品牌

## 第二步：制定客戶導向的行銷策略

行銷策略的制定過程包括市場細分、市場選擇和市場定位，即所謂的 STP 目標市場行銷策略。市場細分的目的在於精確選擇市場，而行銷的關鍵在於精準施策。我們強調行銷不能廣撒網，而要專注於精確定位的市場。市場細分是將市場分割為若干小塊，然後選擇自己可以成功掌握的市場。

當市場選擇明確後，下一步便是思考如何為這部分目標使用者創造價值。這個過程便是市場定位。而價值選擇必須基於市場需求和競爭者較少的基礎上，因此市場定位的過程實際上也是制定競爭策略的過程。

與傳統市場行銷理念不同的是，今天的行銷策略極其強調客戶導向。客戶導向相對於競爭導向和市場導向來說，更加注重對個體客戶的深入了解。傳統企業在制定定位策略時，往往過於關注競爭對手的動作，特別是價格策略，這導致產品創新空間不大。而市場導向則以群體為核心，市場是一群有購買欲望和購買能力的人的集合體，這種導向的行銷策略相對粗放。

然而，今天的客戶導向行銷策略則大不相同。客戶與市場最大的差異在於，客戶是具體的、有名有姓的個體，你對其了解更加細緻。客戶導向的行銷策略強調深入的客戶洞察，從而使行銷策略更加精確和有效。

## 第三步：建立一個超高價值的整合行銷方案。

首先我們來介紹整合行銷方案包含哪些內容。

行銷方案通常包括產品策略、價格策略、管道策略和促銷策略，這是傳統四 P 模型的表達方式。當然，還有其他視角的表達方式，如 4C 或 7C 等。這些概念有興趣的朋友可以自行查閱資料，在此不作詳述。

## Part3　造勢─
### 個人品牌行銷：先造人，後造財

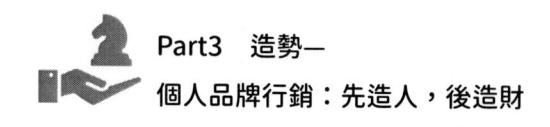

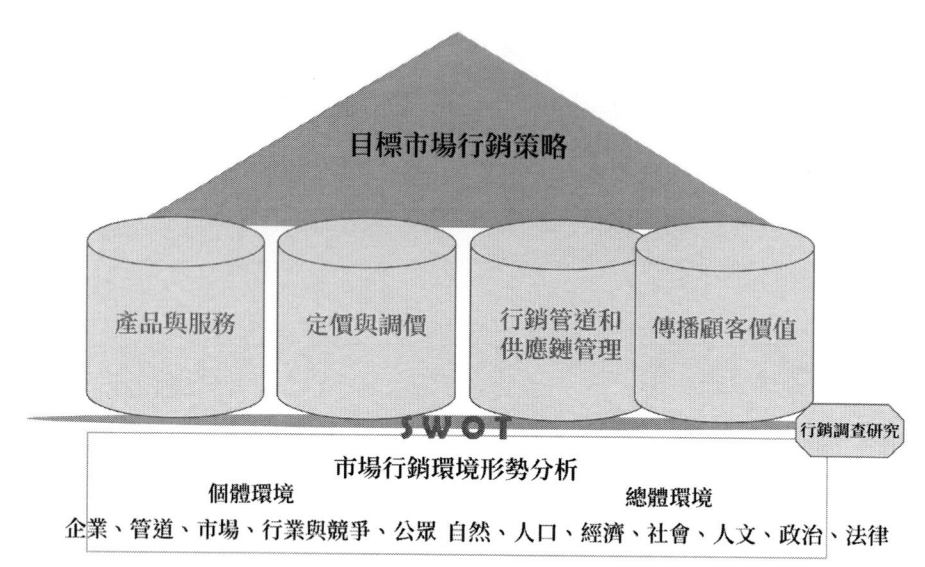

```
                    目標市場行銷策略

    產品與服務    定價與調價    行銷管道和    傳播顧客價值
                              供應鏈管理

                        SWOT                    行銷調查研究
                  市場行銷環境形勢分析
              個體環境              總體環境
        企業、管道、市場、行業與競爭、公眾　自然、人口、經濟、社會、人文、政治、法律
```

圖　行銷方案全景圖

　　今天我要告訴大家的是，行銷方案在當今市場環境中已經發生了一些重要變化。傳統的產品、價格、管道和促銷這四大要素中，如今管道和促銷的界限越來越模糊，甚至開始融合。大家或許已經注意到，像Facebook這樣的平臺，既是一個溝通、促銷和推廣的管道，同時也是一個直接銷售的管道。過去，我們將商業管道和推廣工作嚴格區分開來，然而現在，它們正在不斷融合。任何一個能夠促進溝通的地方，都可能成為銷售通路。因此，B2C市場的發展前景越來越廣闊。

　　價格策略則是附著於產品之上的，甚至可以視作產品策略的一部分。因此，傳統的四P組合如今實際上可以濃縮為兩個P：一個是產品，另一個是促銷。這正是網路時代行銷的新特點。因此，在策劃行銷方案時，重點應放在如何更好地理解消費者和使用者，提升他們的體驗價值。這與過去我們強調管道致勝、終端為王的觀念有很大不同。也正因如此，客戶關係和使用者關係的培育已成為行銷的核心任務。

## 第 5 章　成功的品牌行銷，鑄就成功的個人品牌

「整合行銷方案」中的「整合」二字，意味著後續的行銷方案必須支持之前的 STP（目標市場行銷策略），同時，行銷方案的各要素之間必須相互合作支持。這與過去四個 P 各自為政的情況大不相同，過去可能是管道忙著銷售，廣告部門專注於廣告策略，產品部則埋頭研發。而現在，我們應該將行銷視為一個系統工程來看待。

超高價值的含義在於從顧客價值的角度出發，創造更高的價值，即你為使用者提供的價值必須超過他們支付的價格。只有這樣，使用者才會感到驚喜，從而獲得滿意度。唯有滿意度極高的顧客，才能形成客戶忠誠，真正成為你品牌的粉絲。

第四步：建立與策略相匹配的組織機構、團隊、績效和流程。

這就如同你想要擁有一個幸福的家庭生活，首先必須組建家庭，且家庭成員之間要有合理的職能分工。要打造品牌，必須在組織上設立相應的部門和職能來貫徹這個策略，績效要與之匹配，流程要確切落實，才能避免「紙上談兵」。

所以說，如果前三步是設計藍圖、規劃策略，那麼這一步就是落實行動的關鍵。管理的十字方針──計劃、組織、指揮、協調與控制，其中後三項都與落實有關。這再一次印證了這個步驟的重要性。

第五步：獲取價值來創造利潤和顧客權益。

當前四項工作都做好後，客戶自然會給予回報，這時利潤便開始產生，品牌基於顧客信賴的無形資產也逐漸形成，品牌的影響力因此逐步增強。

透過以上對菲利普·科特勒最新行銷理論中五大步驟的解析，我相信大家會發現，其實廣義行銷，亦即從管理視角來看行銷，其本質上是一個市場規劃的過程，是一個基於市場角度的商業專案規劃，滲透在企

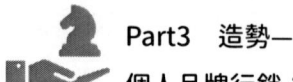

**Part3 造勢—**
**個人品牌行銷：先造人，後造財**

業經營的各個層面。因此，企業管理者若能掌握行銷的精髓，也就掌握了商業管理的要領。同樣，個人品牌塑造者在建立個人品牌時，實際上也是在進行一個商業規劃。要想獲得成功，就必須按照這五大步驟來計劃並執行。雖然這個過程看似複雜，卻是不可或缺的。

## ◆ 狹義行銷（傳播視角下的行銷）

狹義行銷指的是在行銷策略、產品、價格和管道都確定後，建立品牌與消費者的溝通，並推廣出去的過程。狹義行銷涵蓋了我們平常見到的電商行銷、網路行銷、社群行銷等各類行銷活動。這些活動的本質就是促銷和推廣。那麼，什麼是促銷呢？

### 促銷的四種工具

促銷，顧名思義，就是促進銷售。從程序角度出發，好的促銷能夠加快市場推進的過程。然而，促銷的效果是定量的而非定性的，這意味著即使促銷做得再好，如果產品不夠好、定價不合理或管道不合適，最終還是徒勞無功。甚至如果前述三者沒有做好，促銷做得越多，反而可能加速失敗的到來。

促銷通常有以下四種工具：

## 四種促銷工具

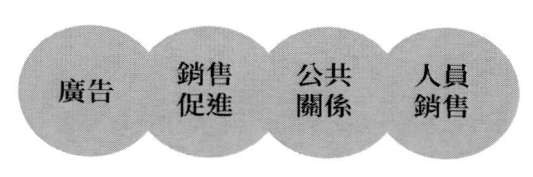

廣告　銷售促進　公共關係　人員銷售

圖　狹義行銷的主要工具

## 第 5 章　成功的品牌行銷，鑄就成功的個人品牌

### 1. 廣告

廣告的目的是廣而告知，向大眾廣泛告知資訊。通常可分為三種類型：通知型廣告、說服型廣告和提醒型廣告。需要注意的是，新品牌在上市階段比較適合使用通知型廣告，以告知市場品牌的存在和特點；在成長階段則適合使用說服型廣告，以建立品牌的信任感；而在成熟期，則可以使用提醒型廣告，像可口可樂一樣，在旺季來臨時簡單提醒消費者即可。對於大多數新品牌來說，讓市場知道你的存在、了解你是誰，是至關重要的，因此個人品牌建立者在初期通常應選擇通知型廣告。

### 2. 銷售促進

銷售促進，也稱為「營業推廣」，是指企業透過各種短期誘因，鼓勵消費者和中間商購買、經銷或代理產品或服務的促銷活動。我們經常看到的「買一百送五十」、「跳樓大拍賣」等都是銷售促進的例子。銷售促進的工具很多，針對消費者的有贈送樣品、提供贈品、優惠券、打折優惠、退款優惠、趣味促銷、有獎銷售、以舊換新、示範表演等；針對通路商的有折扣、經銷津貼、宣傳補貼、陳列補貼、銷售競賽、展覽會等。

銷售促進的特點是「現場促銷」，效果顯著，因為這實際上是一種變相降價，讓消費者感覺「撿到了便宜」，因此特別有效。根據麥肯錫的研究，許多消費者的購買決策會在最後一刻因店內促銷活動或銷售人員的推薦而改變。約 65% 的受訪者表示他們通常會購買原本沒有計劃購買的品牌產品。儘管銷售促進非常有效，能夠直接刺激銷售業績增長，但是應該僅在特定時期作為短期促銷工具使用，不能長期依賴。因為這種方式可能會貶低產品和品牌的價值，對於要建立品牌的機構或個人來說，應該慎重考慮使用銷售促進策略。

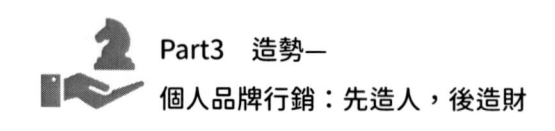

**Part3 造勢—**
**個人品牌行銷：先造人，後造財**

3. 公共關係

公共關係是指組織或個人為改善與社會公眾的關係，促進公眾對組織的認識、理解和支持，以便樹立良好的形象，實現組織或個人與公眾共同利益和目標的管理活動與職能。公關在行銷中的作用，主要透過資訊監測、輿論宣傳、溝通協調、危機處理等方式，來幫助行銷者達成目標。傳統的公關手段有很多，但是通常涵蓋以下八種活動。

**公共關係策略**

新聞　演講　事件　資料　展覽　活動　聯絡　投訴

樹立企業良好形象或創建良好輿論環境的活動。

圖　公關的 8 個手段

4. 人員銷售：人員銷售是指銷售人員透過與潛在顧客的直接互動來推廣和銷售產品或服務。這種方式特別適合需要說明和解釋的高價值或複雜產品。舉例來說，汽車銷售顧問在顧客進入展示廳時，透過專業的講解和試駕體驗，幫助顧客了解汽車的性能和特色，從而促進銷售。人員銷售強調個性化的服務和建立信任關係，這使得顧客在購買決策過程中感到更有信心。

講到這裡，大家是否清楚了解：狹義行銷的幾種工具，其實都是為

第 5 章　成功的品牌行銷，鑄就成功的個人品牌

了更好地將產品或服務推廣出去，這與管理視角下的行銷仍然有較大的區別。然而，管理視角下的行銷也是包含了狹義行銷的這些內容。

以上便是行銷的兩大概念，毫無疑問，它們將以全新的行銷視角為你帶來一場洗禮，也必然會與許多已經約定俗成的錯誤方法產生強烈碰撞。同時，它也可能為你帶來巨大的財富和更廣闊的行銷狀況。

## 5.2 什麼是個人品牌行銷？

透過上一節的閱讀，我們了解了什麼是行銷。基於廣義行銷和狹義行銷的概念，我們可以得出個人品牌行銷的真正定義。

個人品牌行銷指的是：透過滿足目標使用者的心理預期，強化心理投射，並建立心理依賴，以實現商業價值的個人價值創造活動。這是從廣義行銷視角出發的個人品牌行銷概念，強調個人品牌也是一種價值創造的過程。

仔細體會這個概念，可以發現它與傳統行銷，尤其是以產品行銷為核心的傳統行銷概念有所不同，後者更側重於創造並滿足需求的過程。因此，二者在行銷路徑上存在差異。接下來，我們將仔細辨析這些不同之處。

### ◆ 行銷路徑與產品品牌不同

在這個概念中，請特別注意我所使用的「目標受眾」這個詞彙，而非「目標市場」。這種區分背後的原因在於，個人品牌的行銷路徑與產品品牌的行銷路徑並不相同。

產品品牌的行銷路徑通常是先確定目標市場，然後進行定位，再推出與競爭對手不同的差異化產品。當產品品牌確立這個定位後，它會根據

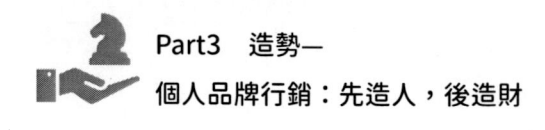

## Part3 造勢—
### 個人品牌行銷：先造人，後造財

這個定位進行推廣，提升品牌的美譽度，讓消費者相信這是一個優秀的品牌，從而實現其商業價值。這就是產品品牌的行銷路徑，如下圖所示。

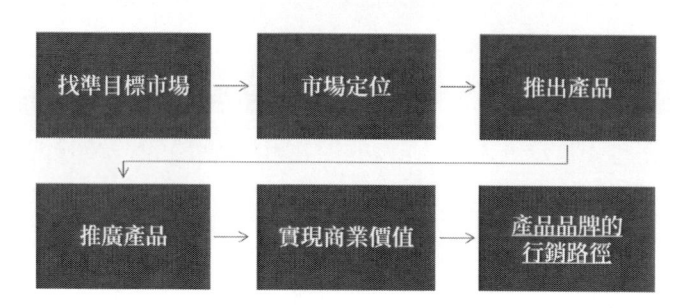

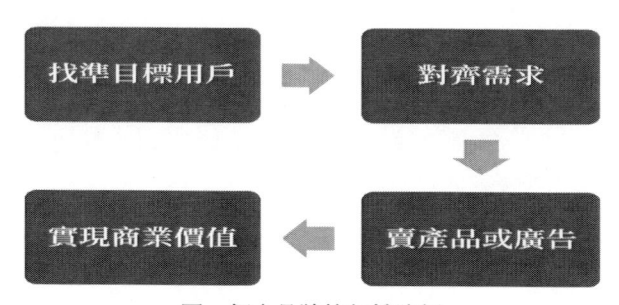

```
找準目標市場 → 市場定位 → 推出產品
                                    ↓
推廣產品 → 實現商業價值 → 產品品牌的行銷路徑
```

圖　產品品牌的行銷路徑

個人品牌行銷卻有所不同。

個人品牌的行銷路徑是先建立並擴大自己的名氣，然後再推出產品。

為什麼人們會購買你的產品呢？因為你已經擁有了很大的知名度和良好的聲譽，消費者相信你所推薦或使用的東西一定是好的。簡單來說，因為他們喜歡你，所以接受你所提供的一切。這就是為什麼某些名人能夠將自身的個性特徵轉化為市場價值的原因所在。透過強大的個人品牌，推動使用者接受自己的產品，並讓產品獲得溢價。以下是個人品牌行銷路徑的圖示：

```
找準目標用戶 ⇒ 對齊需求
                       ⇓
實現商業價值 ⇐ 賣產品或廣告
```

圖　個人品牌的行銷路徑

第 5 章　成功的品牌行銷，鑄就成功的個人品牌

　　基於個人品牌的行銷路徑與產品品牌的差異化，我們塑造個人品牌的目標在於讓與自己產生共鳴的目標群體認可自己。因此，這些人是「使用者」，而不是僅僅的「市場」。所有的個人品牌工作都是圍繞著目標使用者的心理開展的，要強化心理投射，讓使用者對你產生依賴，成為你的粉絲。當他們依賴你時，才會產生品牌溢價，並實現更高的商業價值。

## ◆ 先賣人再賣產品

　　個人品牌行銷的核心在於透過推動品牌形象來實現價值。換句話說，重點不在於如何打造出完美的產品功能，而是在於如何塑造你這個人。直白地說，個人品牌行銷的重點就是要「先賣人，再賣產品」。

　　去年，我的辦公室來了一位 23 歲的小姑娘，身高只有 152 公分，看起來十分瘦弱，給人的感覺有點像發育不良。小姑娘坐下後，向我講述了她的成長經歷。

　　原來，她是一個孤兒，在孤兒院長大。18 歲後，她開始自力更生，期間碰了不少釘子，才在某蛋糕店找到一份當服務生的工作。小姑娘非常珍惜這份來之不易的工作，不但上班時勤奮，下班後也會溜進廚房向師傅學習如何製作蛋糕。兩年後，憑藉自己的努力和認真，她已經完全掌握了製作千層蛋糕的技術。經過思索，她決定辭職創業。

　　她選擇的創業途徑是當時非常流行的網路銷售，於是她開了一個網路小店，開始售賣自製的千層蛋糕。令人驚訝的是，僅僅一年半的時間，她就擁有了一個近 600 人的線上銷售團隊。

　　聽到這裡，許多人可能和我一樣，對小姑娘的成功感到好奇──她是如何吸引這麼多人加入她的團隊的？事實上，小姑娘做的蛋糕並沒有

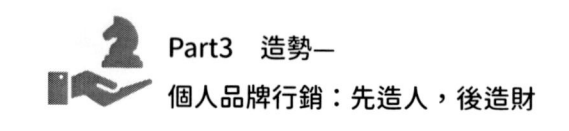

## Part3　造勢—
### 個人品牌行銷：先造人，後造財

什麼特別之處。我曾經吃過，雖然口感不錯，但是並不至於讓人難以忘懷。蛋糕的包裝也很簡單，只是一個紙質的包裝盒，街上隨處可見。那是因為她的蛋糕便宜嗎？也不是，她的蛋糕定價為 680 元，對於一個 4 吋的蛋糕來說，這並不算便宜。那為什麼顧客願意購買她的蛋糕呢？

仔細思考，你就能明白。

小姑娘依靠的是她那充滿勵志的故事打動了顧客。為什麼這個情感故事能夠讓別人接受她？這就是現代消費者需求價值的變化所帶來的紅利。

試想一下，街上有那麼多賣蛋糕的實體店，為什麼消費者不去實體店買，而選擇了小姑娘的蛋糕？按理說，價格並不便宜，而且實體店應該更有安全保障，對吧？

但是細想之下，實體店的服務員與顧客之間的關係僅僅是交易關係，就像許多店鋪一樣，顧客和你的關係僅僅是「光顧一下的客人」，交易結束後便沒有了更深的連結。但是小姑娘不同，她與每一位顧客進行一對一的情感交流，分享她的勵志故事。顧客從她的故事中感受到了她的情感，看到了一種精神。這就是小姑娘為她的顧客帶來的獨特價值，這種價值並非基於產品功能，而是基於她的情感價值。

根據亞伯拉罕・馬斯洛（Abraham Maslow）的需求理論，人最基本的生理需求包括衣食住行，如果這些基本需求無法得到滿足，人的生存將面臨困難。隨之而來的是安全需求，即希望生活能有所保障。在上述兩個需求得到滿足後，人們會產生友誼、愛情、親情等情感上的需求，並希望成為社會群體的一部分，這便是社交需求的出現。個人品牌傳播的動力其實正是依靠粉絲的這部分需求。接著，人們會希望被他人尊重，

第 5 章　成功的品牌行銷，鑄就成功的個人品牌

得到認可和讚賞，這時名譽、聲望和地位的尊重需求便會出現。然而，這種需求在現實生活中往往很難得到充分滿足。最後，自我實現是最高層次的需求，即追求實現個人抱負、理想和價值。

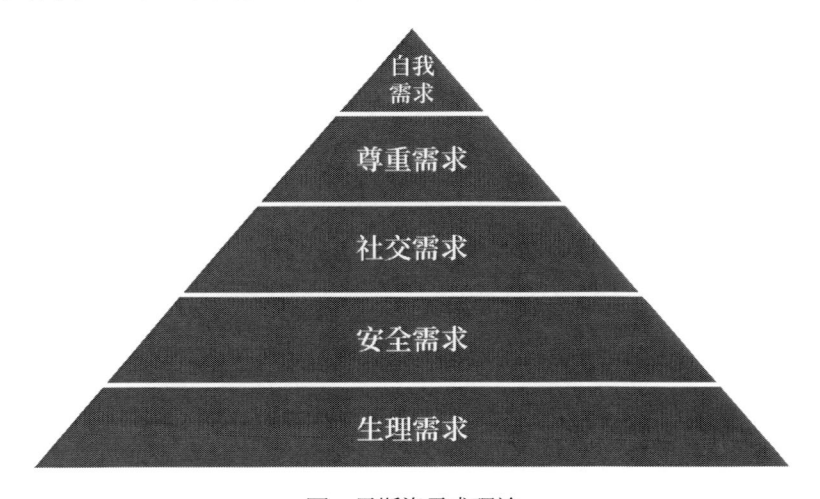

```
         自我
         需求
        尊重需求
        社交需求
        安全需求
        生理需求
```

圖　馬斯洛需求理論

顯然，小姑娘帶給顧客的需求已經超越了基礎需求，上升到了社交需求和自我實現層次。透過購買小姑娘的蛋糕，顧客認為自己幫助了一位不幸的女孩，從而獲得了心靈上的滿足，這就是一種自我價值的實現。

因此，如今進行個人品牌行銷，首先要考慮的就是如何「賣人」，即如何「賣」自己。一旦人被認可了，銷售其他產品也就自然而然地水到渠成了。

與產品品牌行銷類似，個人品牌行銷也有廣義和狹義兩個視角。前面我們討論的是廣義視角，即從管理角度看待個人品牌行銷，它是一種價值創造活動，只不過其建立路徑和方式具有其獨特性。因此，之前提

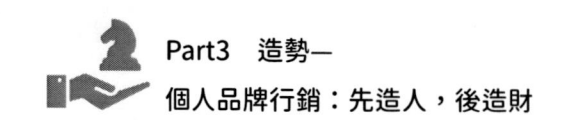

## Part3 造勢—
### 個人品牌行銷：先造人，後造財

到的菲利普・科特勒提出的行銷五大部分內容或五大步驟，同樣適用於個人品牌行銷。個人品牌建立者應該學會用管理視角來管理自己的品牌建設，踏踏實實地一步步實現品牌目標。

然而，個人品牌行銷還有狹義的視角，也就是大家通常所理解的傳播視角，或者說促銷視角。這關注的是如何將自己推廣出去，提高知名度和美譽度，吸引大量粉絲。如果說廣義的市場行銷重點在於市場規劃，那麼狹義的行銷重點就在於推廣傳播。本書中的品牌定位和形象系統部分可以視為市場規劃和價值提煉，而本章接下來所介紹的關於傳播、粉絲行銷、社群行銷等內容，則更側重於如何建立知名度和美譽度的策略。

那麼，讓我們開始探索如何讓個人品牌獲得更廣泛的傳播，培育更好的知名度和美譽度，推動粉絲關係的成功之路吧。

## 5.3 個人品牌如何做好傳播？

對於個人品牌行銷來說，在沒有經過有效的傳播之前，個人品牌的價值幾乎是無法被實現的。

個人品牌的傳播，也可以稱為個人品牌的推廣。如果說，個人品牌塑造者在品牌規劃、品牌形象設計與執行、品牌化服務等方面所做的工作，是在為目標使用者創造品牌價值，那麼個人品牌傳播則是在品牌定位的基礎上，將品牌價值的相關資訊傳遞給目標使用者，讓他們認知、了解並接受這些價值的過程。

換句話說，即使你的個人品牌定位、品牌形象策劃、品牌服務工作做得再好，如果不能透過傳播將這些價值深植於目標使用者的心中，那

## 第 5 章　成功的品牌行銷，鑄就成功的個人品牌

麼你所做的一切將失去實際的意義和價值。

在個人品牌行銷體系中，傳播是營造品牌關係、累積品牌資產的關鍵環節。美國科羅拉多大學的整合行銷傳播專家提出了一個關於品牌傳播和品牌資產的方程式，如下所示：

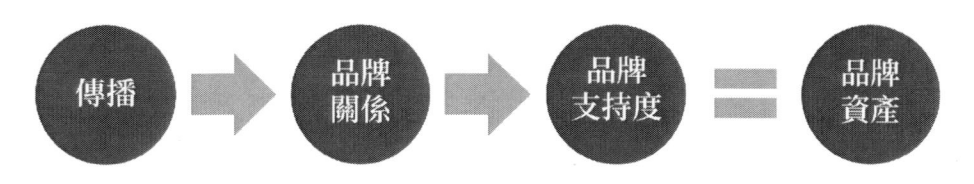

$$\text{傳播} \rightarrow \text{品牌關係} \rightarrow \text{品牌支持度} = \text{品牌資產}$$

圖　品牌傳播和品牌資產的方程式

這個方程式很好地說明了傳播的真正目的：透過建立品牌關係，贏得目標使用者的支持和信賴，最終建立個人品牌資產。因此，不論你的個人品牌行銷活動策劃得如何出色，如果不能有效傳播，你將無法與目標使用者建立良好的品牌關係，也無法累積品牌資產。

俗話說「酒香不怕巷子深」，但是這句話並不意味著個人品牌不需要傳播。事實恰恰相反，好酒也正是透過人們的口碑這個傳播管道而得以揚名的。

雖然有些人可能會指責傳播的片面性，認為無論如何強調互動，傳播給人的感覺仍然是廣而告之的。但是即使是這種單向的傳播，也是個人品牌行銷所必須藉助的手段。即使在當今網際網路時代，我們更強調與使用者的深度互動，傳統的傳播工具依然不可或缺，因為它在推進知名度方面仍然具有重要作用。一定廣度的覆蓋仍然是品牌成功的基礎之一。

因此，對於個人品牌行銷來說，如何將自己的價值有效地傳播給目標使用者，是行銷成功的關鍵所在。個人品牌傳播作為個人品牌行銷活

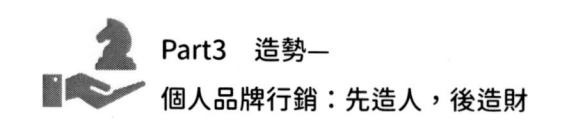

## Part3 造勢—
### 個人品牌行銷：先造人，後造財

動的一部分，其最終目標也是促進銷售。然而，個人品牌傳播與其他傳播行為不同，它肩負著品牌行銷的實施任務——建立並維持個人品牌。因此，從個人品牌行銷的角度來看，個人品牌行銷者通常藉助個人品牌傳播達到以下三個不同層次的目的：

基於個人品牌傳播的概念和作用，我認為最重要的原則是要做到生動化、娛樂化，並關注使用者感受。

### ◆ 生動化、娛樂化

所謂生動化傳播，指的是個人品牌行銷中的一種表現手法，也是個人品牌建立過程中展現出來的一種策略。透過獨特的個人品牌定位，並運用豐富多彩、生動有趣的執行手段來演繹個人品牌的風格，表達品牌的主張，以此達到理想的傳播效果。

生動化傳播的核心在於娛樂化，透過娛樂化吸引目標使用者的參與，藉此產生互動，讓目標使用者真正成為個人品牌的粉絲，進而促使他們接受個人品牌所傳遞的資訊，並產生消費的意願。這就是個人品牌生動化傳播的基本理念。

依照生動化傳播的原則，個人品牌推廣不再枯燥乏味，行銷不再單調無趣。行銷活動變得時尚且流行，徹底改變了傳統品牌傳播的呆板形象。生動化傳播如同為個人品牌行銷插上了騰飛的翅膀，使個人品牌的個性更加鮮明，形象更加豐富，表現更為活潑，讓你的個人品牌真正「活」了起來。

如今是個「娛樂至死」的時代，沒有人喜歡冷冰冰的說教或強制性的廣告，人們更願意在好玩、有趣的體驗中完成對個人品牌的認知、感受

## 第 5 章　成功的品牌行銷，鑄就成功的個人品牌

和購買。所以，如果你在做個人品牌行銷時，仍然保持「高高在上」的格調，我建議你放下這種姿態，多一點娛樂元素，否則可能會失敗得很慘。

舉個例子，傳統的農產品銷售方式是將其作為原材料出售，頂多做一些簡單的加工，這樣的產品缺乏價值感，還需要自行尋找管道、終端和消費者。許多產品，你甚至不知道應該透過哪些管道來銷售，更不用說找到消費者了。

那應該怎麼辦呢？

答案是：做娛樂農業！臺灣有一個梅子酒品牌，就是透過娛樂化策略，讓產品變得生動起來。他們將梅子酒取名為「馬拉桑」梅子酒，「馬拉桑」在阿美族語中意為「喝醉啦」。接著，他們為品牌賦予了故事背景，將梅子酒生產的南投信義工廠村命名為「梅子夢工廠」。

產品命名也非常有創意，例如他們與附近的「妖怪村」合作推出了多款創意產品，包括妖怪村酒系列：醉好酒、妖妖酒；擬人化酒系列：狂野──男人的酒（40 度）、柔水──女人的酒（12 度）；狀況人生系列：拚命三郎、恰北北（形容凶巴巴的女人或太太）、狠角色；山野故事系列：小米唱歌、梅子跳舞、忘記回家、山豬迷路、長老說話、青梅竹馬；地域形象化產品：臺灣梅事等等。

透過這一系列的娛樂化策略，「馬拉桑」梅子酒得到了極佳的傳播效果，銷量的增長也就成了水到渠成的事。看，這就是娛樂化的魅力，當你在做個人品牌行銷時，適當新增娛樂元素，何愁無品牌、無粉絲呢！

再舉一個例子。這個例子可能會引發一些爭議，請審慎看待。這就是 2014 年的「冰桶挑戰」事件。這個事件為什麼會引發如此大的轟動，並吸引眾多高階人士的廣泛參與呢？

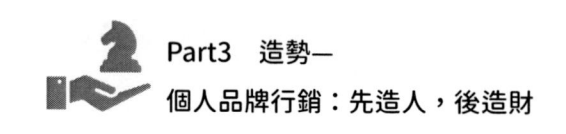

## Part3 造勢—
### 個人品牌行銷：先造人，後造財

我認為，首先是因為它具備慈善的目的，但是更為重要的是它的趣味性和娛樂性，讓人們能夠在參與的過程中展現自己的存在感、身分和地位。

傳統的公益活動，往往是由官方主導，透過層層下達、逐級滲透來實現的，看似規範和嚴謹，但是實際的效果未必理想。然而，這次的「冰桶挑戰」，雖然最初是由 NBA 球星發起，但是迅速傳播到了美國的政界、商界和演藝界。憑藉簡單的規則、輕鬆容易操作的方式和充滿趣味性的畫面，讓一個原本不太為人所知的 ALS（肌萎縮側索硬化症，又稱漸凍人症）成為廣泛關注的焦點。這樣的事情，如果採用冷冰冰、嚴肅和乏味的說教式公益形式，又有誰會關注呢？更別提為此捐款了。

可能有人認為這次的「冰桶挑戰」最終變成了一種消遣，甚至惡搞。但是這真的有問題嗎？有人說這是過度娛樂，本來是為了慈善捐款，最後卻演變成了媒體和名人的自我狂歡。然而，我認為這正是其成功之處。一項活動能讓大家的參與度和關注度如此之高，實在是一個傳播和參與感的網路經典案例。

如果硬要談捐款目標，從數字來看，「冰桶挑戰」所籌得的善款數額遠遠超過了往年，這已經足夠了。更為重要的是，這次挑戰讓普通人知道了 ALS 是什麼，以及透過什麼途徑可以捐款。政客、商人和明星帶頭參與娛樂又捐款，還有什麼樣的活動能取得這樣的效果呢？

### ◆ 關注使用者的體驗

所謂體驗，就是個人品牌塑造者為目標使用者提供一種感受，一種在情緒、體力、智力甚至精神上的延伸。

菲利普・科特勒曾經說過：「現在的行銷就是以商品為素材，塑造感

官體驗和思維認同,吸引目標使用者的注意力,為他們製造出值得回憶的感受,並為產品找到新的存在價值與空間。」

生動化的品牌傳播,不僅僅是向目標使用者傳遞產品和個人品牌的象徵形象,還要附加一種終極體驗,包括感官、情感、精神和心靈的感受。這些情感元素使得你的個人品牌更加生動鮮明,當目標使用者為了獲得更多、更好的體驗時,會非常主動地願意為你的個人品牌支付額外的溢價。

那麼,個人品牌塑造者該如何為目標使用者製造體驗呢?可以從以下三個方面入手:

首先,雖然生動化的品牌傳播應該具備娛樂性、有趣、好玩,但是娛樂化的分寸必須適宜且具關聯性。

適宜分寸是指娛樂不能違背基本的倫理價值觀,不能對你的個人品牌形成損害。比如,一位知名主持人在私人聚會中大放厥詞,雖然可能具有娛樂性,卻違背了個人品牌的倫理形象價值觀,這樣的行為很可能引發負面的社會評價和道德批判。

關聯性則是指你所製造的娛樂、有趣、好玩的活動必須與你的個人品牌定位相吻合。比如:2013 年,中國的光大銀行鬧出烏龍事件,保險套品牌杜蕾斯借題發揮:光大是不行的!這種高度關聯的娛樂化、借勢和抓焦點,成就了杜蕾斯品牌的佼佼者地位,甚至說它是 No.1 也不為過。

◆ 如何結合使用者體驗與使用者互動?

在自媒體時代,目標使用者對個人品牌的資訊已經從被動接收轉變為主動搜尋和分享。而這種分享的力量正是成就網紅品牌的重要因素。

不可否認,如今大眾傳播已經從早期的「注射論」發展到「互動

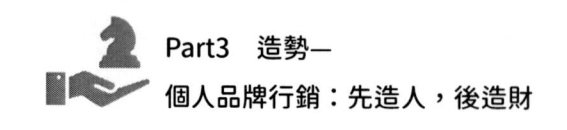

## Part3　造勢—
### 個人品牌行銷：先造人，後造財

論」。在傳統的品牌行銷中，行銷者往往掌控著行銷的所有環節──方式、內容、管道等，而顧客只是被動地接收這些行銷資訊。然而，這種單向傳播模式構建的行銷體系是脆弱的，因為品牌與顧客之間並沒有真正建立起牢固的關係。這種單向的傳播模式在市場競爭不太激烈的時候，可能還能發揮一定的作用；但是一旦產品進入同質化競爭，顧客就很容易找到替代品，單向傳播的效力也就大打折扣。

因此，個人品牌行銷必須避免單向傳播，而應該遵循互動化品牌傳播的原則。所謂互動化品牌傳播，就是指個人品牌塑造者透過與目標使用者進行各種有趣的互動來傳達品牌的主張，實現與目標使用者的有效溝通。

互動化品牌傳播的核心在於吸引目標使用者的參與，並透過這種參與來產生互動。互動化品牌傳播強調個人品牌塑造者與目標使用者之間的雙向交流，簡單地說，就是「你來我往」。

透過互動化品牌傳播，目標使用者可以對你的個人品牌產生記憶、辨識和聯想。因此，不僅在傳播內容上需要追求目標使用者樂於參與的資訊，還應盡量選擇便於目標使用者參與的傳播管道。與目標使用者的互動是否充分，已成為衡量個人品牌傳播效果的重要標準。

那麼，如何在個人品牌行銷中與目標使用者有效互動，就成為了傳播成功的關鍵。要與目標使用者建立互動，個人品牌塑造者需要注重與目標使用者和粉絲的溝通，深入發掘他們的內心需求和渴望。換句話說，個人品牌塑造者需要轉變過去單方面傳播產品資訊的方式，而應該在與目標使用者的互動中激發他們的消費欲望，從而促成產品的購買。

為此，個人品牌塑造者可以從以下四個方面著手：

第 5 章　成功的品牌行銷，鑄就成功的個人品牌

> 從用戶的感官經驗出發，設計與品牌定位相符合的互動場景，激發其參與感、愉悅感。

> 從用戶的情感經驗出發，設計與品牌定位相符合的情緒激發活動，激發其產生美好的情緒經驗。

> 從用戶的成就經驗出發，讓客戶享受參與過程中的存在感、掌控性，激發其成就經驗。

> 從用戶的精神經驗出發，設計與品牌定位相符合的價值觀培育與知識擴展學習互動，形成共有的精神世界。

圖　互動化傳播的 4 大技巧

　　總而言之，個人品牌行銷的成功關鍵在於與目標使用者的有效互動。如果個人品牌塑造者無法與目標使用者產生這種互動，那麼就無法讓目標使用者真正體會到個人品牌的價值所在，也無法在他們心裡引起情感共鳴，更別說產生心理依賴了。

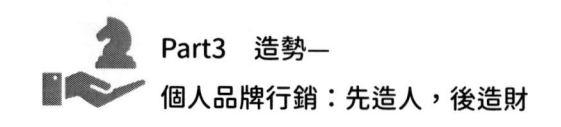

Part3 造勢—
個人品牌行銷：先造人，後造財

## 第 6 章　粉絲行銷 ——
## 建立和管理好粉絲關係的四大步驟

【導言】

　　傳統品牌行銷強調「人脈就是錢脈」，而網路品牌行銷則強調「粉絲帶動經濟」。在網際網路時代，粉絲已經成為品牌不可分割的一部分，甚至主宰了品牌的興衰成敗。

　　有人或許會覺得這句話略嫌誇張：「沒有粉絲都不好意思出門。」但是對於個人品牌塑造者來說，這並非誇張，因為如果沒有粉絲，即使你在特色定位和形象定位上做得再好，也無人追隨，品牌無法彰顯，商業價值更是難以實現。

　　個人品牌塑造的核心在於將人格魅力演繹成信任符號，從而產生眾星拱月的效果，成為資源與資本聚合的中心。隨著這種信任與影響力的建立，接下來的組織建構、社群營運、商業服務的衍生也就變得順理成章，這便是個人品牌粉絲經濟的基本模型。

　　在這裡，有一位著名學者設計了一個模型，可以更加生動全面地呈現個人品牌與粉絲經濟之間的關係。

## 第6章　粉絲行銷—建立和管理好粉絲關係的四大步驟

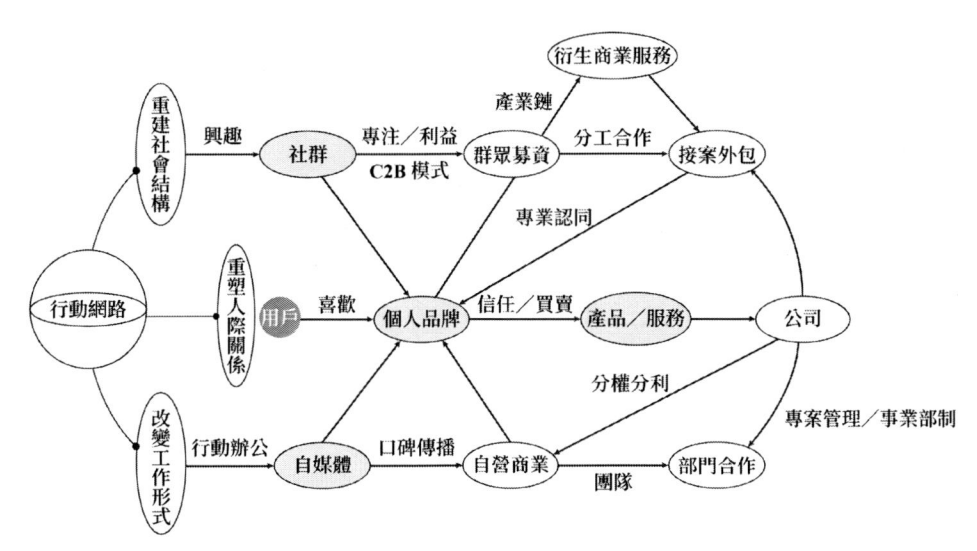

圖　個人品牌粉絲經濟模型（來自於品牌研究學者）

透過上圖的分析，我們可以清楚地了解一個事實：個人品牌是粉絲經濟的商業起點。透過打造個人品牌，與粉絲建立深厚的情感連結，這將成為你商業行為中的必然選擇。

因此，個人品牌塑造者都在快速吸引粉絲，並深入維護與粉絲的關係。有些人的成果顯著，有些人則需要經過多年的努力才能累積到數千甚至數百的粉絲，這中間是否有一定的規律可循呢？為此，本章系統性地闡述了個人品牌粉絲行銷的關鍵方法和技巧，希望能夠為個人品牌塑造者提供助力，幫助他們在商業競爭中脫穎而出，成功建立百萬粉絲團。

在本章中，我將向大家介紹建立和管理好粉絲關係的四大步驟。這四大步驟如下所示：

### 第一步：辨識可能的粉絲

辨識可能的粉絲，意味著個人品牌塑造者要清楚自己的粉絲在哪裡？當他們出現在你面前時，你能夠快速地辨認出他們的身份和需求。

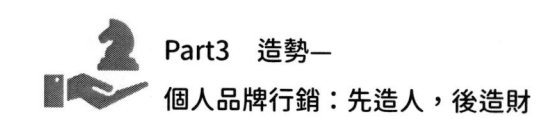

# Part3 造勢—
## 個人品牌行銷：先造人，後造財

例如，當你在某個場所消費時，服務人員能夠立刻辨認出你，了解你的喜好，並為你提供個性化的服務。

辨識可能的粉絲對於個人品牌粉絲行銷至關重要。那麼，個人品牌塑造者應該如何辨識可能的粉絲呢？這就需要你依據「特色定位」章節中確定的目標使用者來找到他們，思考他們可能會在哪些場景中出現？你需要主動接觸你的目標使用者，與他們建立連結，這樣當他們再次出現時，你能夠在第一時間辨識出他們。這是個人品牌粉絲行銷的第一步。

### 第二步：區分不同的粉絲

當你的潛在粉絲出現後，經過第一步的努力，你已經對他們有了一些了解，知道他們的身份和喜好。接下來，你需要做的第二步就是：區分他們。具體的粉絲分類方法可以參考菲利普·科特勒的八個級別分法，後面我會專門介紹。在這個步驟中，我們主要將精力和資源集中在最重要的粉絲身上，以達到事半功倍的效果。

### 第三步：與粉絲互動

擁有龐大的粉絲群體固然重要，但更為關鍵的是如何維護好與粉絲的關係。而維護好與粉絲的關係的核心就在於互動。所以，個人品牌塑造者一定要花精力和時間與粉絲有效地互動。那麼，如何與粉絲互動呢？

本章的第三部分將傳授給個人品牌塑造者三個與粉絲互動的技巧，包括人事互動技巧、SPIN 溝通技巧以及與粉絲互動的要點。

### 第四步：專門化對待意見粉絲

所謂專門化對待意見粉絲，是指在粉絲的八個級別中，對於最重要的粉絲群體，特別是那些意見粉絲，要給予特殊的對待。如此一來，能

## 第 6 章　粉絲行銷—建立和管理好粉絲關係的四大步驟

夠引發意見領袖對你的支持，進而帶動更多的粉絲群體。正如「擒賊先擒王」的道理。

以上就是個人品牌粉絲行銷中建立和管理粉絲關係的四大步驟，也是本章所要傳授給個人品牌塑造者的重點內容。

個人品牌塑造者要想聚集大量的粉絲為自己搖旗吶喊，實現粉絲變現，就必須依靠這些日積月累的辦法。

## 6.1 你的粉絲在哪裡？—— 辨識可能的粉絲

在過去，品牌行銷的核心理念是「得管道者得天下」，但是隨著網際網路時代的到來，這個遊戲規則已經徹底改變。如今，O2O（線上線下整合）模式已經成熟，消費者只需一部智慧型手機便能解決衣食住行的所有需求。在這樣的背景下，品牌行銷的重點也隨之轉變，對於個人品牌塑造者來說，新時代的行銷遊戲規則已經變成了—— 得粉絲者得天下。

對個人品牌塑造者而言，粉絲數量決定了品牌的關注度、影響力以及潛在的商業價值。能吸引和維護多少粉絲，直接影響了你能獲得多少點擊、口碑和利潤。

在這裡，不得不提到小米品牌的成功案例，因為小米集團董事長雷軍作為粉絲行銷的先行者，在行銷領域掀起了巨大的波瀾。即使你已經熟悉這個案例，但是由於它在粉絲行銷史上的重要地位，我們還是要再一次探討。儘管小米行銷的是產品，但是從某種意義上來說，個人品牌也是一種「產品」。

截止 2017 年 3 月，小米的估值已達 3080 億，創造了無數商業奇蹟。小米幾乎「零投入」的粉絲行銷模式更是引起了廣泛關注，那麼小米是如

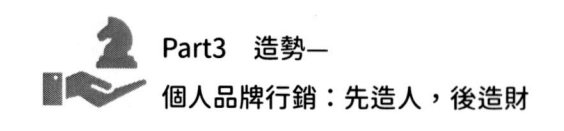

# Part3 造勢—
## 個人品牌行銷：先造人，後造財

何做到的呢？

從品牌行銷的角度來看，小米創始人雷軍無疑是一位行銷高手，而這個成功離不開粉絲行銷的助力。

一開始，小米就準確地鎖定了自己的目標粉絲——手機發燒友。小米手機的定位是「為發燒友而生」，這一定位超越了產品功能、性別、年齡、地域和階層的限制，把一群真正熱愛手機、為手機痴迷的用戶凝聚在一起，並且釋放出強大的情感力量。

雷軍曾說過一句話：「在我們這個社會，年輕的人們需要一種熱愛。」這種熱愛恰恰是「米粉」的最初來源，也是小米手機「為發燒而生」定位的重要原因。

因此，對於個人品牌塑造者來說，與其到處「秀」自己企圖獲得關注，不如學習小米的策略，先辨識可能的粉絲，找到自己的目標粉絲群體，然後用心服務好他們，建立起穩固的基礎。這些粉絲在幫助你建立知名度和美譽度方面的力量，將遠超你的想像。

個人品牌行銷中，誰能率先辨識和吸引目標粉絲，誰就能在市場競爭中占得先機。因此，辨識可能的粉絲並吸引他們，是個人品牌塑造者的首要課題。

那麼，個人品牌塑造者應該如何辨識可能的粉絲呢？

### ◆ 細分粉絲型使用者人群的主要方法

在個人品牌粉絲行銷中，「粉絲」是關鍵詞。因此，我們首先要解決的問題是「你的粉絲是誰？」。這一點在本書的第 3 章「特色定位」中已經詳細探討過（參見「如何找到目標使用者」）。在這裡，我將結合個人品

## 第 6 章　粉絲行銷—建立和管理好粉絲關係的四大步驟

牌粉絲行銷，進一步講解一些找到目標粉絲的技巧。

在現實中，提到粉絲行銷，我們往往會首先想到：必須擁有大量的使用者，因為使用者是粉絲的基礎，粉絲則是使用者的深化。然而，在網際網路時代，僅僅擁有大規模的使用者基數是不夠的。缺乏滿意度和忠誠度的使用者，隨時可能拋棄你，因為在這個選擇豐富的時代，他們很容易因為一點點不滿而離開。使用者不等於粉絲，再大的使用者基數如果不能轉化為粉絲，就無法建立品牌的高價值。

因此，個人品牌粉絲的數量不是越多越好，而是「越精越好，越準越好」。品質遠比數量重要。

那麼，如何才能找到粉絲呢？這個過程與尋找使用者有什麼關係呢？

無論是知名品牌還是成功的個人品牌，他們的使用者為什麼如此忠誠，為什麼使用者中有如此高比例的粉絲？事實上，這取決於他們的基礎工作：精準地定位使用者。甚至在娛樂和媒體領域也是如此。一部成功的作品之所以能取得高票房或高收視率，往往是因為之前已經為該作品培養出了足夠多且有消費欲望的粉絲型使用者，因此使用者的消費能力也被充分激發。

成功的作品通常能精準針對那些喜歡某種文化、風格或價值觀的人群，這些人群擁有明確的特徵和喜好，並且願意為符合他們品味的內容或產品買單。因此，當作品提出能引起他們共鳴的概念時，自然吸引了精準定位的使用者群體。

因此，個人品牌塑造者在做粉絲行銷時，首先要精準定位使用者，找到真正屬於你品牌的細分人群，這是個人品牌粉絲行銷的基本法則之一。要達成這一點，我們必須深入研究使用者，仔細體會他們的需求和

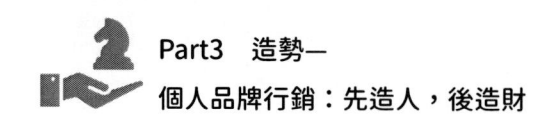

## Part3 造勢—
### 個人品牌行銷：先造人，後造財

心理，深入理解他們的價值觀。傳統市場行銷中的市場細分方法依然有效，區別只是在於細分指標的不同。

以下是兩種最有效的細分人群方法：

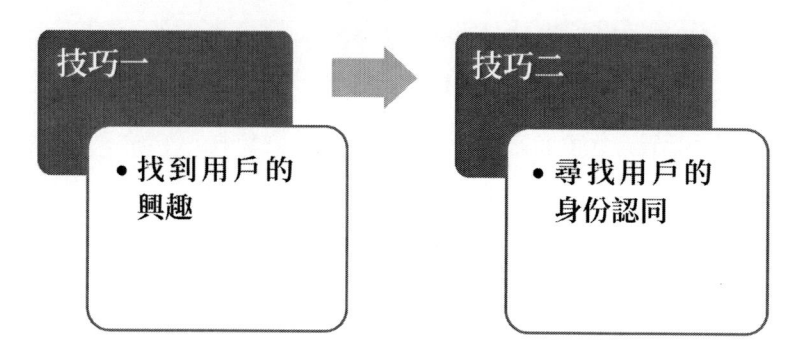

**技巧一**
- 找到用戶的興趣

**技巧二**
- 尋找用戶的身份認同

圖　細分人群的兩大技巧

**找到使用者的興趣**

在個人品牌建立的過程中，建立與使用者相關的社群或論壇是許多個人品牌經營者常用的策略。然而，如果希望將使用者轉化為粉絲，並進一步細化人群以鎖定精準使用者，僅僅建立這些交流平臺是不夠的。我們應該從興趣的角度分類，根據目標使用者的興趣連結得更具體。具體方法可以包括設立更為細化的論壇板塊和專門的社群。

例如，可以建立某個興趣項下的多指標深度交流群，如某些專業人士的專屬興趣群，將擁有相同興趣的使用者集中在一起，並定期與他們分享相關資訊，鼓勵使用者之間的交流，這樣會增強他們的歸屬感。這裡提到的「多指標」概念非常重要，因為興趣越具體，社群的凝聚力就越強，使用者之間的共同話題也就越多。

有些人可能認為社群越大越好，這樣更有氣勢。然而，過大的社群

## 第 6 章　粉絲行銷—建立和管理好粉絲關係的四大步驟

往往變成一個公眾場合，無法達到建立個性化、情感性連結的效果。在公眾空間中，人們的交流方式會更為正式且疏遠，這不利於將使用者轉化為粉絲。

此外，過大的社群中，成員之間的共同性減少，這會削弱使用者的參與感和共鳴。因此，為了讓使用者真正成為粉絲，應該建立更具凝聚力的小型社群，這樣才能實現深入的互動和連結。

### 尋找使用者的身分認同

個人品牌的使用者除了對品牌本身感興趣之外，還渴望找到身分認同感，因此這也是精準定位使用者的一個關鍵因素。

所謂「物以類聚，人以群分」。集聚粉絲的過程，其實就是個人品牌塑造者與使用者彼此尋求身分認同的過程。為什麼許多人會熱衷於參加一些特定的社群活動？因為這些活動讓他們感受到與其他成員的實際互動，他們之間存在著平等的關係和相似的背景。

在現今的環境中，即使一個品牌非常有影響力，但是如果使用者覺得與品牌無關，感覺自己與品牌處於不同的圈層，他們就不會成為粉絲。因此，當我們選擇使用者時，必須考慮如何讓他們在心理上感到與品牌有關聯，並尋找這種身分認同。

### 為粉絲「畫像」

實際上，透過興趣和身分認同這兩個指標，個人品牌塑造者可以有效地辨識並定位可能成為粉絲的使用者群體。那麼，當你已經確定了透過哪些興趣和身分來尋找你的潛在使用者，接下來的步驟就是為你的粉絲「畫像」。

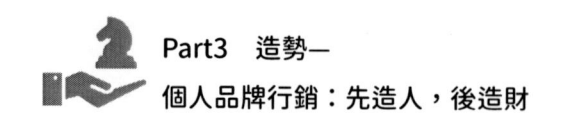

## Part3 造勢─
### 個人品牌行銷：先造人，後造財

傳統市場行銷的分析方法中，在確定細分指標後，通常會透過人口統計和地理特徵來為目標群體畫像。這個分析方法對個人品牌塑造者尋找粉絲仍然非常有用。

地理特徵指標，指的是使用者生活的地區及自然環境的特徵。不同的地域往往養育出不同性格和生活方式的人群。比如，某些地區的人因為長期生活在相對穩定的環境中，可能更傾向於享受生活，而其他地區的人則可能因為環境的挑戰而更具冒險精神。這些自然環境的特徵會影響粉絲的性格和喜好，因此值得深入研究。

在網路平臺上，使用者資料通常會顯示地區分布、活動時間分布等，這些都是為個人品牌塑造者提供的重要資料基礎。

人口統計特徵，則涉及使用者的年齡、性別、職業、教育背景、經濟收入等特徵。僅了解粉絲的地理位置還不足以建立深層次的連結，深入了解他們的人口統計特徵，能夠幫助你設計更符合他們需求和偏好的品牌形象和策略。

你對潛在粉絲的了解越深入，越能根據他們的特點塑造你的品牌。因此，我們應該像畫嫌疑犯的素描一樣，仔細地為使用者群體畫像。

### ◆ 透過一定的展露度，建立粉絲連結

在清楚了粉絲的具體特徵後，個人品牌塑造者需要前往這些粉絲經常出現的地方，與他們相遇、相知、交流。這是一個「吸粉」的過程，旨在吸引粉絲的注意力並建立連結。

個人品牌塑造者可以根據使用者畫像，選擇合適的管道宣傳，透過適當的曝光度來與潛在的粉絲建立連結。

### 第 6 章　粉絲行銷—建立和管理好粉絲關係的四大步驟

### ◆ 吸引粉絲的金鑰

當你與潛在粉絲建立初步的連結後，如何進一步「吸」粉並鞏固這些關係呢？

在當今的市場中，已經有很多書籍涉及關於吸粉的技巧，但是大多數方法都只是表面上的「圈粉套路」，試圖透過各種手段快速吸引大量的人進來，讓你的粉絲群體看起來很龐大。但是從我的觀點來看，這些利用各種手段誘導進來的粉絲，大多數並不是真正的粉絲，甚至可能連使用者都算不上。這樣的操作往往只是在浪費時間和精力，並沒有實際效果。

真正能夠吸引住粉絲的，並不是靠「按讚訂閱，送你小禮物」這種物質性的誘惑來實現的。那麼，真正吸引粉絲的核心是什麼呢？答案在於你的思想和精神力量。具體來說，可以分為以下兩個方面。

### ◆ 找到粉絲型使用者的價值觀共鳴點

這種吸粉的方法是外向型的。你需要暫時放下自己的價值取向，仔細體會你所鎖定的目標使用者群體的內心世界：他們在想什麼？他們需要什麼？他們的價值觀是什麼？當你能夠理解並認同他們的價值觀時，你就能找到與他們的共鳴點。

例如，如果你作為個人品牌塑造者，目標群體是一些在生活中經歷過困難和挑戰的人，那麼你需要表達出對這種經歷的理解和尊重。這種共鳴可以透過音樂、演講、文章等形式來實現，讓你的目標使用者感受到你和他們是同一陣線的人，進而自然成為你的粉絲。

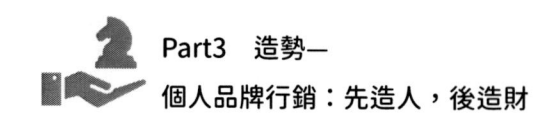

**Part3　造勢—**
**個人品牌行銷：先造人，後造財**

◆ **用思想拉動粉絲，引發粉絲共鳴**

與前一種方法不同，這種吸粉方式是由內而外的。這時，你的粉絲可能還沒有形成某種思想或觀點，你可以扮演一個引導者的角色，為他們指引方向。你就像一位精神領袖，用你的思想和觀點去啟發他們，引領他們走向一條更加光明的道路。

這種方法要求你具備強大的思想深度和洞察力，能夠為粉絲提供新的視角和思考方式。當你的思想能夠激起他們的共鳴，並引領他們向前進步時，他們就會對你產生深深的依賴感，進而成為你最忠實的粉絲。

總結來說，真正吸引粉絲的關鍵在於理解他們的價值觀，或者透過你的思想引導他們，讓他們感受到你所帶來的意義和價值。這種深層次的連結，遠比表面的物質誘惑更加有效和持久。

一個時代的聲音總是先從一小部分先覺醒的人心中吶喊出來，從而被普羅大眾認知。由此，他們便會追隨你，成為你的粉絲。

總之，個人品牌塑造的核心在於價值觀的建立。無論是主動引導還是被動響應，關鍵都在於與目標粉絲群的價值觀達成共鳴。個人品牌塑造者若想成功吸引目標粉絲群，就必須深入思考這些粉絲群體所共同擁有的價值觀，並在此基礎上共建價值觀，這樣才能有效地吸引他們的注意力，並將他們轉化為忠實的粉絲。

## 6.2 如何區分粉絲？── 轉化不同的粉絲

人的精力是有限的，而個人品牌塑造者往往希望能吸引到越來越多的粉絲。然而，要在有限的精力和時間下達到這個目標，就需要有效地區分粉絲，將資源和精力集中在那些對個人品牌最具影響力的使用者身

### 第 6 章　粉絲行銷—建立和管理好粉絲關係的四大步驟

上。那麼，該如何做這種區分呢？

菲利普・科特勒針對這個問題，根據粉絲對個人品牌的迷戀程度，提出了八個級別的粉絲區隔法。以下是根據科特勒的理論，結合其他學者的研究以及實務經驗，對這些級別的解析：

#### 第一個級別：無形使用者

無形使用者是一群不迷戀任何人的人。如果你問他們：「你崇拜誰？」他們可能會回答：「沒有，我誰都不崇拜。」在他們的觀念裡，崇拜明星或偶像是一種不成熟的表現，他們認為自信的人是不會去崇拜他人的。因此，即使他們內心對某個品牌或人物有一定的認同感，也不會表現出粉絲的行為，比如參加活動或熱烈追隨。

這類人看似與個人品牌無關，但是其實並非完全如此。研究顯示，無形使用者並非真的不崇拜任何人，只是他們崇拜的對象往往不屬於大眾熟知的範疇，有可能是小眾的專家或學者。因此，這類人群的轉化雖然困難，但是一旦成功，他們往往會成為非常忠誠的粉絲。

#### 第二個級別：觀看者

觀看者比無形使用者更接近成為粉絲。這類人不會特別去搜尋某個人的消息，但是如果偶然間接觸到某個資訊，覺得不錯，可能會稍作停留。他們不會主動參與個人品牌的推廣活動，但是也不會完全忽略相關的資訊。

觀看者的興趣與關注是被動的，他們需要透過更多的互動和刺激，逐步引導成為更積極的粉絲。對於個人品牌塑造者來說，這類人群具有很大的潛力，透過適當的策略，可以將他們轉化為更高階的粉絲。

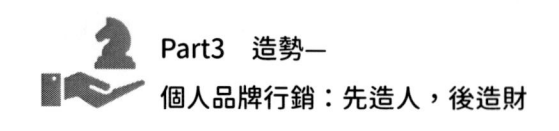

## Part3　造勢—
### 個人品牌行銷：先造人，後造財

透過對這兩個級別粉絲的理解與區分，個人品牌塑造者可以更有效地制定策略，將精力和資源集中在那些最有可能為品牌帶來價值的粉絲群體上。

#### 第三個級別：探求者

探求者比觀看者更高一個級別。他們的特點在於，會積極地尋找某個人或品牌的資訊。例如，探求者可能會在得知自己喜歡的講者要在某地演講後，立即購買門票參加活動。探求者在參與這些活動時，不僅僅是對內容感興趣，還透過這些參與來強化自己的自我形象，表達出一種身分認同。即使他們付出了金錢、時間和精力，他們也會感到滿足與快樂，因為這增強了他們的自我認同感。

#### 第四個級別：收藏者

收藏者的粉絲程度比探求者更高。他們不僅會參加活動，還會收集與喜愛對象相關的各種紀念品。這種行為背後的心理動機，是對自身經歷的重現和對過去記憶的懷念與封存。儘管看起來像是投資行為，但是實際上，收藏者往往不會出售自己珍藏的物品，這顯示出他們對這些物品的情感價值遠超過其經濟價值。

#### 第五個級別：互動者

互動者的參與比收藏者更進一步，他們不僅僅滿足於收集或參加活動，還渴望與他們的偶像或品牌互動。互動者會透過社群媒體如Facebook與Instagram和偶像聊天，或參與各種粉絲組織。這類互動不僅增強了他們對偶像的情感連結，也促使他們更加積極地參與相關活動。

## 第六個級別：內部人

內部人希望與偶像建立更加密切的連結。他們會尋找各種方式與偶像接觸，甚至創造機會來實現這個目標。內部人不僅僅是熱情的粉絲，更希望成為偶像生活中不可或缺的一部分。

## 第七個級別：隨從人員

隨從人員的粉絲程度更高，他們通常有權了解偶像更多的隱私與祕密。他們可能是偶像的經紀人、保全、廣告合作夥伴、健身教練或形象設計師等。這類人不僅對偶像有著深厚的情感，還在專業領域上與偶像密切合作。

## 第八個級別：迷戀者

迷戀者是粉絲中的極端群體，國外的品牌學研究通常將其細分為不同等級。這裡我們著重介紹兩種：

1. 入迷者：這類人可能會對偶像形成騷擾，甚至不斷地打電話或試圖接觸偶像，表現出強烈的情感依賴。

2. 曝光者：這類迷戀者非常可怕，他們專門尋找偶像的醜聞或隱私，並將其曝光在公眾面前。

透過這八個級別的解析，個人品牌塑造者可以更清楚地了解不同粉絲的需求和行為，從而制定更有效的行銷策略，以吸引並維持這些粉絲的忠誠度。

以上便是區分不同粉絲的 8 個級別。它們分別是：無形使用者、觀看者、探求者、收藏者、互動者、內部人、隨從人員、迷戀者。

## Part3 造勢—

### 個人品牌行銷：先造人，後造財

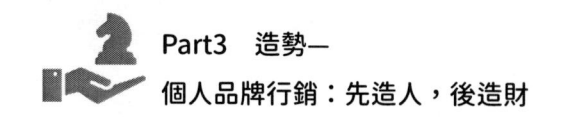

## 如何轉化？

作為個人品牌塑造者，在粉絲經營中，最理想的粉絲類型無疑是探求者、收藏者和內部人。這些粉絲不僅願意與你互動，還會積極參與你的活動，甚至花費金錢購買你的產品和服務，為你帶來實際的商業價值。他們是真正的「鐵粉」，在個人品牌行銷中扮演著至關重要的角色。

### ◆ 如何將無形使用者和觀看者轉化為探求者、收藏者、內部人？

這裡有兩個關鍵的技巧可以幫助你達到這個目標：

#### 1. 為不同級別的粉絲設計量身定制的宣傳方式

由於每個級別的粉絲對你的了解程度不同，你需要採用不同的宣傳方式來接觸和轉化他們。例如：

a. 無形使用者：這群人對你的了解極少或根本沒有，因此，你可以透過在自媒體平臺上積極發聲，吸引他們的注意力，讓他們開始對你產生興趣。

b. 觀看者：這些人對你有一些基本了解，但是還未完全被吸引。你可以策劃線下活動，邀請他們參與，這樣他們能夠親自體驗你的品牌，進一步增加他們的參與度和認同感。

例如，菲利普‧科特勒作為行銷界的泰斗，他的演講活動不僅吸引了許多探求者，還利用這些活動將他們轉化為收藏者和內部人。參加者不僅能夠得到科特勒的簽名書籍，甚至有機會與他共進晚餐，這樣的活動設計巧妙地將不同級別的粉絲進一步轉化，提升了他們的忠誠度和參與感。

### 2. 控制粉絲熱情在適度範圍內

在推動粉絲轉化過程中，應該謹慎管理粉絲的熱情。過度的迷戀可能會導致反效果，甚至危及個人的安全。例如，迷戀者或曝光者這類極端粉絲可能會帶來負面的影響，如不斷的騷擾或揭露隱私，這對個人品牌塑造者來說是非常不利的。

個人品牌與產品品牌的區別在於，前者涉及人與人之間的情感連結，而這種連結比物品的忠誠度更難控制。因此，個人品牌塑造者應該在推動粉絲轉化時，確保粉絲的熱情保持在適度的範圍內，不要讓他們過於迷戀，以免產生不良後果。

### ◆ 總結

在個人品牌行銷中，探求者、收藏者和內部人是你最應該關注和培養的粉絲類型。透過針對不同級別粉絲採取適當的宣傳策略，以及管理粉絲的熱情，你可以有效地將無形使用者和觀看者轉化為高價值的粉絲群體，從而實現個人品牌的長期成功和商業價值。

## 6.3 如何與粉絲溝通？ —— 與粉絲互動

建立和管理好粉絲關係的第一步是辨識可能的粉絲，第二步是區分不同的粉絲（使用者），將使用者轉化為粉絲，那麼接下來我們要考慮的就是如何把轉化過來的初級「粉絲」留下來。要在競爭激烈的市場中成功留住粉絲，並讓他們持續為你的個人品牌搖旗吶喊，關鍵在於與粉絲之間的溝通互動。這樣的互動能夠讓粉絲感受到你的真誠，並增強他們對你的品牌的認同感。以下是三個行之有效的互動方法，幫助你與粉絲建立深厚的關係。

**Part3  造勢—**
**個人品牌行銷：先造人，後造財**

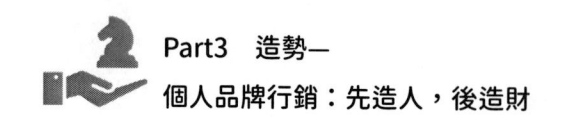

## ◆ 能為你加分的互動方式 —— 人事互動

在個人品牌塑造的過程中，不斷累積粉絲關係、擴大影響力是至關重要的。為了達成這個目標，你需要採用一種能為你加分的互動方式 —— 人事互動。

什麼是人事互動？人事互動是指在與粉絲溝通時，站在對方的角度思考，關注對方的感受，引發他們的同理心，從而推進彼此的關係。這種互動方式強調不要給粉絲帶來壓力感、威脅感或距離感，而是要讓他們感受到你的真誠和關心。

在此分享一個小故事。多年前，我在一家醫藥企業擔任顧問，由於我平易近人，得到了許多員工的信任。某天，一位市場部副經理找到我，希望我能幫助他解決一個難題。他在公司工作了六、七年，靠自己的努力爬到了副經理的職位，現在準備結婚，但是因為沒錢買房子，他面臨著三個選擇：轉到業務部爭取更多的業績獎勵、要求加薪或跳槽。

經過思考，他選擇了第二個選項，並直接向公司老闆提出了加薪要求。他對老闆說：「我在公司工作這麼多年，現在馬上要結婚了，但是我沒錢買房子。公司能不能給我加薪？否則我可能得另謀高就。」

這樣的溝通方式給人一種威脅感，似乎在逼迫老闆做出選擇。這樣的方式不僅可能無法達到目的，還會讓老闆對他的忠誠度產生懷疑，進而影響彼此的關係。這樣的溝通方式顯然不是人事互動。

因此，我們該如何進行人事互動？

在與粉絲人事互動時，個人品牌塑造者應該站在粉絲的角度，關注他們的感受。不要讓粉絲感到被壓力、威脅或排斥，而是要讓他們感受

到你的真誠和關心。例如，在推廣產品時，不要強行推銷，而是分享產品的價值，讓粉絲感受到這些產品如何能真正改善他們的生活，這樣才能建立深厚的粉絲關係。

透過人事互動，個人品牌塑造者能夠有效增強與粉絲的連結，讓他們感受到被重視和理解，從而更願意留在你的品牌周圍，並成為忠實的支持者。

## ◆ 與粉絲對話的技巧 —— SPIN 溝通技巧

如何與粉絲有效且聰明地對話呢？有一個非常實用的技巧 —— SPIN 溝通技巧。

SPIN 溝通技巧最初源自銷售領域，專為銷售人員在處理大額訂單時設計，用於引導銷售對話並最終達成交易。隨著這種技巧的普及，它迅速在全球範圍內獲得認可，並成為許多銷售人員的「基本功」。

然而，SPIN 溝通技巧的價值並不僅限於銷售。它本質上是一種溝通策略，是一種在多種場景中都能運用的聰明對話技巧。對於個人品牌塑造者來說，與粉絲互動時更需要這種有效的溝通方式，因此學會 SPIN 溝通技巧，對推動個人品牌的粉絲行銷將會大有助益。

那麼，什麼是 SPIN 溝通技巧呢？SPIN 是顧問式銷售技巧的縮寫，代表四個關鍵的提問步驟，旨在發掘粉絲的需求，並幫助他們理解你所能帶來的價值。

具體來說，SPIN 包括以下四大步驟。

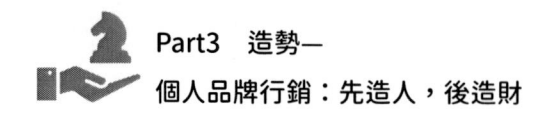

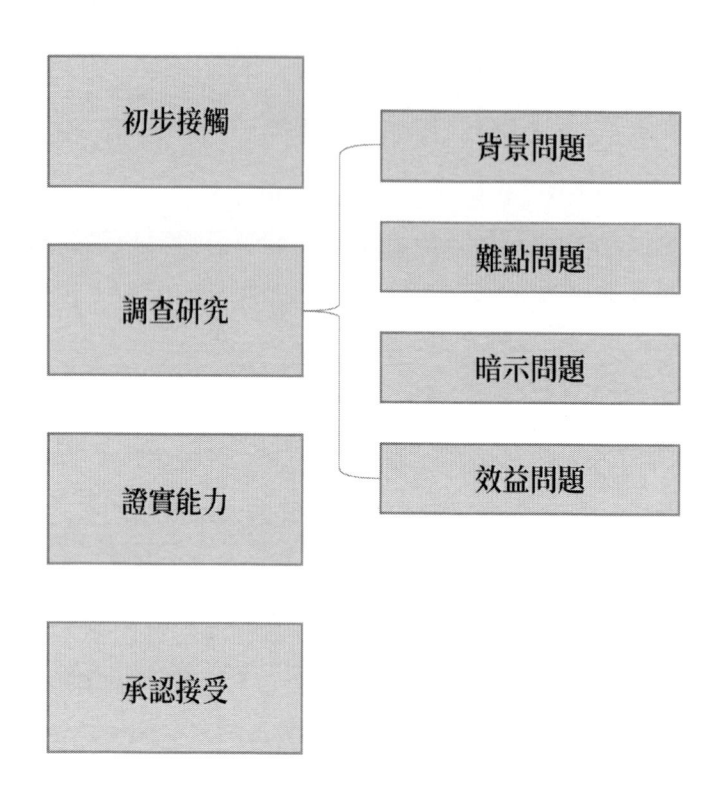

## Part3 造勢—
### 個人品牌行銷：先造人，後造財

```
初步接觸
   │
調查研究 ──┬── 背景問題
         ├── 難點問題
         ├── 暗示問題
         └── 效益問題
   │
證實能力
   │
承認接受
```

圖　SPIN 的四大步驟

### 第一步：初步接觸

這一步是與對方建立初步交流的過程。透過各種方法創造一個友好的氛圍，讓對方願意與你交流，這是成功溝通的基礎。

### 第二步：調查研究

這是 SPIN 溝通技巧的核心步驟，也是整個過程的基石。在這個階段，你需要深入了解對方的情況，挖掘對方的問題。這一步至關重要，因為只有了解對方的需求和痛點，你才能針對性地提供解決方案。

## 第三步：證實能力

在充分了解對方問題的基礎上，透過分享過往的成功案例或提供相關資訊，證明你有能力幫助對方解決問題。這一步能夠增強對方對你的信任感，讓他們更願意接受你的建議。

## 第四步：承認接受

這一步的目標是讓對方認同並接受你的建議、產品或服務，最終達成溝通的目的。

在這四個步驟中，第二步「調查研究」是整個 SPIN 溝通技巧的核心，因為 SPIN 的精髓在於透過問題來引導對話，這對個人品牌塑造者與粉絲的互動非常重要。溝通不應該只是簡單地向粉絲灌輸理念，而是要透過聰明的對話來加深彼此的理解和連結。接下來，我們將詳細探討這個步驟：

## ◆ S —— 背景問題 (Situation Question)

這一步是為了了解粉絲的現狀，包括年齡、職業、專業等基本資訊。此步驟的目的除了建立親近感外，還在於挖掘粉絲的潛在問題。透過了解粉絲的情況，你可以捕捉到他們的痛點，為下一步的對話打下基礎。

## ◆ P —— 難點問題 (Problem Question)

在對粉絲有了基本了解後，接下來的步驟是尋找粉絲的痛點問題。這個步驟的目的是將對話引向你能夠提供價值的方向。比如，如果你是一位健康管理專家，當你發現一位粉絲因減肥而不吃飯時，你可以進一步挖掘這個問題，讓對方意識到這可能帶來的潛在健康風險。

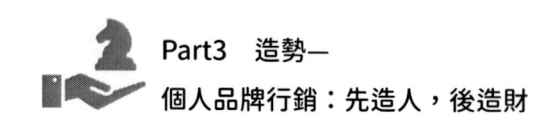

**Part3　造勢—**
**個人品牌行銷：先造人，後造財**

## ◆ I —— 暗示問題 (Implication Question)

這一步是將問題放大，使其顯得更為重要。找到問題只是開始，你需要強化問題的嚴重性，讓對方感受到問題解決的迫切性。這樣，對方才會更加關注並願意採取行動來解決問題。

## ◆ N —— 效益問題 (Need-Payoff Question)

在第三步的基礎上，這一步你需要引導對方思考問題解決後的好處，進行情感上的反轉。透過提問，讓對方想像解決問題後會帶來的正面影響，從而增強他們的行動動機。

總結來說，SPIN 溝通技巧透過問對問題來引導對話，從而深入了解對方需求，並引導他們認同你的價值。這對於個人品牌塑造者來說，是一種非常有效的與粉絲互動的方式。

## ◆ 粉絲互動的要點：創造與分析互相信任的關係

在粉絲互動中，最終目標就是要建立與粉絲之間的互相信任關係。

那麼，如何才能達成這個目標呢？

信任關係的本質，就是讓粉絲願意在某方面放下防備，將他們的需求與問題全權交付給你。這讓我聯想到許多寵物，像小狗小貓，當牠們信賴主人時，會毫無防備地露出肚皮，讓主人撫摸。動物在信任中展現出的這種特質，正是我們在個人品牌塑造中所追求的理想狀態。

那麼，如何才能與粉絲建立起高度的信任關係呢？在這裡，我想分享在查爾斯・格林（Charles H. Green）所著的《信任的顧問》一書中所提到的信任關係方程式：被信任度＝（信用＋信賴感＋親密感）除以「自我意識」。

## 第 6 章 粉絲行銷—建立和管理好粉絲關係的四大步驟

查爾斯的信任關係方程式揭示了信任關係的關鍵要素：可信任性、可依賴性、親密性與自我意識。其中，自我意識越強，信任關係就越低。也就是說，當我們降低自我意識，並且增加可信任性、可依賴性與親密性的總和時，我們的被信任度就會越高。

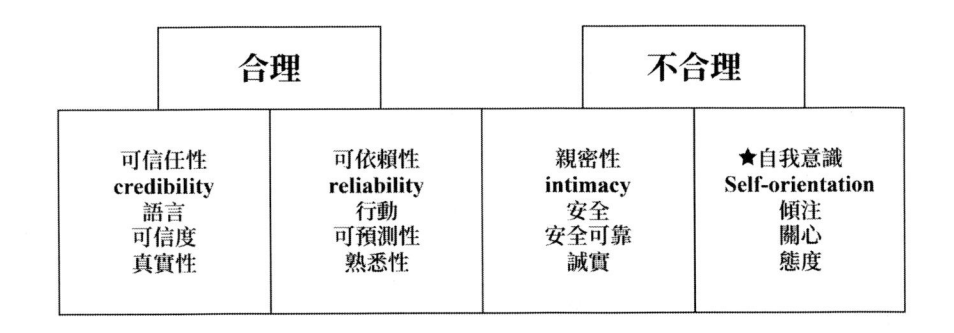

| 合理 | | | 不合理 |
|---|---|---|---|
| 可信任性<br>credibility<br>語言<br>可信度<br>真實性 | 可依賴性<br>reliability<br>行動<br>可預測性<br>熟悉性 | 親密性<br>intimacy<br>安全<br>安全可靠<br>誠實 | ★自我意識<br>Self-orientation<br>傾注<br>關心<br>態度 |

$$信任 = (C + R + I) / S$$

圖　查爾斯‧格林的信任關係方程式

這對於個人品牌塑造者而言具有深遠的啟示：在與粉絲溝通互動時，切忌過於主觀、過於自我。大家可能會發現，人越成功、越有名，就越容易忘乎所以，輕視他人，缺乏耐心傾聽。尤其是在面對一個地位或影響力與你相差很大的粉絲時，這種態度尤為有害。根據查爾斯的信任關係方程式，我們應該無論何時何地，都保持對粉絲的關注和關心。

方程式的分子部分——可信任性、可依賴性與親密性——同樣重要。可信任性體現在你的語言是否真實可信。可依賴性則意味著你的行動應該是可預測的，讓粉絲感到熟悉，而不是讓他們感到驚訝或迷茫。親密性則透過讓粉絲感到安全來表達。如何讓粉絲感到安全？答案在於誠實。與其說謊或誇大其詞，不如選擇沉默，但是絕不能欺騙。

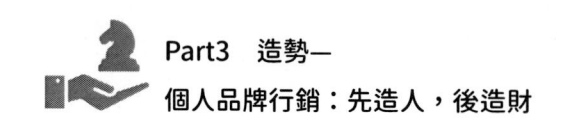

**Part3 造勢—**
**個人品牌行銷：先造人，後造財**

## 6.4 如何應對粉絲的訴求？── 專門化對待意見粉絲

在現實中，許多個人品牌之所以未能取得成功，很大程度上是因為品牌塑造者對粉絲的訴求回應過慢，甚至缺乏專門化的處理，最終導致原本有望達成良好行銷效果的活動在一片聲討中黯然收場。

著名的雀巢也曾犯過這樣的錯誤。當雀巢面對粉絲的質疑和意見時，以激烈且刻薄的態度反駁，甚至對粉絲發出警告，結果讓眾多網路使用者大失所望。如此強烈的反應不僅無法解決問題，反而讓原本存在的好感瞬間消失殆盡。

無論粉絲以何種態度與品牌塑造者交流，你都必須在第一時間以安撫人心的方式回應，避免問題進一步尖銳化和激化矛盾。將粉絲推至個人品牌的對立面，對品牌的發展百害而無一利。

由此可見，如何對待有訴求的粉絲，是個人品牌行銷中的一個關鍵課題。畢竟，即使我們與粉絲的互動再好，也無法完全顧及每一個粉絲的想法。準確且巧妙地處理意見粉絲的聲音，不僅是對整個粉絲群體的完善，也是對每一位粉絲的尊重。

專門化對待意見粉絲，是建立和管理好粉絲關係的第四個要點，它在個人品牌行銷中發揮著關鍵作用。

那麼，個人品牌塑造者應如何專門化對待意見粉絲呢？以下提供三個有效的技巧供你參考。

### ◆ 別害怕「吐槽」

「吐槽」是網路文化的一部分，當粉絲批判或嘲諷個人品牌的某個細節，這便是所謂的「吐槽」。

## 第 6 章　粉絲行銷—建立和管理好粉絲關係的四大步驟

如何看待吐槽？事實上，吐槽代表著矛盾的存在，雖然未必是對你的正面讚美，但是正因為有反面意見，矛盾才得以成立。矛盾的存在往往能夠促進事物的發展。如果問題得以解決，品牌便能在這些矛盾中進步。因此，從品牌發展的角度來看，吐槽並非壞事，反而可能是促進品牌成長的動力。

從情感層面來說，吐槽顯示出粉絲對你的關注和期望。如果粉絲不再吐槽，反而默默無視，那才是最危險的情況。然而，既然吐槽是矛盾的反面，那麼就有可能將其轉化為正面，只要粉絲持續關注你。如何轉化呢？接受批評，積極行動，並尋求粉絲的建議，共同推動品牌的改進。

粉絲提出意見，首先希望得到的是尊重。即使他們的意見不夠客觀，但是至少他們表達了自己的需求。因此，你應該回應這種需求，給予關注和傾聽。如果這位粉絲是個有影響力的意見領袖，他們不僅需要表達的機會，還希望得到更深層次的認可與接受。你可以邀請他們成為參謀，讓他們不僅提出意見，還參與到品牌的建設中來。這樣，吐槽便可以成為品牌成長的助力。

### ◆ 第一時間解決訴求

對於個人品牌而言，粉絲行銷的主戰場主要在社群媒體平臺上，而粉絲們提出的各類問題，也主要透過這些平臺表達。因此，我們必須了解這些平臺的特點，找到解決粉絲訴求的方法。

請注意，粉絲的訴求管道一旦改變，就意味著我們的回應效率需要進一步提高。社群媒體的意義不僅僅在於展示，更在於與粉絲互動。試想，如果品牌塑造者的社群媒體帳號從未解答粉絲提出的疑問，久而久之，粉

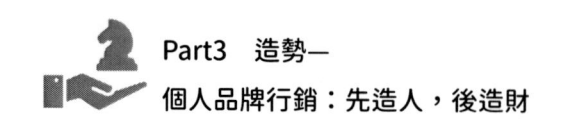

## Part3 造勢—
### 個人品牌行銷：先造人，後造財

絲自然會認為這些帳號只是冷冰冰的行銷工具，而非有血有肉的人。

那麼，個人品牌塑造者該如何利用社群媒體建立快速的回應機制呢？

首先，個人品牌塑造者應該及時捕捉粉絲的意見訊息。根據品牌的發展階段，設定合理的登入頻率，以確保即時了解粉絲的訊息。即使無法做到如大型品牌般設立專門的訊息處理團隊，也至少應在每天的關鍵時段（如上午、下午和傍晚）登入帳號，檢查粉絲的意見和回饋。當發現粉絲有具體的問題或投訴時，應迅速做出回應。

其次，對於那些一時無法準確回應的吐槽，品牌塑造者應表現出誠懇的態度，並作出相應承諾，然後在找到解決方法後回覆。延遲回覆最好不要超過 24 小時，否則粉絲的耐心可能會大幅降低。

除了 Facebook、Instagram 這類社交平臺的私密性外，像 Twitter（現改名為 X.com）這類平臺具有更高的公開性和社交性。因此，很多粉絲可能會在這些平臺上發表對品牌的不滿，而未必直接 @（提及、標注）品牌帳號。面對這樣的情況，應主動搜尋品牌相關的關鍵詞，並積極處理，這是個人品牌應該具備的素養。

此外，粉絲的聲音還可能透過其他平臺發出，如論壇、社群等。因此，除了重點關注主流社群媒體外，也應經常登入相關平臺，關注粉絲的動向，並及時處理他們的訴求。

### ◆ 與粉絲對話的三個禁忌

除了第一時間回應粉絲外，個人品牌塑造者還需要預防粉絲可能產生的不滿。這就要求在與粉絲互動時注意以下事項。

品牌塑造者與粉絲對話時，可能會採取不同的姿態。有些人將粉絲

## 第 6 章　粉絲行銷—建立和管理好粉絲關係的四大步驟

奉為上帝,用服務的心態與粉絲溝通,將粉絲視為親人;有些人認為粉絲和自己是平等的,因而採取平等交流的姿態;而有些人則天生帶有優越感,認為粉絲應該為喜愛自己感到自豪。然而,無論你選擇何種姿態,重要的是在互動中保持靈活性,根據情況靈活處理,這樣才能有效維護與粉絲的關係。

那麼,個人品牌塑造者與粉絲之間的對話,到底有哪些禁忌呢?

### 禁忌一:敏感問題不要針鋒相對

當涉及個人品牌塑造者的隱私或商業機密等敏感話題時,我們應該學會適時地轉換話題。當不方便回答時,可以先放置一旁,插入其他話題,將敏感話題放後再處理,並用較為柔和的方式將其淡化。

敏感問題一旦被針鋒相對地回應,最壞的情況可能會將粉絲轉變為敵人。粉絲從支持轉為反對或是從反對轉為支持,這其中的關鍵在於個人品牌塑造者的語言和態度。自尊是每個人的基本需求,粉絲可能意識不到他們的問題會對你構成不尊重,而如果你以同樣不尊重的態度回應,那麼結果就是粉絲受到了傷害。個人品牌塑造者應該比粉絲更具耐心與寬容,這樣粉絲才會真心擁護你。當粉絲丟出棘手問題時,若選擇針鋒相對,只會顯得無禮,而非展現出應有的強大。透過不斷提高自身的回應能力,才能從容應對粉絲提出的各種問題。

粉絲對品牌個人的好奇心永無止境,他們總是希望知道得越多越好。為了調動粉絲的參與熱情,個人品牌塑造者應適時拋出一些特別有吸引力且有趣的話題,吸引粉絲參與其中。

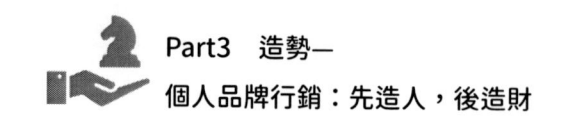

# Part3 造勢—
## 個人品牌行銷：先造人，後造財

### 禁忌二：拒絕像背書一樣枯燥無味

粉絲之所以崇拜個人品牌，正是因為他們追求心動與刺激，喜歡在其中尋找樂趣。個人品牌若無法展現魅力與內涵，那麼粉絲又有什麼理由繼續熱愛你呢？

儘管不同粉絲的需求各不相同，但是沒有人會拒絕樂趣這件事。像一些受年輕人喜愛的節目，其魅力往往在於詼諧生動的語言和機智的互動。對於文化人品牌塑造者而言，與粉絲對話時機智詼諧的表現是必不可少的元素。粉絲心甘情願的崇拜，源自內心深處的愉悅與歸屬感，個人品牌塑造者的責任是為粉絲製造歡樂。

某些粉絲可能會提出合理化建議，因為他們希望你變得更好。他們可能會指出你的不足，並提出自己的建議，這些建議不論是否合理，初衷都是基於對你的熱愛。此時，個人品牌塑造者應該接納這些建議，至少在當下要表現出接受的態度。無論日後是否採納，至少要在這一刻讓粉絲感受到他們的聲音被聽到了。

### 禁忌三：不要撲滅粉絲的熱情

當粉絲熱愛一個個人品牌，而這個品牌又對粉絲敞開大門時，粉絲會覺得自己擁有了一種特殊的權利，並會將自己美好的構想施加到品牌身上。這些金點子有時來自一時衝動，有時則是深思熟慮的結果。不論建議是否合理，個人品牌塑造者應該感謝粉絲的熱情，畢竟並非每個人都會投入時間去關注他人的發展。他們向你提出建議的時間，是以犧牲自己的業餘時間為代價，這份心意應該被銘記。

或許，個人品牌塑造者可以將粉絲的建議融入未來的改進計劃，這樣粉絲會感到參與感更強，忠誠度也會因此增強。粉絲這樣的群體，如

## 第 6 章　粉絲行銷—建立和管理好粉絲關係的四大步驟

果你愛他，他就會更愛你；若你忽視他，他可能會尋找更合適的歸屬。當粉絲是一件容易的事，因為他們只負責崇拜，而你作為偶像，則需要付出更多努力來維持這種關係。

　　與粉絲的對話中隱含著許多禁忌，個人品牌塑造者不要盲目地發展粉絲，也不要輕率地與粉絲對話。粉絲的轉變往往只在一念之間，對話中的智慧博弈正是透過語言這個工具展現的。

**Part3　造勢—**

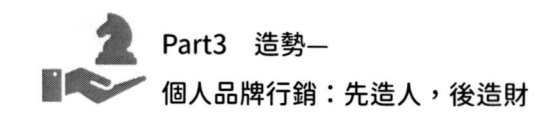

**個人品牌行銷：先造人，後造財**

# 第 7 章　社群行銷 ——
## 「老」行銷、新思路、新打法

**【導言】**

在網際網路時代，我們每個人都不知不覺地進入了一種前所未有的社群生活。我們在手機上花費的大部分時間，都是與各種各樣的社群一起度過的，這些群組涵蓋了我們工作與生活的各個層面。

以我個人為例，在學校的工作體系中，有「管理學院群組」、「策略行銷系群組」；在諮詢工作體系中，有「諮詢師工作群組」、「品牌商學院工作群組」、「策略研討群組」；在客戶體系中，則有各種培訓師群組；在生活體系中，則有「家庭群組」、「養生群組」及各種同學會群組等。

事實上，不僅僅是我，相信我們每個人在手機上都加入了各式各樣的群組。在這些群組中，由於群組的組織模式和加入動機不同，我們所扮演的角色也有所不同。例如，在「商學院」的群組中，我扮演的是「建立者」的角色，而在「培訓師」的群組中，我則僅是一個旁觀者。這就是當今人際互動的現狀，而這種現狀可以被稱為「去中心化」—— 人人都可以成為中心，人人又都不再是唯一的中心。

去中心化的現象意味著個人品牌塑造者必須重視每個人的價值，並與每個人建立起連結。因此，在做個人品牌社群行銷時，我們首先需要確立的概念就是：去中心化，並關注每個人的存在價值。

第 7 章　社群行銷—「老」行銷、新思路、新打法

那麼，去中心化對個人品牌社群行銷有什麼樣的意義呢？這種意義主要體現在社群行銷對行銷模式帶來的變化上。

◆ **社群行銷改變了促銷溝通模式**

當我們的生活和工作被分割成多個維度，因需求不同而進入不同的群組時，促銷模式自然也隨之發生變化。由原來的遠距離推廣模式，轉變為近距離的互動推廣模式。

傳統的推廣思維，往往僅僅是透過廣告來達成目的。然而如今，我們需要轉換思維，利用群組來幫助產生更大的影響力。透過群組中的領袖或大咖以各種方式與粉絲溝通，將你的產品或服務潛移默化地推廣出去，這種方式比單純的廣告更為有效。

社群行銷的本質是建立在溝通的基礎上。因此，當今的行銷模式已經從傳統的單向傳播，轉變為雙向的、私人化的溝通模式。

◆ **社群行銷改變了商業思維**

在網際網路時代，我們的商業思維也隨之發生了變化。傳統的行銷模式通常是由商家先細分市場，選擇目標市場，根據自身與競爭對手的能力差異以及顧客的需求，給予自己一個明確的定位。接著，按照這個定位研發並生產產品或服務，透過經銷商將產品推送至終端消費者面前，最後想辦法把資訊傳遞給消費者，從而引發關注並促成購買。

然而，在今天的社群行銷中，商家與消費者共處於同一個社群內。商家在開發產品或服務的初期階段，便與消費者實際互動，共同探討他們所需要的產品或服務的內容與形式，讓潛在消費者直接參與到產品的開發過程中。這與傳統的「閉門造車」模式有著顯著的不同。當產品開發

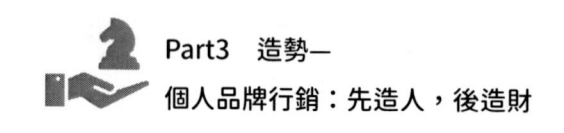

## Part3 造勢—
### 個人品牌行銷：先造人，後造財

完成後，消費者可以直接在社群內下單購買，實現了商店與社群的緊密結合。越來越多的商家透過各種電子商務平臺，將顧客圈入社群，並實行社群行銷。

這樣一來，從產品開發、產品交易到產品推廣，都可以在社群內完成。商業的發展伴隨著社群的擴大，從一個群組發展到十個、甚至一百個群組。現在流行的孵化器模式就是一個典型的例子，透過網紅來聚集社群，進而在社群內實現變現。

因此，社群行銷不再只是一句時尚口號，而是每一個商家、個人品牌以及企業品牌必須掌握的基本法則。它已經成為網際網路時代最重要的行銷陣地。

要理解社群行銷對於個人品牌的重要性，只需看看今天大多數人如何獲取資訊就明白了。在網際網路時代，資訊的主要來源是手機。因此，個人品牌傳播的主戰場也從原來的入口網站和搜尋引擎，轉移到了手機所指向的社群。

建構社群是起點，也是過程，更是終點。廣義上來說，社群是指某一區域內的群體活動，而在網際網路中的社群，則是一群擁有一致行為規範、持續互動關係和相同群體意識的特定人群。

這種基於社群的行銷模式，就是社群行銷。社群行銷是一種商業行為，透過在群組內進行各種行銷活動，促進交易轉化。從概念上來說，社群行銷是基於相同或相似的興趣愛好，透過某種載體聚集人氣，再透過產品或服務滿足群體需求而產生的商業形態。形象地說，它就像陣地戰，必須圈起來打，而不再是過去那種攻城略地的戰術。

那麼，在這樣一個重要的社群行銷陣地中，個人品牌塑造者應該如

第 7 章　社群行銷—「老」行銷、新思路、新打法

何布局和推進呢？這正是本章的主要內容。

市場上已有許多關於社群行銷的書籍，我大致翻閱了一些，遺憾地發現：大多數書籍集中在如何吸粉、如何建立社群、如何在社群內推送內容等方面。然而，社群行銷的本質其實是建立在溝通的基礎上的。因此，在本章中，我將以一種獨特的視角，從社群行銷的本質——溝通出發，為大家解析以下三大內容：

—— 社群行銷為何要做認同管理？如何做？

—— 自我袒露為何能實現社群認同？

—— 如何在社群內自我袒露？

透過這三大內容，我將為大家提供個人品牌社群行銷的一系列思路和方法。當然，做社群行銷的最終目的是一致的，那就是行銷自己的產品或服務。本章還將介紹自我袒露的四大法則。學會駕馭這些法則，必能讓你的社群行銷步入一片新天地。

## 7.1 如何用認同管理做社群行銷？

社群行銷作為個人品牌行銷的重要戰略陣地，吸引了越來越多的人投入其中。然而，真正能夠將社群行銷做到位的個人品牌卻寥寥無幾。對於個人品牌塑造者來說，社群行銷的概念聽起來很美好，但是實際操作起來卻充滿挑戰和困難。

自從小米透過社群行銷取得巨大成功後，許多人都意識到社群在推廣中的潛力。於是，我經常看到這樣的現象：一些個人品牌塑造者建立了大量的群組，並且每天都在這些群組裡不斷發廣告、聊天、發放折價券，企圖以此推廣自己。

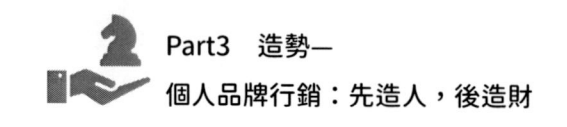

## Part3　造勢—
### 個人品牌行銷：先造人，後造財

然而，這種「狂轟濫炸」式的社群行銷模式，其實是錯誤的。我可以非常肯定地告訴你，這種做法不僅無效，還可能適得其反。

那麼，個人品牌塑造者應該如何正確地進行社群行銷呢？

答案就是運用認同管理來推動社群行銷。

所謂認同管理，是指個人品牌塑造者為了讓自己在社會上所扮演的角色獲得目標受眾的認同，而有意識地管理自己的行為和舉止。社會學家厄文·高夫曼（Erving Goffman）曾用一個戲劇性的隱喻來精妙地描述認同管理。他的隱喻是這樣的：認同管理就像我們自編自導自演的一場戲，根據情境的變化，決定自己該如何表演、如何說話。在這個過程中，你需要確保自己的言行舉止能夠被對方接受和認同，並對自己的職業發展和社會形象有利，這就是認同管理的精髓。

表面上看來，高夫曼的這個隱喻似乎與我們常說的「人生如戲」有些相似。所謂「人生如戲，全靠演技」，說的大致也是這個意思。然而，深入探討後會發現，認同管理與「人生如戲」還是有所區別的。這些區別體現在個人品牌塑造者如何運用認同管理的技巧和方法。

對於個人品牌塑造者來說，要成功推廣自己，首先要獲得社群內成員的認同。也就是說，在實施任何行銷動作之前，你必須先改善與社群成員的關係，讓他們對你產生認同感。

具體來說，個人品牌塑造者在做社群行銷時，要做好認同管理，必須堅持以下兩大原則：

# 第 7 章　社群行銷—「老」行銷、新思路、新打法

圖　用認同管理做社群行銷的兩大法則

## 合作是溝通的基礎

　　合作是做好認同管理的首要原則。在這個競爭與合作並存的時代，如果你在社群中自編自導自演時沒有合作的心態，忽略了他人的感受，只顧自說自話，那麼你很難獲得社群成員的認同。

　　個人品牌塑造者只有隨時將合作的理念銘記於心，才能順利地與社群成員溝通交流。這就是策略與戰術的區別：在策略上，個人品牌強調的是獨特性與差異化，標新立異；而在戰術上，則更強調共同性和合作。你要與粉絲建立像水與魚般的融洽關係，才能夠推進品牌發展。

　　舉個簡單的例子。

　　當我走進公司，看到團隊成員們都在努力工作時，我希望能製造一種輕鬆愉快的團隊氛圍，於是我隨口說道：「今天的天氣真熱啊。」如果團隊成員願意合作，他們可能會回應：「是啊，蔡老師，前幾天還這麼冷，今天突然變熱了！」這樣一來一往，大家的情感距離就拉近了，關係也隨之變得更加融洽。但是如果我說話時沒有人回應，團隊之間的關

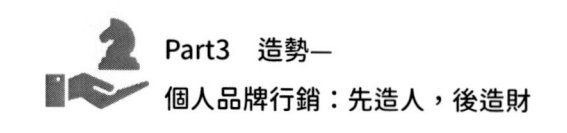

## Part3　造勢—
### 個人品牌行銷：先造人，後造財

係就可能變得不和諧，彼此的認同感也會逐漸減少。

　　令人遺憾的是，在現實中，我常常遇到一些才華出眾卻不懂得認同管理的個人品牌塑造者。他們往往自以為是，認為自己能力超群，於是在社群裡說話時從不考慮合作的概念，只顧自說自話。這樣的人儘管聰明，但是在個人品牌塑造上，卻難以取得更大的發展。

　　對於個人品牌塑造者來說，只有在心中秉持合作理念，並願意與社群成員合作時，才能與成員順利溝通，獲得他們的認同，最終達到行銷的目的。在具體的執行層面，個人品牌塑造者不需要「獨行俠」的風格。如果你發現自己有以下幾種特徵，那麼就需要反思自己的態度，自覺地將合作理念融入到社群中：

(1)　自認為擁有比社群中的大多數成員更高的學歷或專業知識，並以此為傲，在群組裡發言時目空一切，沾沾自喜；

(2)　很少在群組裡說話，但是每次說話都帶著驕傲的語氣；

(3)　在群組裡能夠提出一些意見和想法，但是絕不容許別人反駁；

(4)　對於群組裡其他成員的意見，不論是善意還是惡意，一概不接受、不予理睬；

(5)　很少參加群組組織的活動。

　　如果上述特徵有一條或幾條與你相符，那麼你就應該好好反省自己的態度。個人品牌塑造者做社群行銷的目的在於推廣和傳播，如果缺乏合作的心態，你將無法獲得社群成員的認同。沒有認同，自然也無法藉助他們的力量來推廣你的品牌。

　　那麼，如何在社群行銷中避免成為一個「獨行俠」，獲得更多認同呢？以下是兩個實用的小技巧：

## 第 7 章　社群行銷─「老」行銷、新思路、新打法

### 平等相處，互相尊重

在社群中，成員之間的地位和角色各不相同。個人品牌塑造者要做的就是將自己放在與他人平等的位置上，甚至在某些情況下，適當降低自己的姿態，目的是為了促進平等交流。尤其是在自己有「得意」之處時，更要注意這一點。無論是在言語上，還是在行為上，都要考慮他人的感受，畢竟沒有人喜歡驕傲自滿、自說自話的人。

### 適時調整角色

認同管理如同一場自編自導自演的戲。在這場戲中，個人品牌塑造者需要隨時轉變角色，以適應不斷變化的情境。我們無法控制外部環境的變化，但是我們可以調整自己，以更好地融入社群。融入意味著雙方相互認可、相互接納。理性且具有合作意識的個人品牌塑造者，融入得越自然，與群組成員的關係就越和諧，也越容易獲得更多的發展機遇。

總之，做好認同管理的第一原則就是合作。個人品牌塑造者應當時刻以合作的心態來考慮自己在社群中扮演的角色和設計自己的形象。唯有如此，才能在社群交流中獲得更多人的認同，推動品牌發展。

### 注意言行舉止可能帶來的傷害

在人際交往中，良好的言行舉止是獲得有效溝通、增進友誼、提高自身吸引力的必要條件。同理，在個人品牌塑造與社群行銷中，我們在社群裡的每一句話、每一個行為，都反映了我們的修養與內涵。因此，良好的言行舉止是我們與社群成員溝通的橋梁。

特別值得注意的是，在認同管理中，我們在社群裡的言行舉止如同潑出去的水，是收不回來的。這個特點決定了個人品牌塑造者在與社群

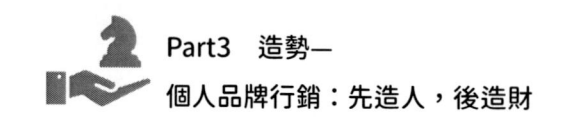

## Part3 造勢—
### 個人品牌行銷：先造人，後造財

成員溝通時，必須謹慎對待自己的言行，並且要依照品牌的形象定位來管理好言行。有一句成語叫「破鏡重圓」，意思是說即使破碎的鏡子可以重新拼合，但是終究不如原來一樣無瑕。這反映了人際交往中的一個現象，即一旦在別人心中形成了不良印象，要推翻它比在白紙上重新作畫要困難得多。

因此，個人品牌塑造者在與社群成員初次交往時，必須謹慎地按照自己的形象定位來塑造良好的言行舉止，使社群成員對你產生好感，進而激發他們繼續與你保持交往的意願，從而獲得認同感。

那麼，如何巧妙地運用與品牌定位一致的言行舉止來征服社群成員，獲得他們的認同呢？以下是兩個關鍵的形象技巧：

### 多讚美、肯定他人

心理學家威廉‧詹姆斯（William James）曾說：「人性最深切的渴望就是得到別人的讚美，這是人類有別於其他動物的地方。」這說明無論何種人都渴望受到他人的重視和讚賞。個人品牌塑造者若想與社群成員保持融洽和諧的關係，獲得他們的認同，可以多讚美成員的想法和建議，這樣才能贏得對方的忠誠和支持。讚美社群成員實際上是對他們的尊重與肯定，是送給他們最好的禮物與報酬，也是獲得社群成員認同的一種無形投資。

### 少說「我」，多說「我們」

人們的心理非常微妙，即使是「我」和「我們」這樣的小小差別，也能給人完全不同的感受。「我」通常暗示著隔閡，而「我們」則代表著團結。因此，個人品牌塑造者在與社群成員交往時，應該多說「我們」，少說「我」。

當「我」這個詞被過多使用時，會給人一種自我炫耀、孤立的印象，進而在無形中拉開了與社群成員的距離，影響他們對你的認同。相反，使用「我們」一詞可以創造共同的意識，縮短你與成員之間的心理距離，促進更深層次的情感交流。

事實上，還有許多與品牌定位一致的言行舉止能幫助個人品牌塑造者獲得社群成員的認同。關鍵在於你能否結合自己的個人形象定位來管理自己的每一個言行舉止，並且在每一次與社群成員的互動中都按照這樣的標準來表現。特別要注意的是，言行舉止一旦表現出來，就再也無法收回。因此，在與成員的首次交往中，務必要用得當的言行舉止令他們留下良好的印象。

總而言之，合作和與品牌定位一致的言行舉止是做好認同管理的兩大原則。個人品牌塑造者應該隨時保持這種意識，並在社群中運用這些技巧來加強與成員的連結。隨著時間的推移，你會發現自己的個人品牌影響力逐漸增強，社群中的傳播力也會隨之提升。立即行動，讓你的社群行銷更上一層樓吧！

## 7.2 自我袒露，實現社群認同的法寶

上一節中，我們了解了如何運用認同管理來做社群行銷的兩大原則。接下來，你可能會問：「那麼我們該如何做認同管理呢？」在本節中，我將介紹一個實現社群認同的法寶——自我袒露。

人際交往的實踐表明，若要建立良好的人際關係，首先必須敞開心扉，適度地展現自己，這樣才能獲得他人的認同與信任。因此，適當的自我袒露有助於快速縮短心理距離，並透過各種溝通方式向他人傳遞自己的

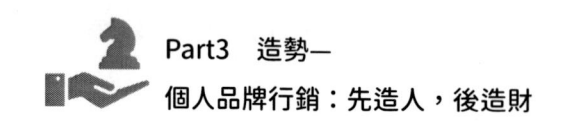

**Part3　造勢—**
**個人品牌行銷：先造人，後造財**

資訊，擴大自我的「開放區域」，這是建立良好粉絲關係的重要途徑。

那麼，什麼是自我袒露呢？社會學中對自我袒露的解釋是：一個人自發且有意識地向他人敞開心扉，坦率地表達自我，陳述自己的內心感受，展現真實的自己。

## ◆ 什麼樣的資訊才是自我袒露？

個人品牌塑造者在做社群行銷時，要善用自我袒露來實現社群認同。這並不僅僅是坦誠直率地表達自己，而是要確保所表達的資訊符合以下三個特徵。

### 特徵一：有意識、有目的地表達自己

提到自我袒露，許多人可能認為這只是單純的自我表達，將自己想說的話全盤托出。事實上並非如此。自我袒露的關鍵在於，所袒露的資訊必須是有意識且有目的的行為，而非無意間的流露或控制不住的情緒宣洩。這意味著，自我袒露的首要特徵就是有意識、有目的地表達自己。

我曾經遇到一位主管，他在上千人的員工大會上發表報告時，該罵時罵，該講道理時又能侃侃而談。如果你認為他是在宣洩情緒，那你就錯了。實際上，這位主管是一位自我袒露的高手，他的怒氣表達是有意識且有目的的，目的是讓員工感受到他的立場，從而更容易接受他接下來的觀點。

### 特徵二：表達的資訊是重要的

自我袒露的第二個特徵是：所表達的資訊必須是重要且有意義的。無意義的資訊不會引起雙方的重視或記憶，因而不能稱之為自我袒露。

例如，在電梯裡碰到鄰居，出於社交禮儀，我們通常會找點話題聊聊，以緩解同個空間的尷尬。你可能會說：「今天天氣好熱。」鄰居可能會接著說：「是啊，都不敢出門了。」這種一問一答的溝通雖然建立了某種交流氛圍，但是因為資訊並不重要，不能算作自我袒露。

**特徵三：表達的資訊是對方未知的**

自我袒露的第三個特徵是：所表達的資訊應該是對方未知的。如果你袒露的都是對方已經熟知的事情，那就不算是自我袒露。

我有一位曾患重病的朋友，他的主管和部分同事知道這件事，但是從未向外界提及過。由於職業關係，這位朋友也不願將此事告訴客戶，怕影響自己的形象。後來，他透過調理恢復了健康。有一次，他在與一位醫療行業的客戶溝通時，發現這個客戶的專業與他曾經的病情有關，他的自我療癒經驗有助於他在這個領域的工作。因此，他有意識地袒露了這段經歷，結果客戶在驚訝之餘，也認可了他的能力，並很快簽下了訂單。

我的這位朋友所袒露的資訊符合自我袒露的三個特徵：有意識、有目的，資訊重要，且對方未知。這就是成功的自我袒露。

## ◆ 自我袒露在個人品牌社群行銷是如何運用的？

知道了什麼樣的資訊才是自我袒露，那麼自我袒露對個人品牌社群行銷有什麼好處呢？

自我袒露對於個人品牌社群行銷有諸多益處，具體來說，有以下四個方面：

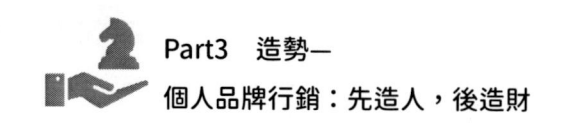

# Part3 造勢—
## 個人品牌行銷：先造人，後造財

### 獲得社群成員的信任

要在社群中建立信任，個人品牌塑造者需要與社群成員進行有效的溝通。而溝通是互動的，你不「溝」，就無法「通」。正如同有詩云：「問渠哪得清如許？為有源頭活水來。」溝通的「溝」字包意味著話題需要像溝渠一樣，有著源源不斷補充的活水，才能順利交流。因此，溝通的前提是「溝」，而「溝」就是個人品牌塑造者需要先拋出話題，這個話題應該是社群成員感興趣的。這就如同釣魚時的魚餌，要開啟別人的話匣子，首先你得提出自己的觀點和感受。

因此，要想獲得社群成員的認同，首先你必須敞開心扉，適度地袒露自己，才能贏得他人的認同與信任。

### 推進與社群成員的情感關係

與社群成員之間的良好關係，是在自我袒露逐漸增多的過程中發展並加深的。隨著信任度和接納度的提高，個人品牌塑造者需要越來越多地袒露自己。如果你不袒露自己的資訊，那麼你與社群成員的關係就只能停留在淺層，無法達到情感層次。如今，個人品牌的建立不僅僅是提高知名度，更需要與消費者建立深厚的情感連結。而情感的建立則需要深入的溝通。情感屬於內心和精神層面的共鳴，因此，如果你希望觸及社群成員的心靈，並維護和推進你與社群的關係，自我袒露是必不可少的。

### 自我確認

透過自我袒露，個人品牌塑造者可以更快地確認社群中是否有對你感興趣的成員，這是一種自我確認的過程。所謂的「趣味相投」正是這個意思。當你在社群中大膽地袒露自己，勇於表達自己的觀點和感受，與你有相同想法和感受的人就會產生共鳴，從而喜歡上你。

第 7 章　社群行銷—「老」行銷、新思路、新打法

試想一下，如果你在社群中總是潛水，一句話也不說，恐怕沒有人會知道你是誰，更不用說喜歡你或成為你的粉絲。這樣的話，你又如何能夠推廣你的個人品牌呢？

**自我澄清**

自我澄清指的是透過自我袒露，你能夠清楚表達你的思想、觀點和看法。當你表達出來後，與你持不同觀點的社群成員可能會與你討論或「辯論」。在這種互動中，你的思路得到了整理，觀點也變得更加清晰，這就是自我澄清的過程。正如所說，真理是愈辯愈明的。

以上便是自我袒露在個人品牌社群行銷中的價值所在。基於這四大價值，儘管自我袒露可能會帶來一些風險，但是在權衡利弊後，對於個人品牌塑造者來說，自我袒露仍然是實現社群認同的必備法寶。

# 7.3 如何做自我袒露？

個人品牌塑造者在社群中利用自我袒露來獲得認同時，應該思考以下問題：應該用什麼方式袒露資訊？袒露什麼樣的資訊？在袒露的過程中應注意什麼？這些都是需要謹慎考量的問題。要清楚地掌握這些並不容易。以下四大法則可以有效幫助個人品牌塑造者在社群中自我袒露，從而成功獲得社群成員的認同，達到行銷目的。

◆ **用什麼方式袒露？**
—— 周哈里窗（Johari Window）資訊披露原則

要在社群中實現認同，個人品牌塑造者應該用什麼方式自我袒露呢？

157

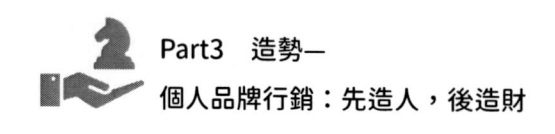

# Part3 造勢—
## 個人品牌行銷：先造人，後造財

答案是：運用周哈里窗資訊披露原則。這是做好自我袒露的第一個法則。

周哈里窗是一個資訊披露的模型，它將資訊的披露過程分為四個象限，這四個象限同時也是周哈里窗資訊披露的四大原則：

(1) 你知道，我也知道
(2) 你知道，我不知道
(3) 你不知道的，我知道
(4) 你不知道，我也不知道

這四大原則反映了資訊披露的廣度和深度。個人品牌塑造者在社群中自我袒露，實際上就是對資訊的披露。那麼，個人品牌塑造者應如何運用這四大原則來自我袒露呢？

### 第一象限：開放我（Open Self）：你知道，我也知道

扮演角色：發動者

當個人品牌塑造者在運用周哈里窗披露資訊時，首先應該把「你知道，我也知道」的資訊作為開場白，將話題拋向社群，以引發大家的共鳴。這樣做的目的是激發社群成員的興趣，吸引他們參與討論和互動。

在這個象限，個人品牌塑造者扮演的是一個「發動者」的角色，透過大家都熟知的資訊來激發社群成員參與話題討論的興趣。

舉個例子：我在做專業經理人時，曾經遇到過一位銷售員，他可謂是把自我袒露運用到極致的人。有一次，為了銷售產品，他闖進了一家公司的辦公室，見到老闆時，老闆正把腿架在桌上，對他的到來毫無反應。這時，這位銷售員迅速思考：「我要如何才能激發他的興趣，讓他更

第 7 章　社群行銷—「老」行銷、新思路、新打法

快地與我溝通呢？」

他環顧了一下老闆的辦公室，看到一幅非常有藝術氣息的書法作品，於是猜測這位老闆應該對書法感興趣。他便以書法為話題開啟了交談的序幕。果然，老闆接上了話頭。老闆當天正煩惱於私人問題，見到這位銷售員，發現來了一個合適的傾訴對象，於是話題從書法延伸到他的「婚外情」困擾，並請這位銷售員一起出主意。最終，這位銷售員成功拿下了訂單。

這就是利用「你知道，我也知道」的資訊來激發對方興趣的典型案例。

同樣的道理，個人品牌塑造者若想引發社群成員的互動與討論，應該運用周哈里窗的資訊披露原則，從「你知道，我也知道」這類大家共同關注的話題入手，激發社群成員的興趣。

那麼，個人品牌塑造者該如何找到這類話題呢？這需要平時多關注熱門消息，多涉獵新聞、書籍，並學習各種知識，以便在適當的時候引發社群成員的共鳴和討論。

### 第二象限：盲目我（Blind Self）：你知道，我不知道

扮演角色：受領者

在這個象限中，個人品牌塑造者需要打開自己未知的領域，透過與社群成員的互動，探索自己不了解，但是對方已經掌握的資訊。這樣的探索可以幫助塑造者更全面地了解自己，並且能夠讓社群成員感到被重視，因為他們在此過程中提供了關鍵的回饋。

舉個例子：某位演講者在社群中分享自己的經歷，無意中提到了一

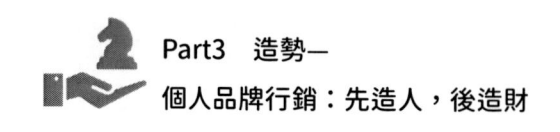

## Part3 造勢—
### 個人品牌行銷：先造人，後造財

個過去的決策，社群成員指出了當時他忽略的細節。這些細節當時對他來說是盲點，但是在成員的指點下，他意識到這些細節的重要性，從而修正了自己的觀點，進一步加強了與社群成員的互動與信任。

### 第三象限：你不知道的，我知道

扮演角色：揭示者或引導者

這個象限指的是個人品牌塑造者知道某些其他人不清楚的資訊。這些資訊除了是關於品牌、新知等等的客觀事實外，也可以是私人的、敏感的，或是個人主動選擇不公開的資訊。個人品牌塑造者需要在適當的時機揭示那些對自己有益，但是社群成員尚未察覺的資訊。這種資訊的袒露能讓成員感到新鮮和驚喜，從而進一步強化對品牌的認同感。

例子：一位知名作家在社群中活躍多年，但是他從未公開自己的真實身份。某天，他在社群內發表了一篇自傳性文章，首次向大家透露了自己曾經克服重大困難的經歷。這個資訊立即引發了社群成員的強烈共鳴，大家對他的勇氣和堅韌表示欽佩，也更深入地理解了他的作品。

### 第四象限：你不知道的，我也不知道

扮演角色：探索者

這個象限代表了個人品牌塑造者與社群成員共同探索的領域。大家都對這些未知的內容充滿好奇和期待，透過共同的討論和研究，可能會產生新的洞見和發現，從而加深彼此的連結。

舉個例子：在一次線上讀書會中，討論到了一個全新的話題，這個話題是大家之前都沒有接觸過的。透過不斷地探索與討論，社群成員與品牌塑造者共同挖掘出新的見解，這種共同的探索過程增強了社群的凝

第 7 章　社群行銷─「老」行銷、新思路、新打法

聚力,也讓品牌塑造者在這個過程中獲得了新的靈感與啟發。

這四大象限反映了資訊披露的不同層次與方式,個人品牌塑造者可以根據情境靈活運用,從而在社群中有效地自我袒露,促進與成員之間的深度溝通和認同感。

◆ 要袒露什麼內容？ ── 講道理＞講事實＞講感受

個人品牌塑造者知道了如何在社群中自我袒露並做認同管理,接下來的問題是:我們在社群中自我袒露時,應該如何表達才能獲得社群成員的認同,進而達到社群行銷的目的？

最有效的自我袒露方法是處理好「講道理」、「講事實」與「講感受」三者之間的關係。

**講事實高於講道理**

事實與道理,哪個更重要？

大多數人會認為道理更重要,因為我們習慣於認為事情只有符合道理,才能更容易被他人接受。這種「擺事實,講道理」的溝通方式根植於我們的文化中。然而,社群行銷的核心並非在於與粉絲論理高低,而是要推進與粉絲的情感連結。情感連結往往不需要太多的道理來支撐,更多的是基於真實的事實和感受。

舉個例子,如果你與朋友分享一個難忘的真實經歷,你的朋友就更容易被打動,因為你所講述的是真實的事實,而非抽象的道理。同樣的,在與粉絲互動時,過多的講道理可能會使對話變得生硬,甚至讓對方感到壓力。而如果你能夠講述一些真實的事實和經歷,這些內容更能引起共鳴,並使粉絲感到親近和真實。

161

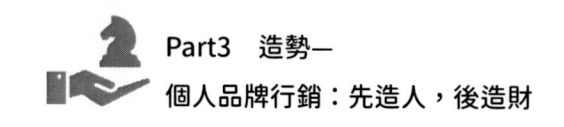

**Part3 造勢—**
**個人品牌行銷：先造人，後造財**

因此，在建立粉絲關係的過程中，與社群成員的交流應該以事實為基礎，少講道理，多講事實。因為事實比道理更容易被接受和認同，能夠更有效地推進情感連結，從而增強粉絲對你和你的品牌的信任和忠誠。

**講觀點高於講事實**

再思考一下：如果比較「講事實」與「講觀點」，哪一個對於粉絲溝通更為有效呢？

答案是講觀點！

如果個人品牌塑造者在自我袒露的過程中只講事實而不發表觀點，那麼社群成員所接受的僅僅是一些客觀事實，這與個人品牌形象並無直接關聯。這樣的資訊對塑造個人品牌的影響力幾乎沒有幫助。

比如，社群中大家都在熱議某部熱門劇集，但是這部劇集本身與你並沒有什麼關聯。如果你在社群中袒露的只是劇透內容，這對你的個人品牌毫無幫助，因為這樣的資訊與「娛樂八卦」沒有區別。然而，如果你在社群中分享對這部劇的看法，提出獨到的觀點，尤其是那些成員們沒有想到的獨特視角，那麼你的觀點就能有效支持你的品牌形象，進一步加深人們對你的認同。

因此，個人品牌塑造者在社群中自我袒露時，不能只講事實，更要表達自己的觀點。

**講感受高於講觀點**

再讓我們轉動思維，思考一下：如果比較「講觀點」與「講感受」，哪一個內容的袒露會更有效呢？

第 7 章　社群行銷─「老」行銷、新思路、新打法

講觀點，本質上是闡述你的想法，表達方式往往是義正詞嚴的。而講感受則是一種情緒的表達，一種情感的流露。這樣一比較，優劣應該已經明顯了吧？我們在建立粉絲關係時，目的是以情動人，因此，講感受的效果要高於講觀點。

如果個人品牌塑造者在社群中袒露的資訊內容沒有涉及到「情」，那麼你就很難引起社群成員的共鳴。要實現社群認同，真正讓社群成員認同你的不是「理」，而是「情」。因此，個人品牌塑造者應該學會在社群中多袒露與情感相關的資訊，讓社群從最初的冷清、冷漠，逐漸變得有人氣和溫暖。無數事實表明：只有當你的社群變得溫暖，你的個人品牌才能在社群中真正得到認同，而行銷效果也會在這過程中逐漸顯現。

所以，從現在開始，在社群中多袒露能動人以情的感受，你將會從中受益良多。

當你在整理和篩選自我袒露的資訊時，可以依照這三大內容──事實、觀點、感受來選擇。初次運用這個方法時，如果你發現自己袒露的資訊沒有激發社群成員的興趣或獲得認同，別擔心。一次失敗並不可怕，你可以因經驗不足或技巧欠佳而失敗，但是絕不能因懶惰而止步不前。持續運用自我袒露的技巧，積極主動地去實踐，相信經過不懈努力後，你一定能體會到「柳暗花明又一村」的欣喜。

◆ **怎樣袒露才能獲得好人緣？ ── 管理好自己的情緒**

美曾有一名心理學家曾經做了一個實驗：他讓一位自信、樂觀、開朗的人與一位整天唉聲嘆氣、牢騷滿腹的人待在同一個房間內，不到半個小時，那位原本樂觀的人也變得鬱鬱寡歡了。他隨後又做了一系列實

163

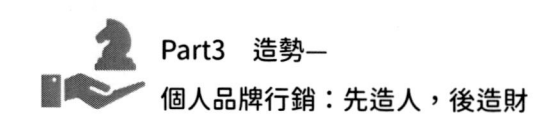

**Part3 造勢—**
**個人品牌行銷：先造人，後造財**

驗，並證實了這樣一個現象：只需要 20 分鐘，一個人就可能受到他人不良情緒的影響，而這種情緒傳染是潛移默化、不知不覺間發生的。這就是心理學中的「情緒效應」。

同樣地，個人品牌塑造者在社群裡自我袒露時，必須學會管理好自己的情緒。非合作性的情緒化表達應該受到控制，以避免情緒宣洩對社群產生負面影響。在許多社群中，成員之間的認同感並不牢固。如果在彼此尚未建立真正認同的情況下，暴力地推廣，反而可能帶來負面效果。而當這種負面情緒引發衝突時，我們又該如何應對呢？

顯然，即使我們知道應該如何正確地自我袒露，一旦情緒失控，再好的方法都可能被拋諸腦後。

因此，學會管理好我們的情緒是十分重要的。在個人品牌管理的最後一節中，我將專門討論情緒管理，建議大家結合這部分內容來閱讀，以更全面地掌握如何在社群中有效地管理情緒。

◆ **袒露時需要注意什麼？ —— 袒露資訊的四大守則**

在前面的章節中，我們已經探討了如何有效地自我袒露，包括使用什麼樣的方式、袒露什麼內容，以及如何袒露才能贏得他人的認同。掌握了這些技巧後，你或許已經具備了一定的能力來在社群中自我袒露。然而，在實踐過程中，還有一個至關重要的法則需要遵循，那就是你的自我袒露內容必須符合你的個人品牌定位，如以下四點分述：

**符合職業特色定位**

在本書的第二章中，我們已經討論了個人品牌的職業特色定位。這個定位將指導你選擇適合的自我袒露內容。

第 7 章　社群行銷—「老」行銷、新思路、新打法

　　舉例來說，我的職業定位是「品牌行銷老師」，因此，我在社群中自我袒露時，所表達的資訊必須圍繞「品牌行銷」這個主題。這樣的資訊選擇能夠更好地吸引並與我的目標受眾產生共鳴。

　　此外，不同的目標受眾群體對資訊的需求也各不相同。如果你的目標受眾是大學生，那麼與目標受眾是菁英人士相比，你所選擇的自我袒露內容必然有所不同。因此，了解你的目標受眾，並根據他們的需求來選擇資訊，是有效自我袒露的關鍵。

**與價值定位吻合**

　　除了符合職業特色定位，個人品牌塑造者在自我袒露時，所披露的資訊還應該與你的個人品牌核心價值定位相一致。

　　例如，我的個人品牌價值定位是「系統、實務」。因此，在向社群成員自我袒露時，我會系統性地與大家交流。許多學員在購買了我的「個人品牌」課程後，回饋說：「蔡老師的課程是唯一一個系統性、落實地去講述個人品牌的課程。」這些回饋說明了我所傳遞的資訊與我想要打造的品牌形象是一致的。

**符合四大形象系統**

　　個人形象系統包括四個方面：自然形象、社會形象、行為形象和倫理形象。每一個形象系統都對你的自我袒露內容有著重要的影響。

(1) 自然形象：個人品牌塑造者在自我袒露時，應該與自己的自然形象吻合。

(2) 社會形象：你在社群中應該談論什麼、不應該談論什麼，都需要考慮到你的社會形象定位。這樣才能確保你在社群中的自我袒露符合社會期望。

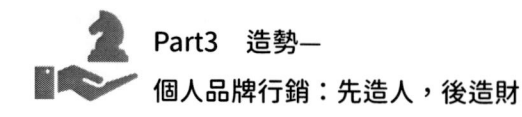

(3) 行為形象：你在社群中展現的是溫文爾雅、熱情奔放，還是直言不諱的形象？你與社群成員交流的語氣和方式都應該符合你的行為形象標籤。

(4) 倫理形象：個人品牌塑造者在自我袒露時，表達的價值觀應該與你的個人倫理形象標籤一致。這一點尤其重要，因為它直接關係到你在他人心目中的形象和信任度。

儘管這四大形象系統在前文已經提及，但是它們的重要性不容忽視。在任何戰術執行的環節中，請務必牢記這些形象定位，並將其融入你的自我袒露中。

## 7.4 如何規避自我袒露帶來的風險？

自我袒露對個人品牌社群行銷固然十分重要，但是也會帶來一些風險。了解這些風險，也便於我們更好的做自我袒露。

自我袒露的風險主要包括以下兩種：

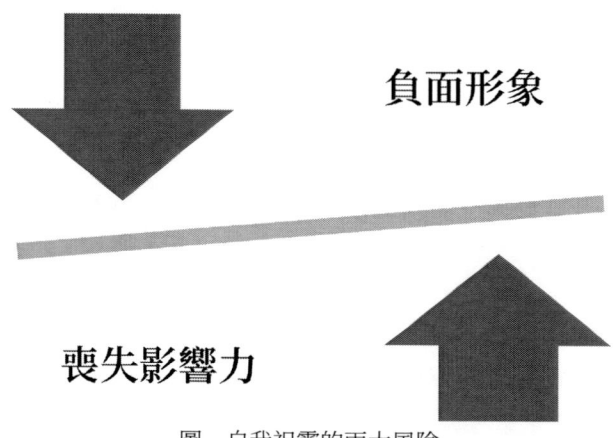

圖　自我袒露的兩大風險

第 7 章　社群行銷—「老」行銷、新思路、新打法

**負面形象**

在社群中 100％誠實地自我袒露時，一旦你所披露的資訊不被社群成員認同，這可能會對你的形象產生負面的影響。

因此，在現實生活中，我經常看到一些個人品牌塑造者，由於顧及「面子」，或為了維持自己在他人眼中的「完美」形象，往往不願意袒露自己的真實感受和弱點，擔心這些會損害他們的形象。

**喪失影響力**

當個人品牌塑造者袒露出某些具有破壞性的缺點時，這些缺點可能會顯著降低你在粉絲心中的地位，導致你失去原有的影響力。

這也是為什麼在許多文化中，人們往往謹慎地分享自己的想法和感受，甚至在很小的時候就被教育「逢人只說三分話」，以避免潛在的風險。

儘管自我袒露確實存在風險，但是對於個人品牌塑造者來說，社群行銷中自我袒露是不可避免的，且是必須要做的事情。那麼，我們該如何應對自我袒露所帶來的風險呢？畢竟，一個在社群中不敢發聲、始終保持沉默的人，是無法有效地打造自己的個人品牌的。

我們可以從這樣一個有趣的案例中獲得一些啟示：

在美國曾經發生過一件相當離奇的法律案件，原告是一位名叫羅納德·愛斯秋的銀行家，他狀告的是自己的前妻。羅納德與前妻共同生活了十多年，並育有一對兒女，婚姻生活看似幸福。然而，在某天，前妻坦承她對丈夫（即羅納德）的性生活毫無興趣。羅納德聽後感到深受侮辱，憤而與妻子離婚，並將她告上法庭，要求她道歉並賠償。最終，法

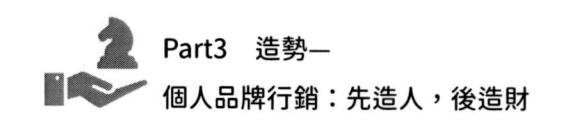

## Part3　造勢—
### 個人品牌行銷：先造人，後造財

院判決羅納德‧愛斯秋勝訴，前妻須賠償他 24.4 萬美元。

這個簡單卻耐人尋味的故事告訴我們什麼呢？

美國是一個非常重視誠實的國家。在美國人的觀念中，誠實地自我袒露是社會穩定發展的基石，也是人與人之間建立信任的基礎。事實上，不僅在美國如此，在其他許多國家也是一樣，包括臺灣。誠信不僅是天道，更是人道，是人際交往中最重要的原則。因此，個人品牌塑造者在社群中自我袒露時，堅持誠實與誠信是一切行為的基礎。

然而，問題隨之而來：在向社群成員自我袒露的過程中，誠實應該到達什麼程度？正如前面的案例，妻子 100% 的誠實袒露，結果失去了婚姻並被要求賠償。我們常被教育「逢人只說三分話」，這表明過度的誠實也是有風險的。我們到底應該如何衡量自我袒露的界線？

在人與人的交往過程中，我們經常會遇到一些「善意的謊言」。在個人品牌建立的過程中，我們應該如何看待這種謊言呢？美國社會學家的研究顯示：在人際交往中，做到 100% 誠實袒露幾乎是不可能的。為此，他們做了一些有趣的實驗。

在 2016 年，一位社會學家組織了 130 多人參與實驗，追蹤這些人在對話中的誠實情況。結果顯示，61.5% 的人在交往過程中存在說謊的情況。另一位社會學家則做了為期兩天的追蹤，結果顯示：一個人在每 10 分鐘的對話中，會出現一次小謊言。

這兩個實驗表明，在現實的社交中，完全誠實地自我袒露幾乎是不可能的，而且這樣做可能會破壞你的形象，損害你的人際關係。因此，問題的關鍵不在於是否絕對不能說謊，而在於如何說謊。這種說謊，其實就是「善意的欺騙」。

## 第 7 章　社群行銷—「老」行銷、新思路、新打法

如何運用善意的欺騙，實際上是對100%自我袒露的一種替代方案，也是個人品牌塑造者在社群中溝通時可採用的方法。在社群的互動中，有條件地說謊是被允許的，並且可以成為我們有效使用的溝通工具。

那麼，什麼是有條件的說謊呢？要成為可以被社群成員接受的「有條件的說謊」，需要符合以下三個條件：

### 第一個條件：利他的動機

首先，你的動機應該是出於利他，而不是利己。換句話說，你對社群成員所說的謊言應該是對他們有益的。比如，當你的使用者對你說：「我不知道該怎麼辦，我沒有信心……」這時，你可以鼓勵他：「你是最棒的。」這種鼓勵性的謊言就是出於利他的動機。

### 第二個條件：根據你與受眾關係的緊密度決定

不同的社群，其成員之間的關係緊密程度也不同。如果社群成員是你的親友，是近距離的私密關係，那麼你在袒露資訊時應以更高比例的誠實為主。如果這個社群是較為公開的場合，你所袒露的資訊未必需要100%誠實。

### 第三個條件：袒露資訊的重要程度

資訊的重要程度如何衡量呢？這取決於你的動機。如果這條資訊對社群成員的決策至關重要，並且你可能從中獲利，那麼這樣的關鍵資訊，你必須做到100%誠實的自我袒露。然而，若是無關痛癢的小事，善意的謊言通常是可以被社群成員接受的。

因此，個人品牌塑造者在社群中並不需要做到100%的自我袒露，而是要在自我袒露中學會如何巧妙地運用有條件的說謊，以達到更好的

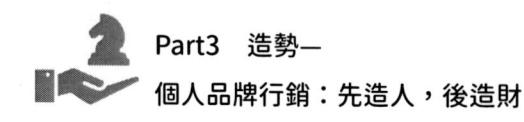

## Part3　造勢—
### 個人品牌行銷：先造人，後造財

溝通效果。

那麼，有條件的說謊是否也有具體的使用方法呢？以下是三個你可以採用的方法。

圖　有條件說謊的三大方法

### 暗示

在許多勵志書中，常常提到這樣一句話：「生動地把自己想像成失敗者會使人難以取勝，生動地把自己想像成勝利者將帶來無限的成功。偉大的人生始於你心中的圖畫——你決定成為什麼樣的人，或是被暗示成什麼樣的人，意志或動機的驅動力就會引導你成為那樣的人。」

這句話很好地說明了暗示的力量。在個人品牌行銷中，暗示也是一種非常有效的工具。例如，在我的社群裡，有一位經常舉辦演講的成員，經常分享自己與成功人士或明星的合照。這其實就是一種暗示，他透過這些照片向大家傳達：「我是個有影響力的人，很多人找我去演講。」

在個人品牌建立的過程中，特別是當你的個人品牌形象尚未穩固

第 7 章　社群行銷—「老」行銷、新思路、新打法

時，你可以借助一些權威平臺、機構頒發的證書、與明星或大咖的合照，來為自己增加可信度。這就是利用暗示為個人品牌行銷增色、擴大影響力的有效方法。

## 沉默

沉默在個人品牌社群行銷中的作用，就像數學中的「零」，表面上看似無所作為，但是卻具有關鍵作用。沉默往往代表著我們對某件事不表態。在社群交流中，經常會出現這樣的情況。

例如，在我的社群裡，有一位保險公司的理財經理經常邀請大家參加各種活動。大多數人明白，參加這些活動可能意味著將來要承擔某種責任。因此，選擇不去參加，往往是最好的選擇。在這種情況下，許多人會以「沉默」來表達自己的態度。這種「不點破、不回應」的做法，經常受到多數人的採用。

## 模稜兩可

所謂模稜兩可，就是不表明確的態度，或對問題的正反兩面保持模糊立場。

例如，當那位保險公司的經理私下邀請你參加活動時，你可以這樣回應：「我本來想參加，但是這個節日已安排了其他事情。如果安排有變，我再聯繫你。」這種模稜兩可的回應，既表達了禮貌，又避免了直接拒絕。聰明的個人品牌塑造者經常在社群裡運用這個技巧。

總而言之，在自我袒露的過程中，個人品牌塑造者可能會面臨 100% 誠實袒露所帶來的風險。個人品牌塑造者應該靈活運用以上三種溝通策略，以避免過度誠實所帶來的負面影響，並同時達到行銷自我的目的。

171

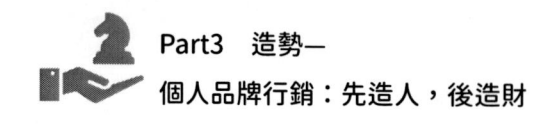

**Part3 造勢—**
**個人品牌行銷：先造人，後造財**

　　總結來說，個人品牌社群行銷，必須拋棄過去那種「行銷就是推銷」的思維。在社群裡僅僅打廣告、推廣產品的做法已經過時。正確的方式是做認同管理，而自我袒露正是實現這個目標的關鍵法寶。如果你不去袒露、不去表達，誰會接受你？你又如何能夠影響別人呢？

第 8 章　公關行銷—提升個人品牌形象的錦囊妙計

# 第 8 章　公關行銷 —— 提升個人品牌形象的錦囊妙計

## 【導言】

公關是個人品牌行銷策略中不可或缺的重要環節。隨著公眾輿論影響力的日益增強，公關已經成為個人品牌建立過程中不可忽視的策略之一。無論你是否意識到，無論你是否認同，現代個人品牌的競爭已經從單純的硬實力較量，逐漸演變為軟實力的交鋒。而在這場軟實力的博弈中，最能展現個人品牌優勢的正是公關行銷。

那麼，什麼是個人品牌公關行銷呢？簡而言之，個人品牌公關行銷是指個人品牌塑造者透過改善與公眾的關係，樹立品牌化個人形象的行銷活動。它具有以下特點：

服從於個人品牌的行銷目標：公關行銷是個人品牌行銷活動的一部分，其核心目標是提升個人品牌的知名度和美譽度。

改善個人與公眾的關係：透過改善個人與公眾之間的關係，公關行銷為個人品牌發展創造了良好的生態環境。

在品牌化的行銷活動框架下，個人品牌的公關行銷最終服務於個人品牌的長期目標。公共關係可以從不同的角度來理解，有些人將公關視為一種獨立的形象管理技能，具有完整的系統性。然而，在這裡，我將公關視為以行銷為導向的一個重要工具，其本質是為經營職能服務。

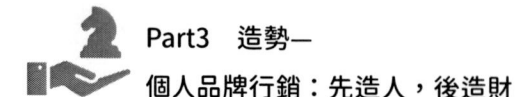

## Part3 造勢—
### 個人品牌行銷：先造人，後造財

那麼，公關到底包括哪些內容或策略呢？總結起來，傳統的公關策略主要為以下 8 大內容：

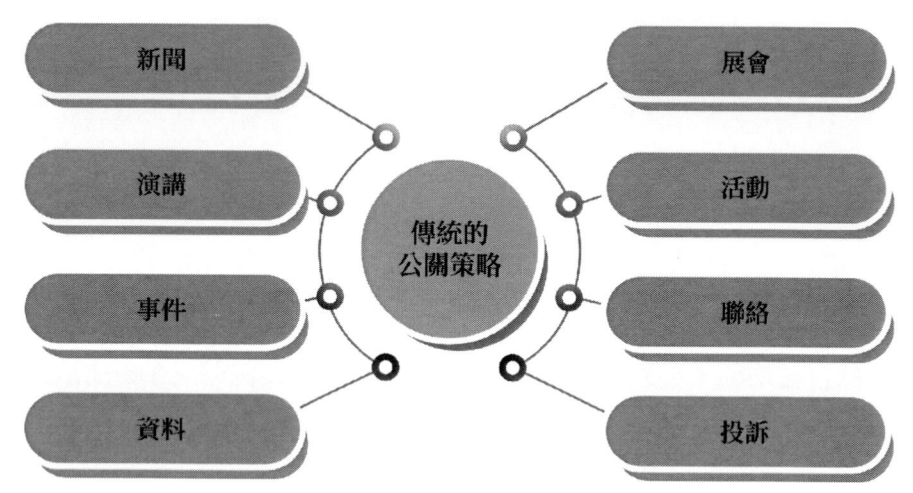

圖　傳統的公關策略

如上圖所示，傳統的公關策略包括新聞、演講、事件行銷、資料展示、展會參與、專題活動、聯繫管理與投訴處理。這些策略可以用來設計你的公關方案。為了更好地幫助大家理解並應用個人品牌的公關行銷策略，我將簡要地講解這八大策略。

(1) 新聞：你需要考慮如何製造具備新聞價值的內容，吸引人們的注意力。今天，你在社群平臺上發布的每一則資訊，都要思考它是否具備新聞價值，能否引起粉絲的興趣。因此，學會如何新聞行銷，是個人品牌公關行銷必須掌握的一項技能。

(2) 演講：演講是個人品牌公關行銷中的關鍵技能之一。如何有效地演講，如何打動人心？如今，許多成功的明星或企業家，特別是像馬雲這樣的人物，他們的演講能力在個人品牌形象的塑造中有著重要

## 第 8 章　公關行銷—提升個人品牌形象的錦囊妙計

作用。不過，演講是一門系統性的學問，本書不會深入展開，建議大家自行尋找相關書籍學習，或尋求專業指導。

(3) 事件行銷：事件行銷是一種透過熱門事件來做傳播的策略，能夠以小博大，借勢傳播。在當今時代，單憑個人力量掀起巨大波瀾越來越困難，因此，學會利用事件行銷，能有效提升品牌影響力。如何具體操作，後文會詳細介紹。

(4) 資料展示：這指的是你與粉絲接觸時所用的名片、宣傳冊等傳播工具，有些還可以做成電子名片、H5 簡報，甚至是微電影等。運用最新的技術手段表達，能大大提升品牌形象。

(5) 展會參與：展會是一種行業的集中展示，在短期內聚集了對該行業感興趣的人群，這是集中展示個人品牌形象的好時機。在展會中，如何突出品牌個性，吸引公眾關注，這是一門值得深入研究的技術。除了布置具有感官刺激的展示環境外，如何設計活動增加吸引力，也是學問所在。

(6) 專題活動：這指的是由你主導並具有專門主題的活動。上述所有公關策略都涉及活動，但是專題活動是指具體針對某個主題的公關行動。

(7) 聯繫管理：這是公關中最基本的職能，也是我們每天都在做的活動。無論是人際溝通還是編織人際網，聯繫管理都是至關重要的。這部分內容在前面的溝通與認同管理中已經有所涉及。

(8) 投訴處理：這是當公眾對你或你的品牌表達不滿時，你需要採取的策略。這是一門處理公眾評價的學問。我在企業做公關時，部門特意安排專人負責投訴處理，並且重視相關培訓。因此，本章將對此做基本探討。

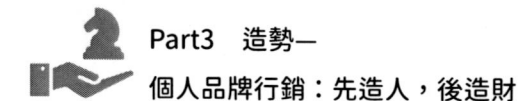

## Part3 造勢—
### 個人品牌行銷：先造人，後造財

除了這八大傳統策略，隨著網際網路的普及，公關行銷策略也出現了新的形式，主要體現在話題行銷、社群行銷和病毒行銷上。嚴格來說，這三種新型公關行銷手段可以與前述八大策略相融合，使其更加豐富和時尚。但是為了方便闡述，我們將在後續章節中專門介紹它們的應用，並強調它們在現代公關行銷中的重要性。

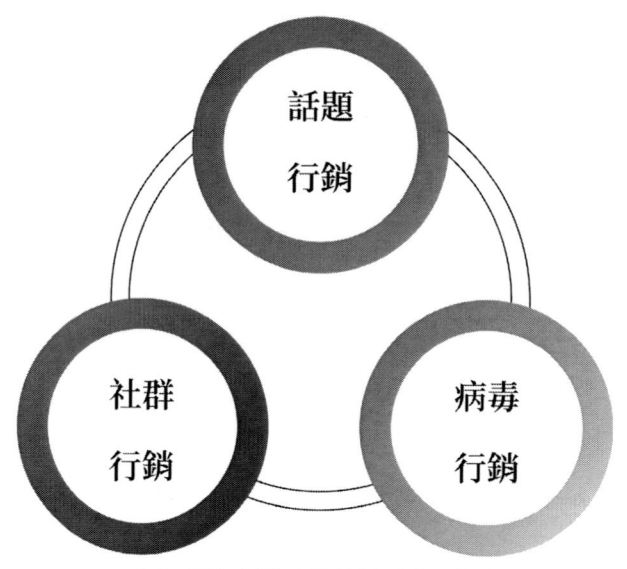

圖　網際網路時代的新型公關策略

話題行銷、社群行銷和病毒行銷，作為一個網際網路時代的新型公關策略，目前還是處於發展階段，對它的研究還不是很成熟。本章力求用最簡潔的語言幫助大家掌握這些行銷活動的本質。

追本溯源，為何我要在這裡花費大量篇幅來講公關行銷的策略呢？這是因為個人品牌塑造者若想做好個人品牌行銷，就必須掌握並利用公關行銷來推動個人品牌的發展。具體來說，公關行銷之所以對個人品牌行銷越來越重要，主要基於如下三大原因：

## 第 8 章　公關行銷—提升個人品牌形象的錦囊妙計

```
[公眾喜好的改變] → [廣告的弱化，公關的崛起] → [媒體傳播費用的高昂]
```

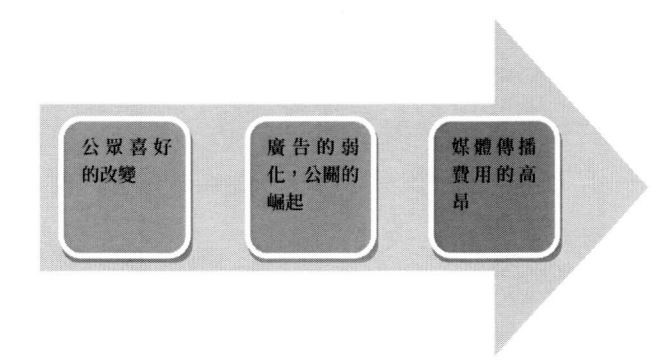

圖　公關行銷對個人品牌行銷的三大作用

## 公眾喜好的改變

在當今資訊氾濫的時代，公眾變得越來越挑剔與精明，對於充滿商業味的推銷已經產生了強烈的反感，這類手段也越來越無效。如今，唯有真正站在公眾的角度，理解並關心他們的需求，才能打動他們。從感官體驗到情感共鳴，再到價值觀的趨同與心靈的共振，這些都是行銷必須達到的層次。簡單的推銷已無法滿足公眾的期望，行銷策略需要轉向更為深層次的互動方式，才能有效達成目標。

## 廣告的弱化，公關的崛起

傳統品牌塑造主要依賴於廣告，因為廣告擁有高覆蓋率與到達率，而過去的消費者也普遍認為廣告是實力的象徵。然而，今天廣告的效用正急遽下降，因為廣告只能提高品牌的知名度，卻無法建立品牌的美譽度。如果消費者不信任你，行銷就難以達到預期的效果。因此，要建立良好的個人品牌形象，公關行銷的重要性日益凸顯。

## 媒體傳播費用的高昂

公眾獲取資訊的方式以及社交方式的轉變，已經改變了傳統品牌傳

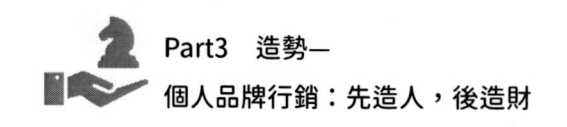

**Part3 造勢—**
**個人品牌行銷：先造人，後造財**

播的方式。新媒體的崛起，社群媒體與傳播媒體的融合，揭示了傳統品牌傳播方式的不合時宜。面對規模化傳播的日益無力，品牌需要轉向更為深度的溝通方式，以改變公眾的思想與心靈，這正是公關行銷的價值所在。

因此，在這個時代，學會運用公關行銷已成為塑造個人品牌的必備技能。精通公關行銷的個人品牌塑造者，將在激烈的市場競爭中擁有更加持久的優勢。

### ◆ 如何做個人品牌公關行銷

既然公關行銷對個人品牌行銷如此重要，那麼我們要如何做有效的公關行銷呢？這正是本章所要探討的內容。透過本章，你將學到一些新的思考與範例，幫助你掌握公關行銷的策略與技巧。

當你讀完本章後，你將能夠：

1. 掌握公眾關係管理的基本知識；
2. 理解公關活動策劃的基本要素；
3. 知曉成功公關活動的關鍵所在；
4. 運用網路時代的新型公關行銷工具，如新聞行銷；
5. 具備初步處理使用者不良評價的能力。

## 8.1 怎樣才是真正意義上的公關活動？

公關活動是指針對特定主題策劃並實施的一系列活動，是個人品牌公關行銷中常用的技術手段。成功的公關活動可以持續提升個人品牌的

## 第 8 章　公關行銷—提升個人品牌形象的錦囊妙計

知名度、認知度、美譽度和忠誠度，從而提升個人品牌形象，改變公眾對個人品牌的看法，累積無形資產，最終促進商業價值的實現。

然而，遺憾的是，當今許多公關活動往往以失敗告終，甚至被指責為「炒作」或「作秀」。其主要原因在於，許多個人品牌塑造者沒有真正理解什麼才是成功的公關活動，未能掌握其核心要素或原則。

公關活動作為一種行銷手段，應遵循一定的原則，而「炒作」與「作秀」通常誇大事實，甚至捏造虛假信息，試圖欺騙公眾。個人品牌塑造者若要策劃一個成功的公關活動，必須遵循其原則。在進一步探討這些原則之前，我想先分享一個故事，幫助大家更準確地理解公關活動的本質。

說一個十分具有啟示性的故事吧。

十多年前，我受邀前往一個偏遠的小鎮講課。到達後，當地一家企業的負責人熱情邀請我共進午餐。儘管我已經在飛機上用過餐，但是經不住他的熱情邀請，我還是答應了。這位負責人帶我來到一家看似普通的路邊小店，這裡簡陋的環境和已過吃飯的時間點並沒有削弱它的熱鬧氛圍，讓我感到驚訝的是店內滿是顧客，幾乎沒有空位，而桌面上的油汙和店內的陳設則顯得這家店相當普通。我不明白這位負責人為什麼如此鍾情於這家小店。

未等菜品上桌，負責人便開始讚美這家店的食材真實可靠，保證不會用死魚冒充活魚，肉類也都是當天的新鮮供應。他甚至介紹了老闆給我認識，這更讓我好奇這家店的背景。原來，這位老闆張阿姨，曾經在當地遭遇自然災害時，在小吃店經營不善的情況下，依然慷慨地捐出在當時為數不小的兩萬塊救濟災民。當地政府對此深表感動，媒體也對此

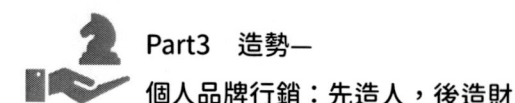

# Part3 造勢—
## 個人品牌行銷：先造人，後造財

做了報導。隨後，這家不起眼的小店便廣為人知，並在當地居民中形成了一種默契：凡是經過這家小吃店的居民，都要進去吃飯。於是，即便在下午三點這樣的時間點，小店依然人滿為患。

這家小店的成功，並非來自於刻意的炒作或作秀，而是源於一次真誠而自然的舉動，而這恰恰符合成功公關活動的兩大原則：

- 投公眾所好　（原則一）
- 借助媒體傳播　（原則二）

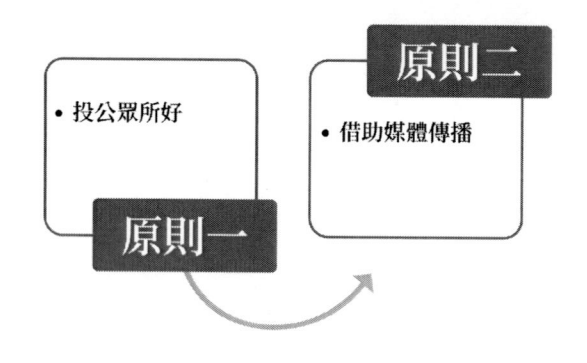

圖　公關活動必備的兩大原則

## 投公眾所好

所謂投公眾所好，通俗地說，就是公眾喜歡什麼，就給他什麼，按大家喜歡的去做。只有摸準公眾所好，你這個「好」才能打動公眾，才能產生共鳴。

那麼，個人品牌塑造者如何讓公關活動投公眾所好呢？需要注意做到兩點：

第 8 章　公關行銷—提升個人品牌形象的錦囊妙計

圖　具備「投公眾所好」所須的兩大條件

**符合公益性**

所謂的公益性，簡單來說，就是在策劃公關活動時，出發點要對大眾有好處。比如說，贊助一些社會福利活動、支持慈善事業，或者資助一些公共服務設施的建設。透過這些活動，可以讓大家對你的品牌形象有一個好的印象，提升你的美譽度。

雖然這類公益活動可能不會立刻帶來經濟上的好處，而且很多時候，你可能還要多花點錢，但是從長遠來看，這些活動能幫助你樹立起良好的品牌形象，讓公眾對你產生好感，為品牌的長期發展打下基礎。

比如，之前提到的那家小店，在當地發生災害時，拿出了自己不多的積蓄捐給受災的百姓。這個舉動非常具有公益性，完全符合「讓大家都覺得好」這個公關活動的核心。

**符合公眾的期望**

想要公關活動成功，關鍵是要能引起大家的共鳴，符合他們的期望，讓他們心裡有感觸。

舉個例子，像植樹節這樣的活動，大家都知道是為了環保，理應能引發共鳴。但是，很多人去參加植樹活動只為了拍照打卡，隨便種幾下

181

**Part3 造勢一**

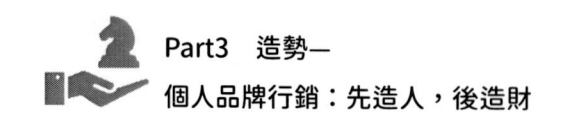

**個人品牌行銷：先造人，後造財**

就走了，這樣反而讓專業植樹工人很困擾，因為他們還得重新種一遍。這種活動看似公益，但是因為缺乏真心和創意，無法真正觸動人心，也就難以引起大家的共鳴。

所以，想要策劃一個成功的公關活動，首先要確保活動既有公益性，又能抓住大家的期望，這樣才能打動人心。

再回頭看看那家小店的故事，它之所以能成功，就是因為它的行動既具備公益性，又迎合了大家的期望，成功地打動了人心，贏得了大家的認同。

**藉助媒體傳播**

傳播是公關活動中至關重要的一步。如果你精心策劃了一場公關活動，但是沒能有效傳播出去，那麼這個活動就無法發揮更大的影響力，也難以為行銷帶來實際的好處。

公關行銷的核心目標是幫助個人品牌塑造者實現商業目標。所以，作為活動的組織者，你一定要牢記這一點。如果一場公關行銷活動最終沒能為行銷帶來貢獻，那它充其量只能算是一場純粹的公益活動，或者說是一場慈善活動。

比如，前面提到的那家路邊小店的老闆張阿姨，她顯然不懂什麼是公關行銷。她當初的出發點只是出於善心，憑著自己的道德感做了慈善。但是由於記者們廣泛報導這件事，結果無心插柳柳成蔭，這場原本單純的慈善行為就意外地變成了一次成功的公關行銷活動。當然，這種天上掉餡餅的好運對我們個人品牌塑造者來說，是極少見的。

所以，公關活動的第二個要點就是，當你在策劃和組織一場公關活動時，絕對不能「做好事不留名」。一定要清楚區分慈善和公關行銷的不同，明白手段總是為了達成目標的。

第 8 章　公關行銷—提升個人品牌形象的錦囊妙計

總的來說，只有當你的活動符合這兩個基本原則時，才能稱得上是一場真正意義上的公關專題活動。

## 8.2 如何做一場上乘的公關活動

在本節的開頭，我們先來看看一個案例。

2017 年 1 月 9 日，川普當選美國總統後不久，他與馬雲碰面，合作了一場讓全球矚目的公關活動。這場公關活動是這樣展開的：川普邀請馬雲到川普大廈會談。在談話中，川普承諾要為美國選民創造更多就業機會，而馬雲則表示將提供一個就業平臺，承諾在 5 年內為美國創造 100 萬個就業機會，並將美國中小企業的產品銷往中國，甚至整個亞洲。

你可能會有疑問：這不是一場純粹的政治商務會談嗎？為什麼要說這是一個公關活動呢？

首先，這次會晤的雙方都有各自的商業目標。川普希望促進美國人民的就業，推動經濟發展；而馬雲則希望進一步拓展阿里巴巴在美國市場的版圖。其次，這場活動既有實質性的合作，又在形式上符合兩國的經濟利益，還具備一定的公益性質。因為這場會談正好迎合了公眾的期望，滿足了大眾對經濟發展和就業的期待，並且媒體廣泛地報導，所以這是一個相當成功的公關活動。

看到這裡，你可能會想：馬雲和川普都是公眾人物，他們做什麼都能吸引眼球。而對於那些正在建立個人品牌，沒有什麼知名度的普通人來說，能否成功策劃這樣高端的公關活動呢？

我的回答是：絕對可以！不要以為策劃一場成功的公關活動是什麼高不可攀的事情。普通的個人品牌塑造者也完全可以做到，你需要的只

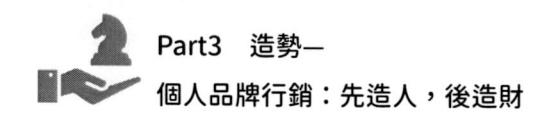

## Part3 造勢—
### 個人品牌行銷：先造人，後造財

是一些技巧和方法而已。

那麼，個人品牌塑造者如何做一場上乘的公關活動呢？個人品牌塑造者要做好一場上乘的公關活動，可以透過下面三大技巧來完成：

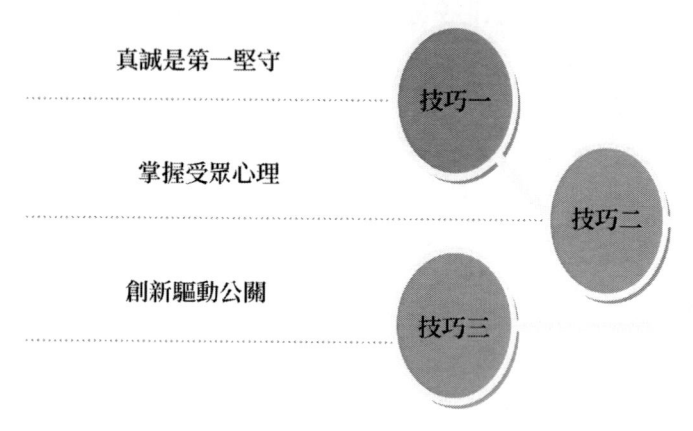

- 真誠是第一堅守　技巧一
- 掌握受眾心理　技巧二
- 創新驅動公關　技巧三

圖　做一場上乘公關活動的三大技巧

作為個人品牌塑造者，我們舉辦的每一場公關活動，都希望它能同時帶來社會效益和經濟效益。這意味著，公關活動既要符合公益性，又要帶來實際的經濟回報。特別是在現代社會，資訊傳遞速度快且透明，公眾能迅速辨識活動的動機。如果他們察覺到你的活動名義上是公益，但是實質上只是為了商業利益，那麼參與熱情自然會降低，甚至可能被視為作秀。

為了吸引公眾的參與，唯一的途徑就是保持真誠，真正從公眾的利益出發，這樣的公關活動才會引起廣泛關注。

幾年前，曾有某品牌在面臨重大失信事件後，為挽回聲譽，在公關公司的策劃下，董事長在螢幕前激動地道歉，甚至痛哭流涕。然而，這場活動並未引起公眾的共鳴，反而被不少人嘲諷為「作秀」。這是一場失

第 8 章　公關行銷─提升個人品牌形象的錦囊妙計

敗的公關活動。

為什麼會這樣呢？

公關活動的核心在於真誠，但是這種真誠應該是從公眾的視角來衡量的。公眾認為，面對如此大的危機，一位企業的領導者應該提供的是一套切實可行的解決方案，而不是單純的情感表達。過度的情感表達反而顯得不真誠，尤其是在當前的社會氛圍中，公眾對商業機構的信任本就脆弱。因此，即使董事長的情感是真實的，如果未能符合公眾的心理預期，依然會被認為缺乏真誠。

誠然，一場成功的公關活動可能需要一些「誇張」或「放大」的技巧，但是這一切都不能偏離真誠這個核心原則。如果在公關活動中，行銷目標或經濟效益被擺在第一位，那麼無論你表現得多麼動情，都難以獲得公眾的認可。

真正的成功來自於超越個人利益的真誠付出。正如佛家所言：「有我是小我，無我是大我。」用真誠去對待公眾，才能贏得他們的心。

◆ 創意驅動公關

在當今社會，策劃出一場真正具有創意的公關活動變得越來越困難。我翻遍自己的社群媒體，想找到一個能夠脫穎而出的公關活動來分享，卻發現大多數活動都千篇一律，缺乏新意。為什麼現在的公關活動會這麼缺乏創意呢？

這與我們的成長環境密不可分。許多人在重視標準化和應試教育的體系中成長，習慣了按部就班的思維方式，這使得我們在創意方面存在一些天然的劣勢。雖然如此，一場成功的公關活動仍然需要具備有獨特

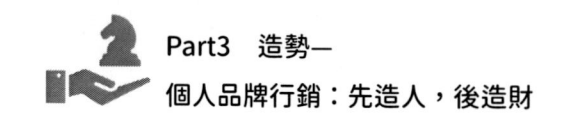

## Part3 造勢—
### 個人品牌行銷：先造人，後造財

性、個性化，並且能夠打動人心的創意，才能在眾多活動中脫穎而出，令人留下深刻的印象。

我們很難要求一個習慣於邏輯思維、擅長抽象概念的人，突然變成一個具象思維活躍、創意無限的人。創意有時確實是一種天賦，但是這並不意味著我們無法掌握一些創意的規律和方法。那麼，我們可以如何找到這些創意呢？

作為個人品牌塑造者，你可以多關注媒體界的活動策劃。傳媒界的人擅長創意，他們天生就是搞策劃、玩創意的高手。如果你希望策劃一場卓越的公關活動，不妨多觀察他們的工作方式，從中吸取經驗，學習模仿並創新。廣告公司和公關公司策劃的案例同樣值得留心，它們可以為你提供豐富的靈感和借鑑。

事實上，生活中大多數事情並不具備天然的戲劇性或吸引力，但是許多成功的個人品牌塑造者卻能夠將與自己相關的日常小事放大，並利用傳播媒體的資訊傳播功能，將其轉化為引人注目的事件，從而擴大影響力，提升品牌知名度，並塑造良好的品牌形象。

例如，一個小小的日常事件，對大多數人來說可能只是件無足輕重的小事。然而，有創意的品牌塑造者能夠巧妙地利用這個事件，透過聯絡相關機構或媒體，將這個普通的事情放大成為一個有趣且富有意義的公關活動，傳達出品牌的價值和形象。

《孫子兵法》裡有句話：「以正合，以奇勝」，意思是說致勝之道在於出奇制勝。公關活動中的創意就體現在這點上：設計那些他人未曾想到、甚至不敢嘗試的想法，或者選擇一條不同尋常的路徑，以獨特的視角在某個特定領域取得突破；亦或是以新穎的思考方式打破常規，敢於

第 8 章　公關行銷—提升個人品牌形象的錦囊妙計

挑戰常識，或者從他人忽略的冷門領域入手，將其變成一個引人注目的亮點。這就是一場上乘公關活動的創意所在。

總之，創意是公關活動成功的關鍵。透過不斷探索、學習和創新，即便是普通的個人品牌塑造者，也能策劃出一場令人印象深刻的公關活動，進一步推動品牌的發展。

## 8.3 如何在自媒體裡做新聞公關行銷？

如今，社群媒體平臺已經成為我們傳播個人品牌的主要途徑之一。許多個人品牌塑造者每天都會在社群媒體上分享自己的動態，有的甚至一天會發布好幾次。這種做法確實有助於提升個人品牌的曝光度，但是你有沒有認真思考過：你每天發布的內容中，有多少人會幫你按讚或留言？而這些讚和留言又是在什麼情況下出現的呢？

經過對社群媒體內容的觀察，我們可以將社群媒體上的發布內容大致分為兩類：一類是將社群媒體當作工作平臺的人，他們的所有發布內容都圍繞工作展開；另一類則是隨意分享，看到什麼有趣或新鮮的東西就隨手發上去，沒有太多的思考。

對於第二類人，我們可以理解為他們尚未有明確的個人品牌意識，沒有將社群媒體視作個人品牌的傳播工具。作為一個有意識的個人品牌塑造者，我們顯然不能隨意行事。

那麼，個人品牌塑造者應該如何進入正確的狀態呢？

所謂「思路決定出路」。當我們決定專注於塑造個人品牌形象，並希望藉此擴大事業版圖、提升個人影響力時，就應該充分利用社群媒體平臺，因為這些都是我們對外傳播個人品牌形象的重要管道。儘管這些平

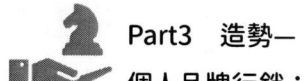

## Part3 造勢—
### 個人品牌行銷：先造人，後造財

臺表面上看起來是屬於我們私人的，我們可以隨心所欲地使用，但是事實上，它們是屬於公眾的媒體工具，是公開的。

舉個例子，當你在社群媒體上發布一條資訊時，這就像是在公共場合發言，每個人都可以看到你在做什麼、怎麼做、怎麼表達。你的每一個動作實際上都是公開的。因此，你需要認真對待每一篇發布的文字、圖片、影片，因為這些內容都是你個人形象的延伸和表現。你的閱聽人會透過這些資訊，在他們的心中對你形成一個整體印象。

了解了如何進入正確的狀態，接下來我們要談談如何發布內容。

據我觀察，我們在自媒體上釋出的內容大致可以分為以下兩個部分：

第一種：個人的活動資訊

第二種：轉發他人

圖　自媒體釋出的兩大內容

以上提到的兩個部分都屬於內容創造的範疇，這其實是內容行銷的一部分，那麼我們應該如何處理呢？

的確，我們每天的生活可能都差不多，但是如果我們只是把日常生

## 第 8 章　公關行銷—提升個人品牌形象的錦囊妙計

活中的事情簡單地堆砌在自媒體上，會產生什麼結果呢？很可能很快就會被人忽視甚至嘲笑。你的目標受眾會覺得你缺乏趣味性，每天都在做一些單調乏味的事情，這樣就很難吸引他們的注意。因此，我們的個人新聞內容非常重要，這直接影響到我們內容行銷的一半成效。所以，發布在自媒體上的新聞必須具有吸引眼球的價值。

那麼，個人品牌塑造者應該如何在自媒體上做個人新聞行銷呢？以下三個步驟值得參考和借鑑：

### 符合品牌策略定位

在揭示新聞行銷的核心技巧之前，先來檢查一下你的個人品牌策略是否已經清晰明確？這是一個常談的問題，但是由於其重要性，我必須再次強調：這是新聞行銷的前提。如果我們沒有確立個人品牌的價值定位，不清楚目標受眾和自己的核心價值、自然形象價值、社會形象價值、行為形象價值標籤以及倫理形象標籤，那麼新聞行銷就無從談起。因為沒有策略指導的新聞就像是沒有靈魂的內容，雜亂無章，甚至可能適得其反。因此，明智的品牌塑造者都會非常重視每一條新聞的發布，確保其與品牌定位保持一致。

因此，在做新聞行銷之前，一定要先確認自己想表達什麼。做好這個步驟後，接下來我們就可以進入新聞行銷的關鍵步驟了。

### 最關鍵的步驟：抓住新聞眼

在做新聞行銷時，最關鍵的步驟就是抓住「新聞眼」。新聞的核心就在於它的新意。如果你的內容缺乏新意，觀眾就不會有興趣去看，更別說關注了。因此，新聞行銷的關鍵在於能否成功捕捉到「新聞眼」。

那麼，什麼是「新聞眼」呢？「眼」的解釋是：事物的關鍵所在、文

## Part3 造勢—
### 個人品牌行銷：先造人，後造財

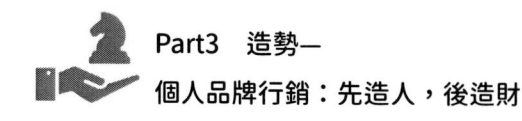

章的精要處。所以,「新聞眼」指的就是新聞中最具吸引力、最能抓住人眼球的部分。它可以是一個片語、一句話、一段短片、甚至是一個標題。如今流行的「記者標題」、「標題黨」,實際上就是依靠「新聞眼」來吸引關注。「眼」就像一根魔杖,能夠在看似平凡的資訊中躍出閃光點,讓這則新聞變得不尋常,甚至具有深遠的影響力。

那麼,我們該如何找到「新聞眼」呢?

雖然捕捉「新聞眼」與一個人的創新思維密不可分,具備豐富創意、發散性思維的人通常更容易找到「新聞眼」。但是這也需要建立在日常的經驗和知識累積之上。簡單來說,「新聞眼」的本質就在於如何在平凡的事情中發現不平凡之處。

符合品牌戰略定位 → 抓新聞眼 → 新聞推送的時間

個人品牌塑造者在社群媒體上做
新聞公關行銷的三大技巧

圖　新聞公關行銷的三大步驟

說到這裡,我不禁想起一位哲學家曾經說過的一句話:「世界上沒有完全相同的兩片樹葉,人不能兩次跨進一條河流。」時間是流逝的,即使表面看起來一樣的事情,其實內在的內容和意義也可能有所不同。因此,雖然我們每天所做的工作可能看似雷同,但是關鍵在於我們以什麼樣的角度去看待它。只要我們細心體察、認真觀察,終究還是能夠發現其中的不尋常之處。

第 8 章　公關行銷─提升個人品牌形象的錦囊妙計

本節主要討論的是新聞行銷，探討如何從新聞傳播的角度找到「新聞眼」。不過，我所講的新聞行銷與傳統新聞記者所報導的新聞有所不同，因為在個人品牌塑造中，我們是將新聞作為行銷自己的一種手段。

**新聞推送的時間**

關於新聞推送的時間，我要提醒大家的是，這一點和傳統新聞的傳播方式有些不同。傳統的新聞工作非常強調時效性，一定要搶在別人之前把新聞推出去，因為「新」是他們的核心價值，如果錯過了這個「新」，新聞就失去了競爭力和價值。

但是個人品牌的新聞行銷則不同。沒有人會跟我們搶個人品牌的新聞，這些新聞都是我們自己的事。你今天發布一條說自己參加了什麼活動，和你明天再發，實際上差別不大，除非這個活動和某個節日密切相關。通常來說，個人品牌的新聞推送時間沒有嚴格的及時性要求，所以我們在釋出新聞時，更應該關注的是我們的素材是否準備充分。個人品牌的新聞推送強調的是「內容為王」，時效性反而是次要的。這正是個人品牌新聞和社會公共新聞的一個重要區別。

## 8.4 面對非議指責，如何應對？

當個人品牌塑造者在傳播自己的品牌時，難免會遇到各種對產品或服務的指責，甚至是對你個人能力的蔑視或人格的侮辱。

如果批評僅僅是針對產品或服務的問題，我們相對容易接受並且改進。但是當批評夾雜著個人情緒，並且上升到對你的能力的貶低或人格的攻擊時，大多數人很難保持冷靜，這時候就容易出現激烈的對罵甚至情緒失控的情況。

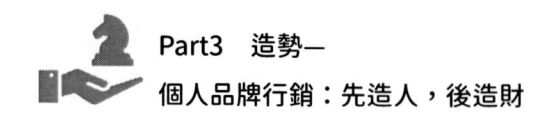

## Part3 造勢—
### 個人品牌行銷：先造人，後造財

因此，如何面對非議與指責是我們需要仔細探討的問題。以下四個要點可以幫助你有效應對這些挑戰：

- 檢查自己是否具備接受指責和非議的胸襟
- 理性分析，查詢每條不良評價的起因
- 及時回饋，拖延只會讓你遭受更大的損失
- 給予用戶意外驚喜，化不利評價為有利傳播

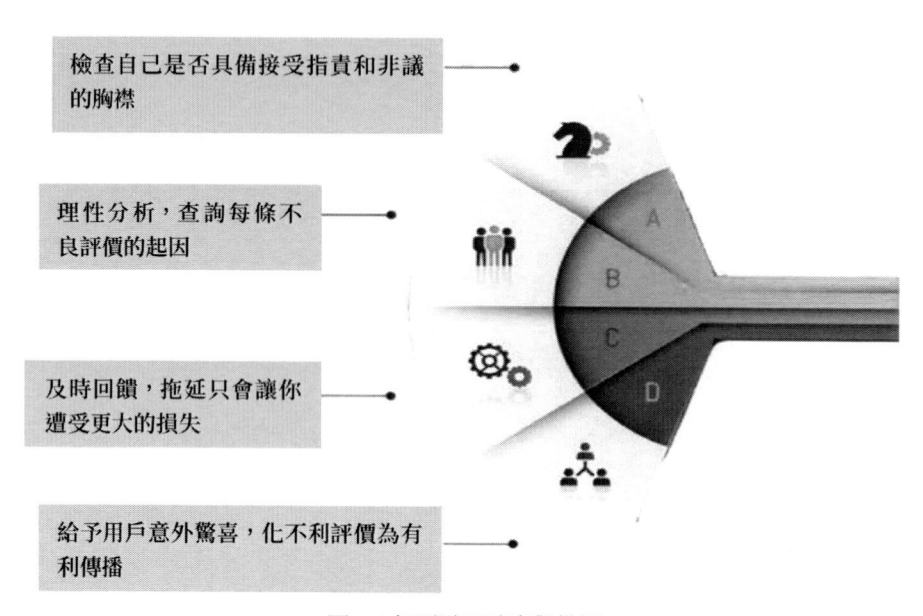

圖 4個要點正確應對批評

**檢查自己是否具有接受批評非議的胸襟**

在開始建立個人品牌時，個人品牌塑造者首先應該問自己一個問題：將來是否能夠勇於面對各種批評與指責，是否能夠承受得了這些壓力？你有沒有足夠的包容心和氣度來消解這些不恰當的批評帶來的負面情緒？如果你覺得不能承受這些，這會嚴重影響你的生活，那你需要認真考慮自己是否適合走上個人品牌這條路。

在網路時代，沒有人能完全避免被指責或批評。如果你是一個理想主義者，期待永遠只面對鮮花與掌聲，那麼你可能需要重新考慮自己的目標，也許平凡的生活會讓你更加舒適。

## 第 8 章　公關行銷—提升個人品牌形象的錦囊妙計

**理性分析，查詢每條不良評價的起因**

如果你已經做好了準備迎接可能的風雨，那麼當真正的風暴來臨時，首要的任務就是冷靜分析，找出問題的根源，探究事情的來龍去脈。所有的批評都不會是完全無端的，即使聽起來過於情緒化，也往往包含一些值得反思的點。

以我的經歷為例。在我開設的某個線上課程中，大部分評價都是正面的，但是偶爾也會收到一些非常負面的回饋。比如，有一位使用者曾經留下這樣的評價：「不要買！這內容毫無價值，只是在推銷後續課程，根本沒有實用知識，完全浪費時間！」

初次看到這樣的評價時，我感到非常委屈和沮喪。畢竟，我投入了不少心血在這門課程上，而且多年的經歷讓我不太習慣受到如此尖銳的批評。但是當我冷靜下來，再次仔細閱讀這條評價時，我發現其中的確指出了一些問題。比如，「毫無實用知識」可能反映了課程內容不夠貼合部分使用者的需求；「推銷後續課程」的批評可能是因為課程中插入了太多的推廣資訊，讓人感到厭煩。

透過這些回饋，我意識到自己在設計課程時的不足，比如對新興市場的理解不夠深入、課程結構安排不夠合理等。這些問題在經過反思和調整後，得到了較好的改善，後續的評價也逐漸變得正面。

因此，理性地分析和查詢原因，是面對批評和指責時最重要的步驟。只有透過深入的反思，你才能從中學習並改進，讓你的個人品牌更加穩固和成功。

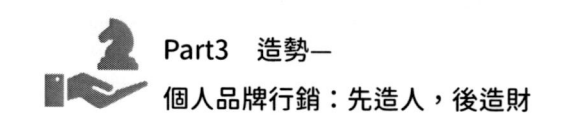

**Part3　造勢—**
**個人品牌行銷：先造人，後造財**

### 及時回饋，拖延只會讓你遭受更大的損失

在網路時代，資訊傳播速度極快，尤其是壞消息可以在極短的時間內傳遍四方。因此，第一時間消除不良評價的負面影響至關重要。在危機公關中，及時處理的原則非常重要，對待不良評價時也應遵循這個原則。

比如，某品牌手機發生過爆炸事故，相關新聞一度占據媒體頭條。該企業未能及時採取公關措施，導致負面評價在網路上迅速蔓延，對其多年來積累的品牌信譽造成了巨大打擊。相反，一家反應迅速的公司在面對類似問題時，立即回應，並承諾徹查原因，隨後迅速處理虛假謠言，並在24小時內公布爆炸原因與解決方案，將負面影響降到最低。正因為其及時回應，這次危機得到了圓滿解決。因此，及時回饋是應對不良評價的關鍵。

### 給予使用者意外驚喜，化不利評價為有利宣傳

僅僅理解並消解使用者的負面情緒還不夠，要進一步將這次與使用者的互動轉化為提升品牌形象的機會。公關行銷的本質在於透過行動來改善公眾關係，因此，應該藉此機會超越使用者的期望，讓他們感受到意外的驚喜。

滿意度是使用者對服務的感知效果與其預期的比值。當感知效果超過預期時，滿意度才會提升，而只有高度滿意的使用者才會成為忠誠的粉絲。當使用者對你的品牌有不滿時，如果你能給予他們意外的驚喜，不僅可以化解負面情緒，還能轉化為正面的宣傳機會。

同樣地，當面對粉絲的不良評價時，為他們創造意外的驚喜，讓他們感受到你對他們的重視，再適時將這些資訊傳播出去，就能達到化危為機的效果。這才是個人品牌塑造者應該深入研究和運用的技巧。

## 第 9 章　話題行銷 ——
## 只有造勢借勢，才可先聲奪人

### 【導言】

在當今網路飛速發展的時代，資訊傳播達到了前所未有的高峰，各種新聞資訊層出不窮，無論是資訊量還是重新整理的速度，都讓人目不暇接。在這樣的資訊大爆炸時代，個人品牌塑造者若想脫穎而出，迅速吸引公眾的關注，應該怎麼做呢？

答案很簡單，就是做話題行銷。然而，與娛樂明星不同，個人品牌塑造者無法依靠緋聞話題或博取眼球的方式來行銷自己，也不存在「一舉成名」的可能性。那麼，個人品牌塑造者該如何吸引大眾的目光呢？

對於個人品牌塑造者而言，如果想要快速建立知名度，傳統思維可能會讓大家首先想到廣告宣傳。然而，廣告在品牌推廣中的重要性真的如想像中那麼高嗎？

2015 年，一家美國諮詢公司出於好奇，調查了最近 10 年內市場上比較成功的 50 個新興品牌，結果顯示：僅有 18% 的人是透過廣告了解到這些品牌的，82% 的人則是透過朋友間的交流、網友的分享、話題討論等方式獲得資訊的。

這足以說明，在如今的網際網路時代，話題行銷對個人品牌的建立至關重要。那麼，什麼是話題行銷呢？

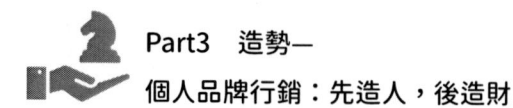

## Part3 造勢—
### 個人品牌行銷：先造人，後造財

話題行銷是藉助大眾的口碑和媒體的力量，透過策劃話題、培育話題、發動話題或借助現有話題來達到行銷效果的方式。其核心在於「我有話題，等你來發現、討論、擴散」，這可以被視為一種「勾引」大眾傳播的行銷策略。

作為社會的一部分，我們每天都在參與各種話題的討論。如果個人品牌塑造者能夠創造出符合自己定位且能夠激發大眾興趣的話題，將對個人品牌的推廣產生不可估量的影響。具體來說，個人品牌塑造者做話題行銷有兩大好處：

(1) 話題行銷能夠很好地激發大眾自主推廣的能力；
(2) 話題行銷成本低廉，卻往往能產生比廣告更大的推廣效果。

儘管話題行銷對個人品牌塑造者有如此多的好處，但是如果你認為隨便在社群媒體上發起一個話題就能達到良好的行銷效果，那你就錯了。成功的話題行銷需要精心策劃和戰略性的執行，才能真正達到理想的效果。

個人品牌話題行銷主要有以下兩種行銷方式：

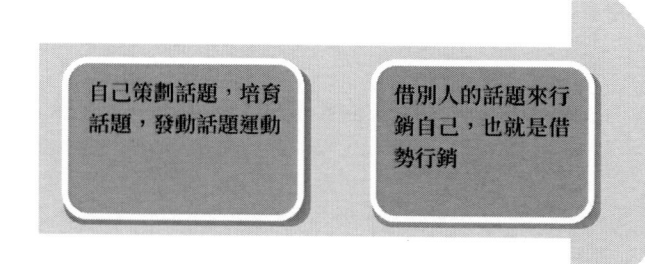

[自己策劃話題，培育話題，發動話題運動] [借別人的話題來行銷自己，也就是借勢行銷]

圖　個人品牌話題行銷的兩大方式

第9章　話題行銷—只有造勢借勢，才可先聲奪人

以上這兩種個人品牌的話題行銷方式，都需要個人品牌塑造者精心策劃。那麼，個人品牌塑造者到底該怎麼策劃話題呢？這就是本章的重點。

我真心希望，讀者在看完這本書後，能夠冷靜地反思一下，自己是不是已經乘上了造勢起飛、借勢發展的東風。精心造勢、精準借勢，才是個人品牌話題行銷致勝的關鍵。

## 9.1 如何策劃、培育、發動話題？—— 造勢行銷

自古以來，「時勢造英雄」這句話就說明了「勢」的重要性。「勢」這個字源自法家，它代表的是一種看不見形體但是能發揮強大作用的力量。我們可以簡單理解它為一種支持和推動的力量。比方說，在諸侯割據的戰亂時期，有人如果能夠建立一支隊伍並雄霸一方，那麼他就可能有機會問鼎天下；在太平盛世，如果有人能夠靜下心來讀書治學，那麼他就有機會治國安邦；在產業轉型的年代，如果有人勇於放棄公職投身商界，那麼他就可能賺取大量的財富。

要真正理解「勢」，不能只看表面，而是要從歷史中抽絲剝繭，提取出前人智慧。我把這些觀察記錄在這裡，是希望能更接近「勢」的本質，進而學會如何造勢、借勢，為個人品牌話題行銷找到正確的方向。

如果沒有話題的時候該怎麼辦？沒話題就要找話題！有條件要做，沒條件，創造條件也要做。這就是個人品牌話題的造勢行銷。

所謂話題的造勢行銷，就是指個人品牌塑造者透過策劃和創造有價值的話題，來吸引大眾的注意，並鼓勵他們自主地轉發、分享。任何想有所作為的個人品牌塑造者，一定要不斷創造話題，吸引眼球、引起關

Part3 造勢—
個人品牌行銷：先造人，後造財

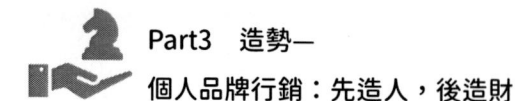

注，搶占話語權，成為意見領袖，從而達到個人品牌自動廣泛傳播的效果。

那麼，個人品牌塑造者該如何自己策劃、培育、發動話題，做造勢行銷呢？要做造勢行銷，個人品牌塑造者必須按照以下三個步驟來執行：

```
做好話題的選擇 → 做好話題的培育和發展 → 做好話題與品牌的連接
```

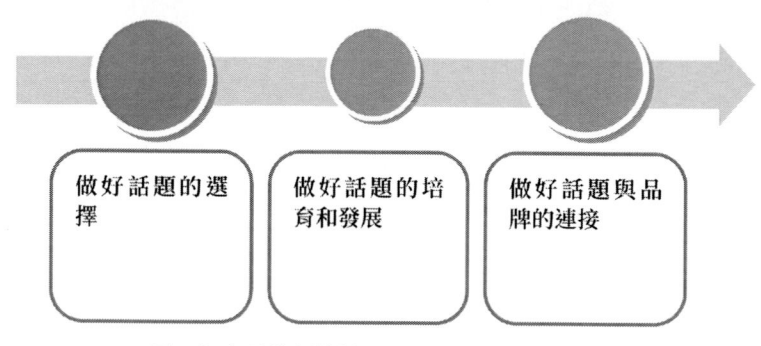

圖　個人品牌創造話題做造勢行銷的三大步驟

## ◆ 第一步：做好話題的選擇

選擇話題其實就像是在話題行銷中找到種子。就像春天播種一樣，要有好的種子，才能在後期收穫豐碩的果實或優質的蔬菜。那麼，什麼樣的話題才算是一個好話題呢？

個人品牌塑造者在選擇話題時，必須遵循以下兩個原則：

原則一：目標受眾感興趣的話題
原則二：新、奇、特、娛樂性強的話題

圖　選擇話題的兩大原則

第 9 章　話題行銷—只有造勢借勢，才可先聲奪人

### 目標使用者感興趣的話題

選擇的話題必須是你的目標受眾感興趣的，能引發大眾關注的。要做到這一點，你需要深入了解目標受眾的需求和喜好，知道他們對什麼話題感興趣。這點在前面章節裡已經有詳細說明過，如果還不夠清楚，可以回去重讀那些內容。

在這裡我要特別提醒的是：如果你想讓目標受眾對你的話題感興趣，那你最好自己也對這個話題有興趣。只有你真正投入，才能吸引他人的注意。

### 話題要新、奇、特、具娛樂性

選擇話題時一定要具備「新、奇、特」和娛樂性。比如，有一則話題是「逃犯為了看熱門電視劇而被抓」。這樣的事件不常見，因為它很新鮮、奇特，又讓人覺得有趣，所以能吸引很多人的目光。逃犯為了看劇而被抓，這件事讓人覺得好笑，所以這個話題成功地具備了新、奇、特和娛樂性，是個很好的種子。

再舉一個例子，某餐廳推出了一個話題「教你如何吃垮這間餐廳」。這個話題主要是講顧客如何在一次用餐中最大化自己的利益，這對於年輕人來說既有趣又實用，因此這個話題也具備了新、奇、特和娛樂性。

## ◆ 第二步：做好話題的培育和發展

所謂話題的培育和發展，簡單來說，即使你有了一個好話題，但如果沒有很好的「土壤」和「養分」，那這個話題還是無法獲得生命，得不到發展。所以，要想話題「茁壯成長」，我們就要給它「土壤」和「養分」。那麼，什麼才是一個好話題的「土壤」和「養分」呢？

# Part3 造勢—

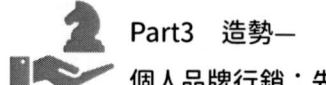

## 個人品牌行銷：先造人，後造財

話題的培育和發展

圖　話題的土壤和養分

「養分」=話題
「土壤」=人氣

## 「土壤」= 人氣

一個好話題要能夠生根發芽，關鍵在於它的「土壤」，這個「土壤」其實就是那些擁有大量粉絲的 KOL（Key Opinion Leaders，意見領袖）、自媒體、傳統媒體，簡單來說，就是那些擁有影響力的大咖願意幫你轉載、轉發，一起參與討論。現今的網路時代，這種狀態是個人品牌塑造者需要主動去策劃、引導出來的。別指望光是擁有一個好話題就能自然而然地被廣泛傳播，這種可能性是非常渺茫的。

大多數情況下，我們需要賦予這個話題一個「動力」，讓它能夠自己發展。這個動力是什麼呢？就是讓話題具備「病毒行銷」的特性，也就是說話題要有矛盾性。你可以透過一個 KOL 發表文章，稱這件事是一件好事；然後再透過另一個 KOL 發表文章，觀點正好相反，說這件事其實是不好的。一正一反，一唱一和，話題就得到了發展，開始有了生命力。所謂生命，就是在矛盾中前進。任何有生命力的事物都是在矛盾中成長的。所以，要讓話題有生命力，就必須讓它既有支持者，也有反對者。

第 9 章　話題行銷─只有造勢借勢，才可先聲奪人

很多人把這種操作稱為「話題炒作」，但是「炒作」這個詞往往帶有負面含義。我們不如稱它為「話題的培育與發展」。所以，想要那些擁有影響力的 KOL 幫你轉載轉發，就需要你精心策劃，甚至在早期階段可能還需要花點費用來引發別人的參與。這就像飛機起飛前的助跑，需要給予足夠的動力。

那麼，回到剛才的問題，什麼是話題行銷的「土壤」呢？話題行銷的「土壤」就是這些擁有影響力的 KOL 參與，就是擁有這些人氣，簡單來說，就是「人氣」。

「養分」＝話題

在網路時代，想要讓一個話題成為焦點，光有人氣還不夠，還需要有「養分」來滋養話題，使其持續發酵、引發更多人參與。那麼，這「養分」指的是什麼呢？它就是話題行銷中的分支話題。

也就是說，我們推出了一個主話題，但是要想讓這個主話題保持活力，就必須在主話題的基礎上設計出能讓不同人群參與的分支話題。這樣，話題才能持續發展、吸引更多的關注。

◆ 第三步：連結話題與品牌

我們做話題的目的就是為了推廣個人品牌，所以當話題行銷到一定階段時，記得一定要學會收尾。而這個收尾的重點，就是要讓話題回歸到你個人品牌的價值主張上來。這才是我們做這件事的真正目的，個人品牌塑造者不要只顧手段，忘了最初的出發點。

舉例來說，必勝客的價值主張是「歡樂」，如果透過這個話題讓大家感受到成就感和快樂，那就成功地體現了必勝客想要傳達的品牌價值。

**Part3 造勢—**
**個人品牌行銷：先造人，後造財**

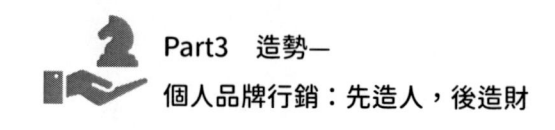

反過來說，必勝客推出的任何話題活動，都必須圍繞「歡樂」這個屬性，這就是品牌的核心基因。我們必須牢記，所有成功的話題行銷活動，最終都要讓人自然而然地聯想到品牌的價值主張，否則這個話題行銷就是失敗的。

總結來說，選對話題的種子，做好話題的內在動力培育，提供足夠的養分、空氣、水、土壤，最後將話題收束回品牌的核心價值主張上，這就是個人品牌塑造者在策劃品牌話題行銷時要注意的三大重點。

當然，創造一個成功的話題行銷，做到順勢而為，確實需要很扎實的基本功。它需要你選好話題、培育和發展話題、並做好話題的轉化，這些都不是一朝一夕就能輕易達成的。但是只要你有耐心，多留意身邊的人和事，還是能達到目標的。

## 9.2 如何才能蹭好熱度？── 借勢行銷

相信大家或多或少的都看過《三國演義》這部名著，它不僅是一部戰爭全書，更是一部智慧全書。其中，諸葛亮是智慧的代名詞，他那善「借」的智慧一直被人津津樂道，比如草船借箭、空城計，都是流傳至今的千古名段。

話題行銷也要善借，藉助、利用身邊的力量實現自己的目的。借勢是話題行銷的重要手段之一，藉助外界正熱門、擁有許多熱度的事件，形成傳播的勢能，如水銀瀉地般從高向低迅速傳播。

個人品牌的話題行銷為什麼要借勢呢？因為現實中，單靠自己創造話題其實相當不容易。這不僅需要你具備優秀的策劃能力，還需要在話題的培育和發展階段，有大量社會力量的參與。而要動員這些社會資源

### 第 9 章　話題行銷—只有造勢借勢，才可先聲奪人

來支持你創造的話題，讓話題成長、壯大，不僅要花費大量心力，還需要投入不少費用。對大部分個人品牌塑造者來說，這幾乎是不可能達成的目標。那這時該怎麼辦呢？

我們可以運用話題行銷的另一種方式──借勢話題行銷。通俗地說，就是「蹭熱度」的行銷模式，藉助熱門話題來進行推廣。比如，前陣子網路上熱議某部電視劇，大家都在追，幾乎形成了「萬人空巷」的現象。那麼，如果我們想要借這個熱度，又該注意哪些要點，才能真正借得好、蹭得巧呢？

個人品牌塑造者利用「蹭熱度」來進行話題行銷時，要注意以下 4 大要點：

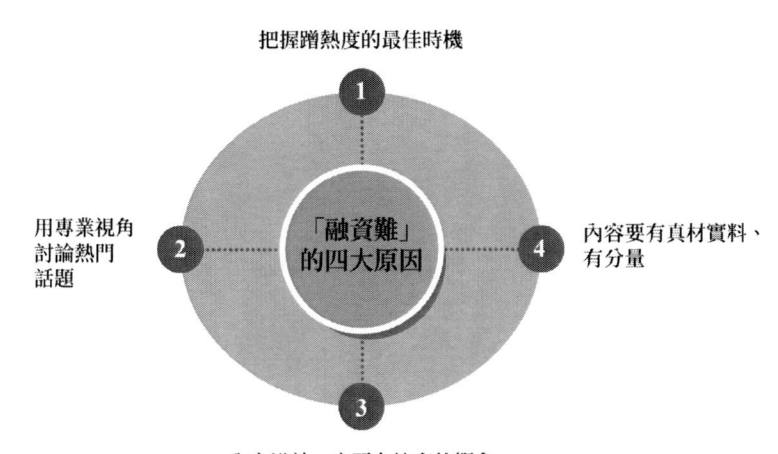

```
                  把握蹭熱度的最佳時機
                         1

  用專業視角                          內容要有真材實料、
  討論熱門      2  「融資難」  4      有分量
  話題            的四大原因

                         3
                  內容設計一定要有培育的概念
```
圖　蹭熱門話題行銷的 4 大要點

### ◆ 把握蹭熱度的最佳時機

熱門議題的介入時機是蹭熱度話題行銷的關鍵。因為一旦熱門議題已經成為無數 KOL 和個人熱議的話題，你的聲音就很可能會被淹沒在大

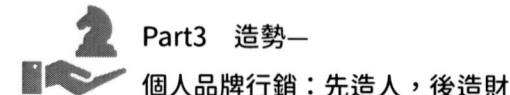

# Part3 造勢—
## 個人品牌行銷：先造人，後造財

量資訊中。所以，掌握熱門議題的時機至關重要。那麼，我們應該如何把握熱門議題的最佳時機呢？

這裡，我教大家一個行銷學中的理論來理解這個問題，這個理論就是「生命週期理論」。一般來說，大多數產品的生命週期都會經歷導入期、成長期、成熟期，最後進入衰退期。其中導入期和成長期通常需要比較長的時間，成熟期也相對穩定。

圖　品牌的生命週期

我們都希望企業在創新產品、開發新業務或新產品時，能夠在市場成長期時進入。然而，像話題這種屬於「熱潮產品」的東西，它的生命週期就不太一樣了。熱潮產品的導入期往往非常短，成長期更是迅速爆紅。這種產品的成長期很快能達到成熟期，然後迅速下滑。那為什麼熱潮產品的導入期這麼短呢？

因為熱潮產品的技術含量通常不是特別高，大家很容易理解、消化。這類產品之所以能迅速爆紅，主要是因為它符合了新穎、奇特、有趣等特點，也就是我們前面提到的好話題特徵。因為大家覺得有趣、好玩，所以很快就來關注，讓熱潮產品迅速竄紅。然而，一旦大家的好奇心被滿足了，熱潮產品的熱度就會迅速消退。因此，基於熱潮產品這種特殊的生命週期，我們選擇進場的時機就變得非常重要。那麼，一般來說，在哪個時機點進入最合適呢？

當然是在熱門話題剛冒頭的時候。等到大家都發現這是一個好話

第 9 章　話題行銷—只有造勢借勢，才可先聲奪人

題，開始大規模參與時，你的聲音就可能會被淹沒。所以，最好的時機是當熱門話題剛冒頭時，你敏銳地捕捉到這個機會，迅速切入。這樣當大家開始搜尋這個話題時，你的內容因為競爭少而更容易被看到、被推廣。事實上，蹭熱度考驗的正是你的分析能力以及對未來話題走勢的判斷力。就像之前曾經流行的某部電視劇，你感覺這部劇可能會爆紅，就應該立即丟出你的文章。

### ◆ 用專業視角討論熱門話題

話題行銷中，蹭熱度話題的第二個要點是：用你的專業視角來討論。

也就是說，當你借助熱門話題發布文章時，你的文章是從哪個角度切入的？如果只是隨波逐流、泛泛而談，那行銷的意義就不大。你必須結合自己的專業視角來深入探討，這樣才能將話題引向更深層次，讓它成為一個主話題的分支，進一步吸引目標讀者的注意。

我們還是以追劇為例。不同的品牌需要結合各自的品牌定位來解讀這個熱度話題。當這部劇爆紅時，很多相關話題將被廣泛轉發和討論。

若你的個人品牌是服飾賣家，那麼就從人物形象塑造的專業角度切入，撰寫文章，解讀穿衣風格如何影響劇中人物形象的塑造，由此讓讀者對形象設計有了更深入的理解，這正是蹭熱度的好文章。

因此，蹭熱度的第二個要點就是結合你的專業視角來討論，不要人云亦云、泛泛而談。

### ◆ 內容設計一定要有培育的概念

話題行銷中蹭熱度話題的第三個要點就是：內容設計一定要有培育的概念。

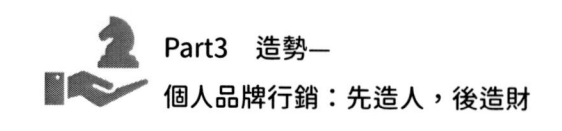

## Part3 造勢──
### 個人品牌行銷：先造人，後造財

所謂培育的概念，就是說你參與的話題行銷像是一棵樹上的一個分支、一個分叉，你需要從專業的角度來深入探討這個話題，並為其添磚加瓦，遵循話題發展的規律。

當一個話題剛出現時，它就像一顆種子，接下來需要陽光、氧氣、土壤去滋養它。你需要思考自己在這個過程中是扮演陽光還是氧氣的角色？這些都是你在參與這個話題時需要設計的。有時候，你可能需要扮演一個反向的角色。比如，透過你的視角、你提出的問題批評熱門連續劇，其實也是一種反向推動的力量。前面我也提到過，話題行銷要成為病毒行銷的關鍵在於，它需要一個矛盾點，就像兩隻手掌拍擊才能發出聲音一樣。所以，有時你扮演的反向角色，也能推動這個話題向前發展，當然這樣做也會帶來一定的風險。

**內容要真材實料、有分量**

在進行話題行銷、蹭熱度時，最重要的一點就是回歸到話題行銷的本質──內容行銷。無論我們如何「蹭」，我們的內容一定要有實用知識、有分量。

蹭熱度的目的無非是加速、借力，這一點大家一定要牢記。如果我們的內容品質不夠好，就像一位公主被困在一個粗俗的環境中，她終究會想辦法逃離，因為她與這個環境格格不入。話題的讀者是網友，而網路的核心精神就是自由，網友可以自由選擇他們想閱讀的內容。如果我們要蹭熱度，「蹭」的就是一個起跑點，就像火車啟動時，我們要在第一時間跳上去。然而，如果我們的內容不夠強，終究還是會被這列火車甩下來。

話題行銷的蹭熱度就像一把鋒利的劍，劍鋒所指，所向披靡。但是如何揮舞這把劍，則是個人品牌塑造者需要深思的問題。甚至在舞動這

第 9 章　話題行銷—只有造勢借勢，才可先聲奪人

把劍時，反而有可能傷到自己。因此，話題行銷的蹭熱度就像一朵玫瑰，在欣賞它的美麗時，也要小心它的刺。本章旨在為個人品牌塑造者撥開話題行銷操作中的迷霧，為他們達成成功的話題行銷指引方向。

## 9.3 人人渴望的、不花錢的傳播法 —— 病毒行銷

在網路時代，雖然自媒體平臺越來越多，但是傳播的成本卻越來越高，傳播的管道也變得更難掌控。過去那種由少數幾個主流媒體掌握的時代已經過去，如今人們比以往更渴望找到一種不花錢或花很少錢就能自動傳播的方法，因此，病毒行銷成為了當下熱門的話題。那什麼是病毒行銷，又該如何策劃病毒行銷呢？

在進入具體技巧之前，我想先分享一個關於和尚應徵的小廣告，來幫助大家了解其中的運作機制。

去年，我在一個社群平臺上看到一則話題，標題是《海法寺徵求和尚》。資訊中說，某地的海法寺正在徵求和尚，月薪 9 萬，包食宿，工作內容包括上門做法事，按時數計酬，做滿三年後月薪可達 15 萬，升到住持後月薪甚至可以達到 40 萬元。除此之外，還特別提到「應徵者需擁有大學學歷，碩士優先，來自頂尖大學者優先」。

當我看到這則資訊時，忍不住笑了，因為這是我每隔一段時間就會在社群平臺上看到的資訊。我早就知道這則資訊是假的，因為根本不存在所謂的「海法寺」。

雖然這則資訊是假的，但是為什麼這個小廣告卻像病毒一樣，不斷在社群平臺上流傳，並且擁有如此強的生命力呢？

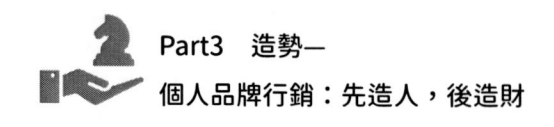

Part3 造勢—
個人品牌行銷：先造人，後造財

### ◆ 病毒話題設計的兩大原則

我們來仔細分析一下這則病毒式傳播小廣告的原理。事實上，任何病毒行銷法的運用都要遵循以下兩大原則。

符合公眾的認知邏輯 → 跳出公眾的習慣認知，形成矛盾衝突

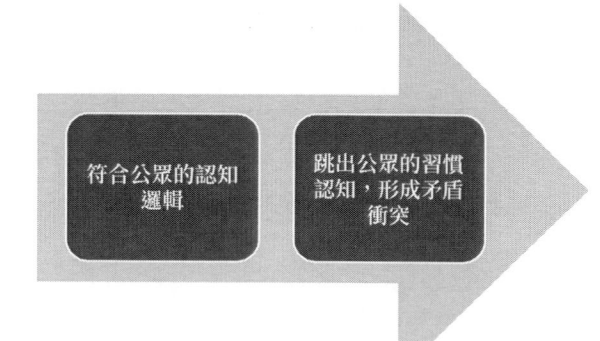

圖　讓自己的廣告、資訊、話題像病毒一樣自主傳播的兩大原則

**符合公眾的認知邏輯**

從市場對和尚需求的邏輯來看，寺廟向社會廣招人才的確是有其內在市場邏輯的。現今民眾對於寺廟服務的需求正在逐漸增長，因為有許多有利的因素促進了寺廟服務業的發展，例如老齡化社會的來臨。此外，人們也逐漸了解到寺廟在現代社會中的角色已經不再僅限於宗教場所，像是某些知名寺廟也在積極地參與商業運作。因此，這則廣告中的應徵資訊顯得更具可信度。

更進一步來看，這則廣告在設計應徵條件時，也非常符合邏輯。寺廟若是資源充裕，自然也會吸引到更優秀的人才，因此選擇「頂尖大學」畢業生作為優先考量對象也合乎情理。此外，和尚這份職業畢竟不同於一般的工作，因此，提供較高的薪酬也是合理的安排。這些都顯示出這則廣告的設計符合公眾的正向認知邏輯。

# 第 9 章　話題行銷—只有造勢借勢，才可先聲奪人

## 跳脫公眾的習慣認知，形成矛盾衝突

然而，如果一則資訊僅僅符合正向邏輯，它很難成為「病毒式」傳播的媒介。這則資訊之所以能成為病毒行銷的載體，還有另一個原因：它跳脫了公眾的習慣認知，並形成了矛盾與衝突。一個事物如果同時具備正面與反面的特質，它就能產生內在的張力，這種矛盾性賦予了它強大的生命力和傳播力，也正是自動傳播的動力來源。

那麼，這則資訊的不合邏輯之處又在哪裡呢？它的不合邏輯體現在它所傳達的價值觀上。我們大多數人都認為佛教的核心價值觀是「萬物皆空」，意即佛教的教義是引導我們脫離世俗的。然而，這則廣告卻顛覆了我們的認知，因為它最大的特點就是「入俗」，這與佛教千百年來在我們心中形成的價值觀正好相反。因此，當我們看到這則廣告時，自然會感到驚訝，因為它激發了我們強烈的好奇心。

總結來說，這則資訊的病毒行銷成功之處在於它巧妙地結合了兩種相反的價值觀，並在其中製造了內在的衝突，從而帶來了強大的傳播力。

因此，當我們在設計一則廣告、資訊或話題時，首先要確保它符合公眾的認知邏輯，讓人感到可信，避免讓人一看就覺得不切實際。其次，在具體設計時，又要跳脫公眾的習慣認知，製造矛盾與衝突。這樣才能增加資訊自動傳播的可能性，這也是病毒話題設計的兩大核心原則。

## ◆ 病毒行銷策劃需要注意什麼？

前陣子，我在 YouTube 上看到一個故事。一位名叫凱倫的 26 歲女孩上傳了一支影片，影片中她簡單介紹了自己和她的寶寶奧古斯特。影片內容如下：

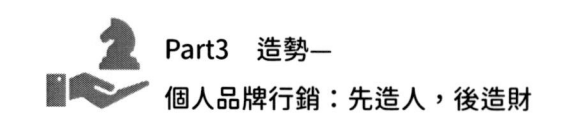

## Part3　造勢—
### 個人品牌行銷：先造人，後造財

「嗨，我是凱倫，來自丹麥，這是我的寶寶奧古斯特。我錄製這個影片，是想尋找奧古斯特的爸爸。

一年半前，奧古斯特的爸爸來丹麥度假，我們在一家酒吧相遇。當時他和朋友走散了，我們便決定一起去海邊喝一杯。我們聊了很多，從丹麥人追求的溫馨舒適文化，到許多生活中的點滴。但是即便如此，我依然不知道他來自哪裡，甚至不知道他的名字。你人很好，我想向你證明什麼是丹麥人的溫馨……我知道這是一個不太可能成功的嘗試，但是如果你看到這個影片，或是有任何人能幫助我找到他，請聯繫我。影片下方有我的電子郵件，請寫信給我。」

這個故事大致是說，凱倫和一位不知來歷的年輕人相遇後，生下了奧古斯特。如今，凱倫希望透過這支影片幫孩子找到他的爸爸。她希望網友們能伸出援手，幫忙轉發影片。

看到這個影片，你會怎麼做呢？你是否會像我們常在社群平臺上看到的那些尋人啟事一樣，心生憐憫，願意幫忙轉發？這樣的情境很容易激發人們的善意，而病毒行銷的機制也由此展開。

那麼，為什麼我要稱這個故事為「病毒行銷」而不是一般的資訊傳播呢？

因為這個故事其實是假的，影片中的凱倫和孩子都是演員。這是丹麥觀光局為了提高丹麥旅遊品牌影響力而精心策劃的劇本。但是這個影片效果極佳。在短短幾天內，吸引了百萬人次觀看，《瑞典晚報》、《政治報》等媒體在醒目位置報導此事。一週後，來自 216 個國家的 466 個網站報導了這則消息，累計點擊量達 25 億次，Google 搜尋次數更高達 8.3 萬次。這就是一次成功的病毒行銷，一個精心策劃的網路行銷活動。

## 第 9 章　話題行銷—只有造勢借勢，才可先聲奪人

　　當這個資訊被揭露為丹麥觀光局的策劃後，雖然影片遭到撤銷，但是其影響力並未因此消失。人們的好奇心仍然被激發，繼續搜尋和討論這件事。而最終受益最大的，是扮演凱倫的女演員，她從一個默默無聞的小演員瞬間爆紅。

　　我之所以分享這個案例，是希望大家能從中獲得一些實際操作上的啟發。

　　首先，我們可以確認，在社群媒體時代，每個人都是 IP。只要運用得當，我們都有可能在一夜之間成為網路紅人。因此，善用網路的優勢，學會管理自己的 IP，變得尤為重要。

　　其次，這個案例能夠成為病毒行銷的成功範例，主要有兩個原因：第一，故事本身十分奇特。凱倫因一夜情生下孩子，卻不知道孩子父親的來歷，這樣的情節本身就充滿戲劇性，讓人感到新奇有趣；第二，它激發了人們的同情心。為孩子找爸爸這樣的故事，觸動了人們心中最柔軟的部分，這是這個故事得以廣泛傳播的核心。

　　在這裡，我想強調的是：一個帶有強烈情緒和道德色彩的故事，往往最容易引發傳播。因為在這種轉發行為中，傳播者也得到了心理上的回報，這種回報就是自我道德暗示——「我是一個樂於助人的人。」這也是為什麼尋人啟事這類資訊特別容易成為病毒行銷的原因之一。

　　然而，這個案例也有一個明顯的缺陷，那就是它損害了倫理形象。我們在品牌形象塑造時強調，品牌形象是一個綜合系統，涵蓋自然形象、社會形象、行為形象和倫理形象。這個策劃的問題在於，它存在欺騙成分。一旦人們發現這是假的，品牌的信任度就會受損，而信任正是品牌資產的基石。一旦這個基石動搖，品牌的價值也會因此大打折扣。

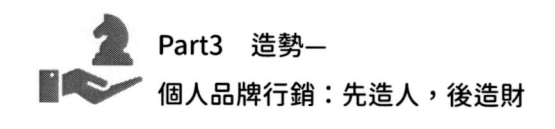

**Part3 造勢—**
**個人品牌行銷：先造人，後造財**

　　所以，一項成功的策劃往往需要在自我價值信念和現實效果之間取得平衡。我們需要仔細評估，負面影響是否在可控範圍內，是否值得承擔這樣的風險。

　　總結來說，如果你希望讓你的廣告、資訊或話題像病毒一樣自動傳播，那麼請仔細閱讀本節的內容，並善加應用。

# Part4　融勢 —— 個人品牌管理：
## 在溝通與相處中，讓你的身價翻倍

Part4　融勢—
個人品牌管理：在溝通與相處中，讓你的身價翻倍

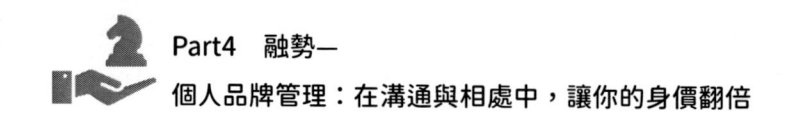

# 第 10 章　個人品牌化下的人際關係與溝通技巧？

【導言】

個人品牌建立是一個系統性過程，在本書的前三部分，我們已經深入探討了系統的前三個階段──樹立個人品牌理念、確立個人品牌定位，以及個人品牌行銷策略。從這個部分開始，我們將進入個人品牌建立系統的最後一環──個人品牌管理。

個人品牌管理與前面三部分的關係，可以比喻成設計圖與施工計畫的關係。我們需要依據設計圖施工，也就是說，這兩者之間是策略與執行的關係。前面三部分的內容涵蓋了從策略到具體方案的制定，而個人品牌管理則是在具體行動中如何貫徹執行這些策略定位和行銷方案。

那麼，什麼是個人品牌管理呢？在探討個人品牌管理的真正概念之前，我們有必要先理解什麼是「管理」？儘管「管理」這個詞在日常生活和工作中經常出現，已經成為大家耳熟能詳的詞彙，但是究竟什麼才是「管理」呢？

## ◆ 管理的「十字方針」

所謂管理，包括以下 10 個字：

## 第 10 章　個人品牌化下的人際關係與溝通技巧？

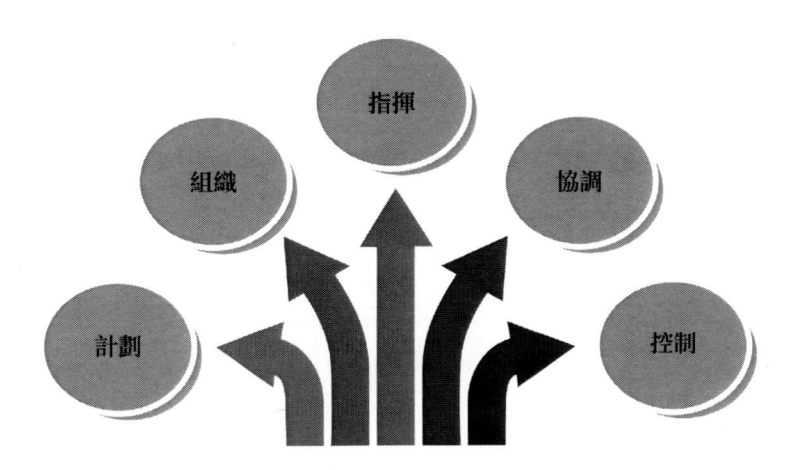

圖　管理的十字方針

透過上圖，我們可以看到管理「十字方針」中的第一個詞是「計劃」。那麼，什麼是計劃呢？計劃其實就是建立目標，然後把方案具體落實到「誰、什麼時候、什麼地點、如何執行、如何控制，以及需要多少資源」，也就是所謂的「5W2H」的過程。

在前面的三個部分，我們已經制定了策略，接下來的重點就是把這些策略轉化為具體行動，而這個轉化過程就是計劃的制定。有了計劃，整個團隊才能朝著共同的目標、以一致的步調前進，因此，計劃是管理的第一步。

在這裡，我還是要再三強調：我們在企業裡做方案時，一定要了解方案具有兩層意義：第一層方案指的是你的意圖、策略和模式，第二層方案則是指將這些意圖、策略具體落實到計劃。如果一個方案沒有落實到計劃中，那麼這個方案在後續的管理執行中一定會出現問題。

舉個例子，如果我們今晚要舉辦一場晚會，雖然有了大致的構想和策略，但是如果沒有具體落實到「5W2H」，那麼這場晚會最後可能會變

215

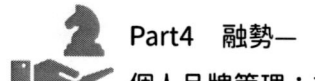

# Part4 融勢—
## 個人品牌管理：在溝通與相處中，讓你的身價翻倍

得混亂不堪。因此，計劃是管理的基礎，是極為重要的第一步。而計劃的制定必須以策略方案為基礎，因此前面三部分的內容，實際上是在討論方案，包括策略方案和具體方案。而到了這一章，我們則要考慮如何執行這些方案，因此，必須將方案轉化為具體計劃，這是個人品牌管理的基礎。

有了計劃後，第二個步驟就是依據計劃配置人員的組織和資源。這意味著要讓這個方案在人與事之間得到有效融合，使資源按照統一的目標分配。

組織完成後，接下來就需要推進這些工作，這時就需要在過程中指揮、協調和控制。在這個過程中，會有很多人參與，大家不一定能夠完全理解你的方案，或者不一定能夠嚴格按照計劃執行，或者可能因為各種原因導致計劃的偏差，因此，過程中的指揮、協調與控制就顯得尤為重要。

## ◆ 個人品牌管理與公司品牌、產品品牌管理的差異

管理是圍繞著「計劃、組織、指揮、協調、控制」這十個字的方針來展開的，而個人品牌的管理也將遵循這十字方針來設計具體的內容。

在了解了個人品牌的管理後，接下來我們要探討的是，個人品牌管理與公司品牌和產品品牌有什麼不同之處？

對於公司品牌和產品品牌，大家都比較熟悉。在競爭激烈的環境中，我們經常能看到各式各樣的公司品牌和產品品牌，它們是如何被管理的，我們大多略知一二。然而，在個人品牌管理方面，目前討論還相當少，幾乎處於空白階段。因此，當我在研究這個專題時，就需要考慮

## 第 10 章　個人品牌化下的人際關係與溝通技巧？

個人品牌管理到底是什麼。我認為，個人品牌應該從與公司品牌、產品品牌的比較中找到它的差異。透過比較公司品牌、產品品牌與個人品牌，我們會發現，個人品牌與公司品牌、產品品牌有以下兩大差異：

> 組織上的差異，個人品牌創建涉及的關係面、參與者會比較少。

> 個人品牌主要是做自我管理，圍繞著人際關係、溝通管理的角度來展開。

圖　個人品牌管理與公司品牌、產品品牌管理的差異

在組織上，個人品牌與公司品牌、產品品牌有著顯著的差異。公司品牌和產品品牌的建設往往涉及到許多人與事的協調，從股東、供應商到內部員工和各種行銷仲介，甚至社群和媒體都需要參與其中。這樣的組織管理相對複雜，要求多方合作才能確保品牌形象的一致性和有效性。如果這些參與者沒有理解品牌，或者步調不一致，最終呈現給公眾的將是一個形象混亂的品牌，難以累積品牌資產。因此，公司品牌和產品品牌的管理要求相當高，複雜度也相對較大。

相比之下，個人品牌的管理在這方面則相對簡單。大部分個人品牌塑造者在品牌建立階段，多數是以個人的力量在推動這個品牌。除了某些臨時性的專業支援需要協助外，品牌的推廣往往依賴於個人的努力與

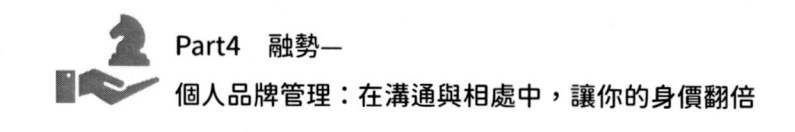

## Part4 融勢—
### 個人品牌管理：在溝通與相處中，讓你的身價翻倍

堅持。例如，一些知名自媒體的成功，最初都起步於創始人每天持續不懈的努力，逐漸積累知名度。因此，相較於公司品牌和產品品牌，個人品牌在建立期涉及的關係和參與者相對較少，管理的複雜度也低得多。

既然如此，個人品牌在建立階段，核心工作就是做好自我管理。你需要在目標閱聽人面前建立一致的形象，將你設計的自我標籤植入他們的心中，而這就需要強大的自我管理能力。在這個階段，比拼的不是你的才華，而是你的耐力和自我約束能力。

在個人品牌化的過程中，為了表達你想要樹立的形象，你需要放棄、終止所有與這個形象不符的言行，這可能會讓你感到不自由，甚至痛苦。但是這正是個人品牌管理的核心 —— 自我管理。這種管理能力不僅僅是對自己的要求，更是在與他人互動中的自我管理，目的是獲得他們的認同。你需要在與粉絲、同事、家人等各種利益相關者的互動中，維持統一的品牌形象，這就是認同式的自我管理。

個人品牌的自我管理，強調與他人的關係管理，這與公司品牌和產品品牌的傳播側重點有所不同。現代行銷學的理念已經轉向了關係的管理，而不僅僅是價值的創造。正如科特勒在 2013 年提出的市場行銷學概念中所強調的：「市場行銷不僅是創造價值來滿足顧客，更重要的是建立顧客滿意度和培育良好的客戶關係。」因此，個人品牌管理的核心內容也是圍繞著關係管理展開的。

基於此，我們將個人品牌建立期的管理定位於有效的認同自我管理，並透過與閱聽人的良好關係管理來達成這個目標。從這個角度來學習和思考，你會發現新的視角和收穫。

在本章中，我們將探討如何運用有效的溝通管理技巧來改善與目標

第 10 章　個人品牌化下的人際關係與溝通技巧？

閱聽人的關係，並獲得他們的認同。我們將涵蓋以下幾個問題：

1. 如何進行自我概念管理？

2. 如何進行接觸點管理？

3. 如何用理性的情緒與人溝通？

4. 如何進行語言管理？

希望透過這些討論，能幫助你更好地掌握個人品牌管理的精髓。

## 10.1 自我概念管理：如何形成客觀的自我認識和評價？

### ◆ 自我概念的探索

在個人品牌建立的過程中，獲得認同其實就是一個不斷探索和管理自我概念的過程。從「現在的你」邁向「未來的你」，這需要不斷的努力和自我修正。當我們在這條路上遇到懷疑和迷茫時，社會學中的自我概念管理可以為我們提供有用的指導。

我們的生活中經常會遇到這樣的情景：

當你去朋友家做客，看到朋友的孩子皮膚白皙、非常可愛時，你可能會忍不住摸摸孩子的小腦袋，輕輕地說：「哇！你好漂亮，皮膚真白……」這樣的稱讚可能會讓孩子感到開心，媽媽也會因此感到自豪。但是你有沒有想過，如果這樣的話經常出現在孩子和媽媽的耳邊，會在她們的腦海中形成怎樣的概念？

我就曾經遇到過這樣的場景：

有一次，我參加了一個健康訓練營，當天下午大家一起去爬山。我

## Part4　融勢―

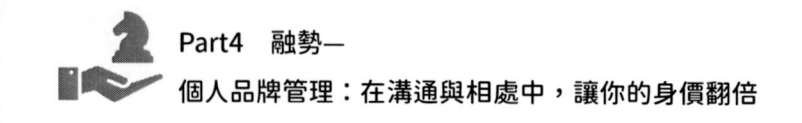

### 個人品牌管理：在溝通與相處中，讓你的身價翻倍

聽到營友對她的女兒說：「下午和媽媽一起去爬山好嗎？」小女孩立刻拒絕了媽媽。媽媽問她為什麼，她說：「爬山會晒太陽，晒太陽我就會變黑，就不漂亮了。」

你看，在這個小女孩的心中，「白皙」和「漂亮」已經劃上等號。她認為白皙就是漂亮，而晒太陽可能會讓她變黑，因此影響她的「漂亮」，所以她拒絕爬山。在這個小女孩的心中，她對自己的「漂亮」有著非常強烈的認知，這就是她的自我概念。

自我概念，其實就是一個人對自我的認識和評價。我們每個人在長期的生活中都會形成對自我的一種判斷。比如，在性格上，你會覺得自己是活潑開朗，還是內向寡言？在外貌上，你會認為自己是漂亮的還是普通的？在身材上，你會覺得自己是偏瘦的還是有點胖？這些關於自我在外貌、性格、能力等方面的認識，構成了我們的自我概念。

每個人的自我概念都是非常豐富的。如果你不相信，現在請你花一分鐘來回答以下幾個問題。你可以拿出一張紙和一支筆，根據問題試著描述你的答案：

現在請你看看你寫的東西。你是如何評價自己的？樂觀？漂亮？友善？你把你對自己的評價盡可能地寫出來。你用來描述自己的字眼就代表了你對自己的評價，也就是你的自我概念。

當然，上面的這份清單羅列的自我概念只是極小的一部分，如果你想把自己的自我概念描述得更完整，或許將列出幾十頁、幾百頁也未可知。

第 10 章　個人品牌化下的人際關係與溝通技巧？

**我是誰**

1、你現在的情緒或感覺，比如快樂、傷心；
2、你的長相，比如漂亮、胖；
3、你的社交能力，比如友善的、不善言辭；
4、你的社會角色，比如父母、單身；
5、你的身體情況，比如健康、不健康。

　　自我概念與個人品牌的關係密切相關。當我們把自我概念應用到個人品牌的建立上時，可以理解為個人品牌的建立過程其實就是一個自我概念管理的過程。這個過程從你現在的自我認知出發，逐漸向你期望的未來自我邁進，最終形成你想要達到的品牌形象。

◆ 自我概念是如何形成的？

　　自我概念的形成主要來自於以下兩大方面：

他人的評價

與他人的比較

圖　自我概念的形成

221

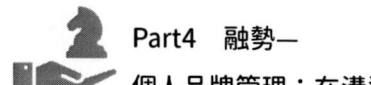

# Part4 融勢—
## 個人品牌管理：在溝通與相處中，讓你的身價翻倍

### 他人的評價

自我概念的第一個重要來源是他人的評價，這包括來自你身邊的所有人。然而，不同人的評價對你的影響程度是不同的。比如，從小到大，如果你父親對你的影響很大，他的評價可能在很大程度上決定了你對自己的認識。

舉個例子，有位憂鬱症患者告訴我，他的童年是在父親的壓制下度過的。因為父親經常挑剔他、否定他，這種負面的評價在他的心裡留下了深刻的烙印，最終影響了他的性格，導致了憂鬱症的產生。因此，他人的評判，尤其是那些在你生命中扮演重要角色的人，對自我概念的形成有著至關重要的作用。

### 與他人的比較

自我概念的第二個來源是與他人的比較。當我們把自己與他人進行比較時，我們往往會根據比較結果來修正或強化我們的自我認知。例如，你可能覺得自己的身材不錯，但是當你看到那些身材完美的明星時，可能就會覺得自己不夠好。這就是自我概念在比較中的形成過程。

舉個例子，在不同的文化背景下，「大方」這個概念也會有所不同。在某些地方，AA制被視為正常且理性的行為，但是在其他地方，AA制可能會被認為是不大方的表現。因此，自我概念往往是在特定的社會環境和文化背景下形成的，這是一個相對的概念。

### 自我概念對個人品牌建立的影響

既然自我概念是由他人的評價和與他人的比較形成的，那麼它對個人品牌的建立有著深遠的影響。在建立個人品牌的過程中，我們需要努

第 10 章　個人品牌化下的人際關係與溝通技巧？

力形成一個相對客觀的自我概念。過高或過低的自我評價都可能對個人品牌的建立產生負面影響。因此，了解並管理好自己的自我概念，是成功建立個人品牌的關鍵之一。

要成功地建立個人品牌，我們需要從現有的自我概念出發，逐步向理想中的自我邁進，這需要持續的努力和自我反思。在這個過程中，我們應該不斷修正自己的自我概念，讓它更加符合現實，從而為個人品牌的發展奠定堅實的基礎。不切實際的自我概念，無論是過高還是過低都會對個人品牌的建立產生不利的影響，主要有以下兩種情況：

```
自我概念對個人品牌建立 ─── 自我膨脹
       的影響        ─── 自卑、缺乏信心
```

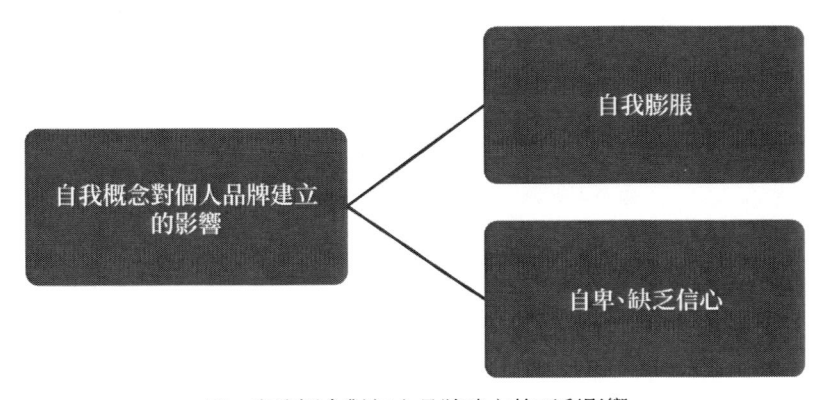

圖　自我概念對個人品牌建立的不利影響

## 自我膨脹

第一種不切實際的自我概念表現為自我膨脹。當一個人過於高估自己，這種自我膨脹往往會引發他人的反感，甚至導致他們對你產生負面看法，從而影響你的個人品牌形象和影響力。

舉個例子，有一次我參加了一個培訓班，認識了一位非常優秀的老師。她形象好，性格也很親切大方，但是她的自我概念有點過於膨脹。她總是熱心地幫助每個學員改進各種問題，比如在拍照時，她會主動指

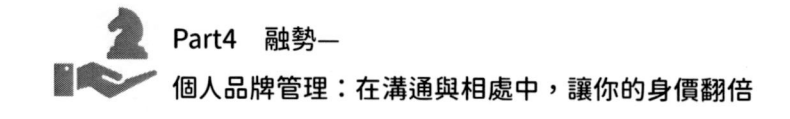

## Part4　融勢—
個人品牌管理：在溝通與相處中，讓你的身價翻倍

導他人擺姿勢，甚至建議他們如何搭配服飾。雖然她的出發點是好的，但是由於她的建議並不是他人所請求的，這種過度的熱情反而讓大家感到不適，甚至對她產生了厭惡。

這位老師的行為屬於自我膨脹的典型例子。她對自己的能力評價過高，認為自己的意見對他人有極大的幫助，卻忽略了他人的感受和需求。結果，她的熱情並未贏得他人的認同，反而讓人感到壓力，這對於她的個人品牌形象無疑是負面的。

事實上，自我膨脹是生活中常見的現象。曾有社會學家做過一項研究，要求參與者評估自己的社交能力。結果發現，大多數人認為自己的社交能力超過 50% 的人，甚至有四分之一的參與者認為自己可以排在前 1%。這種過高的自我評價，若不加以調整，將會對個人品牌的建立產生不利影響。

### 自卑、缺乏信心

與自我膨脹相對應的是自卑和缺乏信心。這也是一種不切實際的自我概念，會嚴重阻礙個人品牌的建立。個人品牌的建立需要持續地輸出影響力，而當你對自己缺乏信心時，這種影響力很難被傳達出去。

例如，前面提到的那位憂鬱症患者，在意識到自己自卑的問題後，積極尋求治療。他開始在各種公開場合中爭取表現自己，比如在健康訓練營裡，他鼓起勇氣參加了舞臺表演和朗誦。這些對他來說曾經是難以想像的，但正是透過這樣的努力，他開始改變自己，逐步建立起一個更積極、更有信心的自我概念。

總結來說，個人品牌的建立過程，就是一個不斷修正和完善自我概念的過程。無論是避免自我膨脹還是克服自卑，都需要我們在不斷的實

第 10 章　個人品牌化下的人際關係與溝通技巧？

踐中調整自我認識，努力形成一個客觀、現實的自我概念，這樣才能夠成功地建立和發展個人品牌。

◆ **自我概念管理的絕佳法則：360 度評價體系**

那麼，個人品牌塑造者應該如何建立一個新的自我概念呢？無論是高估自己，還是低估自己，不客觀的自我概念對個人品牌的建立都是不利的。個人品牌塑造者要想擺脫這樣的自我概念，就需要一種方法。

這個方法就是：基於多元環境下建立 360 度的評價體系。

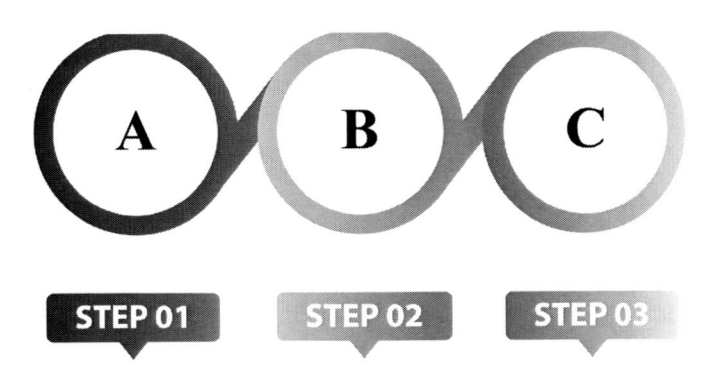

圖　基於多元環境下建立 360 度的評價體系

所謂的 360 度評價體系，首先，指你的評價應該來自於不同背景的人群。例如，你的評價來源可以包括國中的老師和同學、高中的老師和同學、大學的同學和教授、工作期間的同事等。通俗地說，就是不同成長階段裡，來自不同影響力或意見領袖的人對你的評價。

其次，評價應該來自於不同的關係層面。例如，你的評價體系裡應該有老師、同學、上司、客戶、競爭者等等。

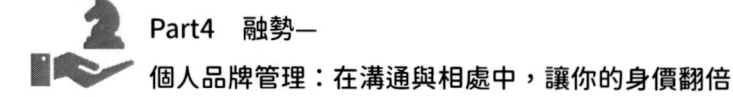

## Part4 融勢—
### 個人品牌管理：在溝通與相處中，讓你的身價翻倍

再來，評價應該來自於不同的環境。例如，你的評價體系裡應該包含你的工作環境、社交場合、娛樂環境等等。

總之，360度評價體系就是要確保你的評價來自不同的人、不同的關係和不同的環境，全面涵蓋各個方面。

為什麼個人品牌塑造者需要用360度評價體系來打造一個客觀的自我概念呢？因為在同一類人群、同一類關係、同一個環境下獲得的自我概念往往是不完整的，可能帶有偏見。

以我自己為例。

我發育得比較晚，在國中時個子還是很矮，上課時總是坐在第一排，與我同桌的女生比我高5、6公分，也坐在第一排。但是她一直認為自己比我高很多，這個印象非常深刻。幸運的是，上大學後，我突然長高了十多公分，不再是矮個子了，至少和正常人差不多了。可是每當我見到那位同學，她的第一句話總是：「哎呀，蔡丹紅，你怎麼長這麼高了？你怎麼比我高一個頭了？」這句話，她說了幾十年，每次見面都會提起。而且，只要有機會，她就會提到我小時候比她矮，現在卻長這麼高了。不僅是她，其他國中同學也是如此。

為什麼會這樣呢？因為我小時候給他們的矮小印象太深刻了，這種印象一直停留在他們的腦海中，揮之不去。這就是我在國中同學心中形成的一個概念——蔡丹紅是矮個子。這種矮個子的形象一旦在他們的腦海中形成，就會投射到我這裡，對我產生影響。即使我現在在女性中屬於中等個子，但多年來我不穿高跟鞋就不敢出門，因為我總認為自己個子不高，害怕別人的眼光。說白了，就是我對自己的身高不自信。

所以，他人的評價在你腦海中累積、形成後，對你的影響是非常大

## 第 10 章　個人品牌化下的人際關係與溝通技巧？

的。如果你在一個環境裡給別人形成的是一個不正面、不優秀的形象，那麼即使你後來取得了進步，只要你繼續待在這個環境裡，別人依然會用原來的視角來看你，這對你是不利的。因此，許多人在他們原來的成長環境中不怎麼優秀，但當他們真正變得優秀後，往往會選擇離開那個環境。

講到這裡，我相信大家已經明白了一個道理：如果你在目前的環境中給他人留下不佳印象，特別是缺乏個人品牌所需的素質，那麼我建議你最好離開現有環境，換個地方重新打造你的個人品牌。這就是多元環境下建立 360 度評價體系的重要性。

這也是為什麼許多明星成名後，不願再與曾經的夥伴在一起。因為曾經的夥伴對他們的印象總是帶著過去的烙印，而這種烙印會投射到自己身上，對他們的自我概念管理造成困擾。這樣的評價影響會對他們的繼續成長和信心建立產生不利影響。

自我概念的建立是個不斷變化的過程。因此，個人品牌塑造者需要隨著環境的變化，及時調整自己的自我概念。也就是說，成長是階段性的，在一個階段發展後，你的同事、朋友對你的評價可能不會那麼及時，這時你需要換個環境來展現自己。如果在老環境中，別人對你的感覺不太好，那麼隨著環境變化，不斷調整自我概念就顯得尤為重要。

最後，我還要特別提醒大家：在自我概念更新和發展的過程中，最好找到一個能給你正面回饋、增強自信、鼓勵你的朋友，從這樣的朋友那裡獲得力量，來得到更正面的評價，這對自我概念的管理非常有幫助。

本節中，我介紹的自我概念管理方法，簡單易行，任何人都可以實踐。只要你稍加學習和模仿，就能達到不錯的效果。

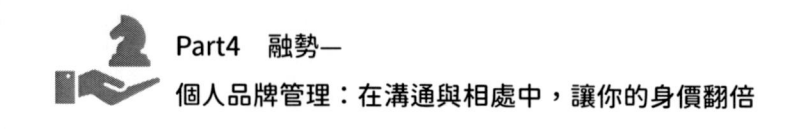

## 10.2 接觸點管理：如何管理好與你接觸的每一個情境？

個人品牌的認同管理會涉及到哪些方面？哪些需要管理，哪些可以不用太在意？這就是個人品牌接觸點管理要探討的內容。什麼是接觸點管理呢？我們先來看看以下這個案例。

網路上經常會爆出很多明星的「形象不雅照」，可能是服裝奇怪，或者是坐姿、吃相不雅。這些照片常常引發關於該明星的八卦和聯想，其核心內容通常是「明星走下坡、不注重形象」之類的言論。為什麼會出現這種情況呢？這就是因為明星沒有做好接觸點管理所帶來的後果。

所謂的接觸點管理，指的是管理好你可能會與公眾接觸的每一個情境。個人品牌的接觸點管理，就是透過合理的方法，來管理你與目標閱聽人、競爭者、股東、供應商、經銷商等所有可能發生接觸的點，優化這些接觸環境，讓接觸點發揮最大的效用，提升個人品牌形象。

我最早接觸到接觸點管理這個理論，是從知名行銷專家高健華的書裡讀到的。在他的書中，高健華老師提到自己曾經在惠普工作多年，對此有很深刻的感受。他認為，惠普的成功祕訣之一，就是對品牌接觸點的管理。惠普在企業內部找出了一百多個接觸點，然後規範化管理每一個接觸點，這才造就了如今的惠普。

這本書的這段描述讓我印象深刻。我認為，國外的品牌形象做得好，並不像我們有些企業那樣，總是先去做廣告、打宣傳。不是這樣的！國外更強調的是：品牌是靠管理來實現的，要透過管理把品牌融入到流程中，透過規範來表現出來。

你看，這些細節管理如果做到位，人們就會對你的品牌產生良好的感知。因此，在品牌策略階段，我們需要透過大量的研究、調查和競爭

第 10 章　個人品牌化下的人際關係與溝通技巧？

定位來確定我們的價值點，這是一個抽象的工作。到了執行階段，我們需要把這些抽象的概念變成人們可以感知的具象內容，讓人們透過你的表現形成具體的品牌印象。

例如，可口可樂賣的是「快樂」，那麼在傳播和執行階段，不能只是大喊「我們賣快樂」，而是需要將「快樂」這個抽象概念，轉化為人們可以真實感受到的東西，而不是直接告訴他們這是「快樂」。最終，公眾對你品牌概念的形成是自然而然完成的。他們透過吸收大量關於你的品牌資訊，可能是你的產品、服務、廣告等，最後在腦海中自己形成品牌概念。因此，接觸點管理其實就是過程管理。

令人遺憾的是，我們在做品牌管理時，往往會犯這樣的錯誤：品牌價值定位在「快樂」，然後所有的廣告語就是「我們賣快樂」，這樣到處宣傳其實沒什麼用。接觸點管理的重點是把你所有可能接觸到的點，無論是與顧客、競爭者、股東、供應商、經銷商等各種利益關係的接觸點，都用具體手段規範地表達你的價值點。重點是讓人們自行得出你的品牌是什麼，而不是你直接告訴他們結果。

所以，在品牌傳播階段，重點在於具體化圍繞核心價值去傳播，讓人們去感受。許多老闆為了省錢，常常打 5 秒鐘的廣告，將廣告內容濃縮成幾個字，反覆地強調概念，這種傳播結果只能帶來知名度，但是不能形成深刻的品牌形象。何況，光靠知名度就能贏得市場的時代早已過去了。今天我們做個人品牌，一定要記住：做好接觸點管理。

## ◆ 個人品牌為什麼要做接觸點管理？

對於個人品牌的認同管理為什麼要做好接觸點管理的原因，我舉一個我親身經歷的例子與大家分享。

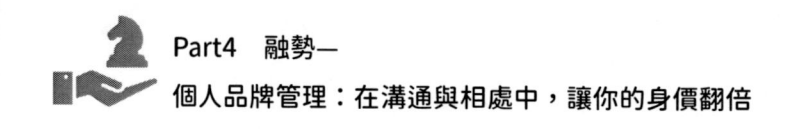

# Part4 融勢—
## 個人品牌管理：在溝通與相處中，讓你的身價翻倍

我有段時間身體特別不好，到處求醫問藥，聽說有一位醫術非常高明的老中醫，雖然收費非常貴，但是大家看完病後的評價都很好，因此我在看診前，心中這位醫生的形象是一個德高望重、對病人十分負責任的專家。

然而，那天的求診經歷實在太糟糕了。

醫師實在是太「有名氣」了。整個初診過程中的問診完全是由她的助理醫師完成的，且問診時醫師本人並不在場。問完後，助理醫師才把我帶到醫師所在的房間。

進入房間後，這位老中醫輕輕的把手搭在我的脈搏上，但是我明顯感覺到，她的手根本沒有真正搭上脈搏，只是做個樣子而已。而且在「搭脈」的同時，她與助理醫師們還在談論其他事情。接著，她便隨口開了個方子，整個過程不到幾分鐘。

且不說後來我因為吃了四帖藥全身過敏起了紅疹，還被送到了急診室搶救。就算沒有這些後續，僅僅是她接診時的流程設計和態度，就已經讓我對她完全失望。她的個人品牌在我心中瞬間崩塌。

因此，不管是公司品牌還是個人品牌，品牌概念的形成路徑其實都是一樣的，都是透過與品牌的各種接觸點建立起來的。這些接觸點可能是你的廣告、你的電話、或者是你與客戶面對面的溝通。任何與使用者、閱聽人的接觸點都是你建立形象的重要環節，都必須引起高度重視。

### 個人品牌如何做好接觸點管理？

既然接觸點管理對個人品牌的作用如此巨大，那麼，個人品牌塑造者要如何做好接觸點管理呢？

## 第 10 章　個人品牌化下的人際關係與溝通技巧？

個人品牌塑者要做好接觸點管理，必須遵循以下三大原則開展工作：

### 全面梳理個人品牌接觸點

要梳理個人品牌接觸點，我們首先先來看公司品牌接觸點的梳理，如下圖所示。

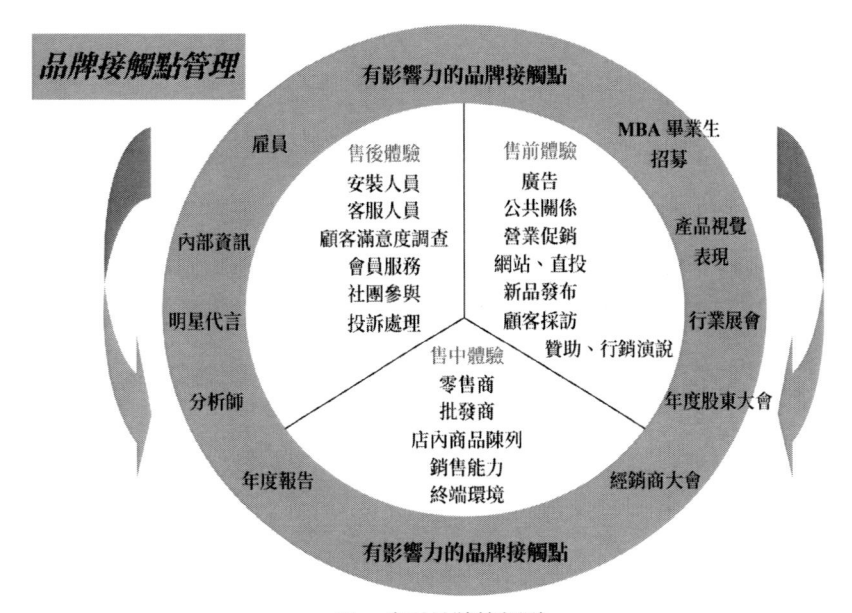

```
品牌接觸點管理

有影響力的品牌接觸點

雇員                                          MBA 畢業生招募
        售後體驗          售前體驗
        安裝人員          廣告
        客服人員          公共關係
內部資訊  顧客滿意度調查    營業促銷          產品視覺表現
        會員服務          網站、直投
        社團參與          新品發布
明星代言  投訴處理          顧客採訪          行業展會
                         贊助、行銷演說
            售中體驗
分析師      零售商                          年度股東大會
            批發商
            店內商品陳列
年度報告    銷售能力                        經銷商大會
            終端環境

有影響力的品牌接觸點
```

圖　公司品牌接觸點

那麼，個人品牌的接觸點梳理，道理也一樣。可以從橫向和縱向兩個維度去梳理。

橫向管理：首先，按照你所從事工作的各個模組梳理。

以我作為老師的行銷活動為例，這些活動可以分為課程研發設計、課程講授、課程推廣、課程售後服務等主要模組，這些我們可以稱為「母模組」。而每一個母模組下，又包含了許多「子模組」。例如，在課程講授這個母模組下，還可以細分為課堂場景設計、課堂老師的肢體語

## Part4 融勢一
### 個人品牌管理：在溝通與相處中，讓你的身價翻倍

言、課堂學員互動、課堂影片與音訊的運用等子模組。再進一步，每一個子模組下還可以細分為更小的「孫子模組」。以課堂場景設計為例，還可以進一步細化為白板設置、場景布置、評委席安排、學員座位配置、講師桌椅布置、杯具擺放、講師服裝選擇等。如果你願意再細化一些，甚至可以把這些孫子模組進一步分解出「曾孫模組」。如此一來，對於所有與品牌形象建立相關的各個操作模組，你便有了清晰的脈絡。

縱向管理：縱向管理實際上是流程管理。

這涉及到每一個作業模組在完成過程中的動作規範，以及前後各步驟之間的緊密銜接。以課程講授為例，在流程上，你需要考慮第一階段的暖場活動如何做品牌管理，第二階段的主題內容如何做品牌管理，以及第三階段的總結環節如何做品牌管理。

這裡的管理並不是專業技術上的管理，比如具體該講什麼內容，而是在講授內容時如何保持形象管理，確保這些與你的個人品牌概念相吻合。例如，暖場活動，有些講師喜歡採用戲劇化的方式，讓學員們一起唱歌跳舞，場面十分熱鬧。我個人是禁止這類暖場的，儘管我的歌唱得不錯，也具備一定的藝術表現力，但是我的品牌定位是專業、實務和系統性。因此，我選擇的暖場活動一定是與當天課程內容直接相關，而不是那些與專業無關的活動。

綜上所述，品牌接觸點管理的實質，是全方位地管理各個行業中的品牌形象。由於行業和職業的差異，接觸點的管理也會有很大不同。例如明星的接觸點管理，主要圍繞著作為職業演員的工作與生活社交來進行，包括拍攝、代言活動、接受訪問等。如果一位明星要做好自己的接觸點管理，就需要按照我上面所描述的管理方法，把這些活動全盤梳理過，再針對每一個動作設計出具體的品牌管理規範。

# 第 10 章　個人品牌化下的人際關係與溝通技巧？

## 從最核心的開始做起

顯而易見，個人品牌塑造者很難做到一下子管理所有的接觸點。因此，尋找目標閱聽人與個人品牌之間所有可能的接觸點，進而確認最具商業傳播價值的接觸點便成了個人品牌接觸點管理在前期的首要工作。

個人品牌塑者在篩選關鍵接觸點時，可以按照如下三個要點去尋找：

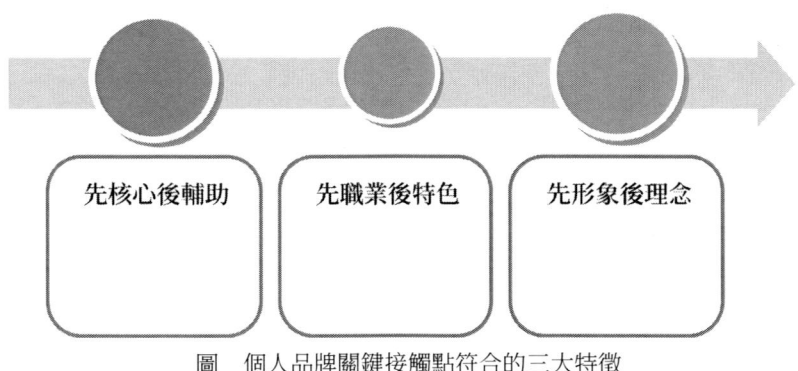

先核心後輔助　　先職業後特色　　先形象後理念

圖　個人品牌關鍵接觸點符合的三大特徵

## 先核心後輔助

意思是在管理眾多模組時，應該先考慮與你職業工作直接相關的關鍵模組，再考慮輔助模組。管理是逐步進行的，沒必要一開始就追求所有事情都做到完美。確實，個人品牌的管理涉及很多模組，這些模組都來自於你和粉絲之間的各種接觸點，這些接觸點關乎你的粉絲對你形象的認知。例如，像明星如果在街上隨意穿著，就可能被媒體報導，帶來負面影響。所以，所有接觸點都需要管理。但是就像品質管理體系一樣，這也是一個從初級到高級的過程。你可以先從 ISO 9000 品質管理體系開始，然後逐步提升到更高級別。

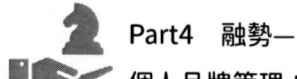

**Part4　融勢—**
個人品牌管理：在溝通與相處中，讓你的身價翻倍

### 先職業後特色

意思是按照個人品牌的定位理論，先設計職業標籤，再設計特色標籤。職業標籤界定你是屬於哪個領域的人，然後在這個領域裡再展現你的獨特之處。例如，我會先告訴大家我是個管理顧問，再告訴大家我在管理顧問領域與他人的不同之處。同樣地，你的個人品牌管理也可以按照這個邏輯發展。

### 先形象後理念

意思是在對外傳播與互動過程中，按照認知規律，是從外而內的過程。所以，應該先從形象入手，再慢慢引導到價值觀的共鳴。想像一下，如果你的外在形象與你想傳遞的資訊不符，比如你是一位瑜伽老師，但是看起來卻不像擁有瑜伽老師那種體態，那麼別人可能就不太容易接受你所傳遞的理念。

### 制定關鍵接觸點的操作與行為規範

在確定了個人品牌的關鍵接觸點之後，下一步就是為這些關鍵接觸點制定操作與行為規範，確保每個關鍵接觸點都能夠品牌化、規範化。個人品牌塑造者可以為每一個關鍵接觸點製作「接觸點管理卡」，在卡片上詳細列出你在面對這些接觸點時應該如何行動的規範。這樣，當你遇到這些接觸點時，就可以按照卡片上的指引去操作，確保每一個行為、每一個表達，都能為個人品牌加分。

在這裡，我要特別強調一點：當你為你的關鍵接觸點制定行為規範時，必須確保這些行為與你的個人品牌定位一致。相互矛盾的資訊會導致混亂的個人品牌形象。因此，個人品牌塑造者必須保證自己傳遞出來

第 10 章　個人品牌化下的人際關係與溝通技巧？

的是「一種聲音，一種形象」。

以上就是做好個人品牌接觸點管理的三大原則，也可以說是三個步驟。個人品牌塑造者只有做好了接觸點管理，才能讓品牌始終閃耀、提升個人品牌形象，使個人品牌的延伸成為可能。這就好比只有一個身體健康的人，才能有健康的後代。接觸點管理就是個人品牌的健康管理，讓每一個細節都做到極致，讓每一個接觸點都發出耀眼的光芒。你能做到，對吧？

## 10.3 非語言溝通管理：
## 與人初次接觸時，如何提高個人影響力？

建立個人品牌是一條漫長的道路，需要個人品牌塑造者具備堅定的決心、信心和耐心。而在這個過程中，我們需要處理好與他人相處時的各種管理細節。這些管理既包含語言的部分，也包含非語言的部分。在這一節，我們將探討非語言溝通管理對於個人品牌塑造的重要性，以及如何做好這方面的管理。

相信大家都聽過「小紅帽」的故事。這個故事有很多不同的版本，大多數人會用這個故事來教育孩子，提醒他們要警惕那些像大野狼一樣善於偽裝的壞人。然而，從溝通的角度來看，我們可以對這個故事做另一種解讀。小紅帽之所以會遇到大野狼，其實真正的問題可能在於她自己。為什麼這麼說呢？

當大野狼尾隨小紅帽來到她外婆家的路上，大野狼會先觀察，看看小紅帽是否有所警覺。如果發現她有警戒心，大野狼可能就會放棄獵食。

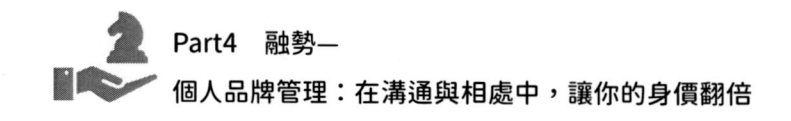

## Part4 融勢—
### 個人品牌管理：在溝通與相處中，讓你的身價翻倍

在這方面，我還看過一個影片，講述了一個很厲害的慣竊被抓之後的真情告白。在監獄警官的感化下，他坦白說，決定偷某個人之前，他會仔細觀察這個人，然後找準機會下手。

美國的社會學者也曾做過相關研究。他們在紐約街頭選了 60 個人，拍攝了這些人的步態，並將他們分成 10 個等級，來看看哪些人最容易成為襲擊目標？這項研究稱為「遇襲等級研究」。

研究結果顯示：走路時左右不協調的人最容易成為襲擊的目標；而那些腳後跟先著地、前腳掌穩定交替行進的人，因為動作具有控制力，是不容易被襲擊的。所以，小偷決定偷某個人，往往是根據這個人的步態和體姿來判斷的。

說了這麼多，我想表達的核心觀點是：在我們與他人交流的過程中，除了語言影響以外，要成功建立個人品牌，我們還需要依賴非語言的行為表現，包括聲音的控制、距離感、語調、身體語言等來有效地表達。

這些非語言溝通方式往往更直觀，也更能直接傳達出一個人的自信、能力和態度。做好非語言溝通管理，能夠顯著提升你的個人品牌形象，使你在與他人互動時更具影響力。那麼，非語言溝通有哪些類型呢？

一般來說，非語言溝通主要包括以下幾大類型：

第 10 章　個人品牌化下的人際關係與溝通技巧？

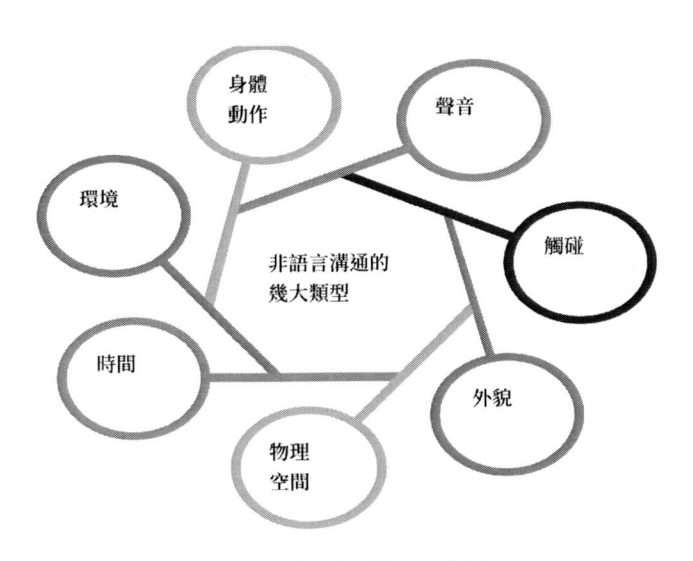

圖　非語言溝通的 7 大類型

以上 7 個只是非語言溝通的主要類型，除此之外，非語言溝通還有很多類型。顯然，我們要在本節裡一一把這些內容講得透澈是不可能的。如果大家有興趣，可以分別再去做這部分的研究。在這裡，我主要論述與人初步接觸時，應該如何做才能更好的提升你的個人影響力？

在品牌建立過程中，非語言溝通對於個人品牌塑造者而言具有相當重要的意義。在這一節中，我們將探討幾個關鍵的非語言溝通技巧，並且了解如何透過這些技巧來提升個人品牌形象。

**握手**

讓我們先來看一個有趣的案例。

玫琳凱（Mary Kay）是一個美國化妝品品牌，同時也是這個品牌創辦人的名字。玫琳凱為什麼會以她自己的名字命名公司呢？這源於一個非語言溝通的小故事。

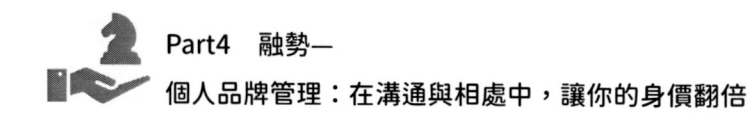

## Part4 融勢—
個人品牌管理：在溝通與相處中，讓你的身價翻倍

　　玫琳凱創立自己的公司是在她60歲退休後。退休前，她一直在一家化妝品公司工作，是一位非常優秀的銷售精英。這家公司有個傳統，每年都會在老闆的豪華花園裡舉辦銷售菁英的聚會，而玫琳凱當年也是被邀請的菁英之一。與老闆見面當然免不了握手，但是握手的方式卻讓事情發生了變化。

　　老闆與玫琳凱握手時，採取的是所謂的「死魚式握手」。這種握手方式的特點是，雙手相碰時，手掌幾乎沒有接觸到對方的手掌心，只是輕輕碰了一下指尖就迅速收回，傳達出的是一種傲慢與冷漠的資訊。更糟糕的是，老闆在與玫琳凱握手的同時，眼睛卻瞄向其他人，與他人交談，這讓玫琳凱感到非常不受尊重。

　　這次的經歷讓玫琳凱決定用行動來證明自己的價值。因此，她創立了以自己名字命名的公司，為的是向那些曾經看不起她的人展示她的能力。

　　這個故事告訴我們，人與人的交流過程中，不僅僅是言語交流很重要，非語言的溝通，尤其是握手這樣的身體接觸，也有著關鍵的作用。握手是初次見面時一個非常重要的非語言溝通途徑，適當的觸碰可以顯著提升溝通效果。許多研究都表明，適當的身體接觸能夠增強雙方的關係，因此，在初次見面時，握手是個非常重要的環節，我們應該以恰當的方式來進行這個動作。

### 聲音

　　非語言溝通不僅僅包含身體動作，聲音的表達也是非常重要的一環。第一次見面的時候，你的聲音應該怎麼表達？音調和腔調如何控制才最合適呢？通常來說，堅定有力的聲音能夠表達出自信，而細小微弱的聲音則可能顯示出缺乏自信。

# 第 10 章　個人品牌化下的人際關係與溝通技巧？

腔調也至關重要。過於濃重的鄉音可能給人一種不夠專業的感覺，而過於字正腔圓則可能讓人覺得你像個主播，缺乏個性和親和力。因此，找到合適的聲音表達方式，既能顯示你的專業，又不失個性，這對於個人品牌塑造者來說是非常重要的。

## 穿著

穿著對於個人形象的影響，大家應該都很清楚。俗話說：「人靠衣裝，佛靠金裝。」如何穿衣能夠展現你的品牌個性，這是一門大學問。目前，大多數關於穿衣的研究都集中在如何讓人穿得更漂亮、更符合身體形態，而較少探討服飾與品牌形象之間的關係。

現實中，許多注重品牌形象的人已經開始根據自己的品牌定位來決定穿著。穿衣不僅僅是追求時尚或符合傳統，而是應該根據你的品牌個性來選擇。例如，許多人認為在重大場合必須穿正裝，但是如果你的品牌定位不需要那麼正式，那麼你完全可以穿出自己的風格，而不是遵循千篇一律的規範。

## 環境

環境也是個人品牌塑造過程中的一個重要因素，尤其是在初次見面時，選擇見面的地點對於雙方的互動影響很大。如果在對方的場所見面，這在無形中傳達出對方在這次互動中的主導地位；如果環境選擇不當，甚至可能對你的品牌形象產生負面影響。

總而言之，非語言溝通透過身體動作、聲音、觸碰、穿著、環境等多方面傳遞資訊，是人們形成對你品牌感知的重要途徑。做好非語言溝通管理，不僅能增強你的品牌形象，還能讓你在與他人交流時更具影響力。

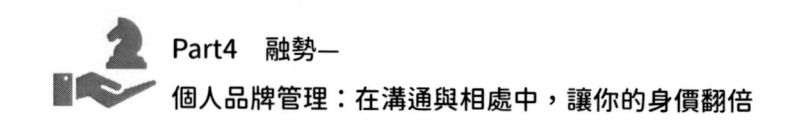

**Part4 融勢—**
**個人品牌管理：在溝通與相處中，讓你的身價翻倍**

## 10.4 語言管理：如何讓人聽得進去你的話？

在建立個人品牌的過程中，認同管理至關重要。無論你是剛起步的小網紅，還是已經成名的大明星，語言溝通都是塑造自己形象的核心工具。語言的使用得當與否，直接影響到你能否獲得公眾和粉絲的認同。接下來，我將分享一個朋友告訴我的真實案例來說明語言表達的重要性。

不久前，某大學花費重金聘請了一位學術上極具聲望的老師擔任學院院長。起初，學院內的老師們對這位新院長滿懷期待，然而，不過幾個月的時間，這位新院長卻因言語不當，引發十幾位老師聯名要求撤換她的職務。

事情的起因是這位新院長在一次群組討論中，對其他老師使用了侮辱性的語言，稱他們為「白痴」。這樣的言辭無疑激怒了所有人，導致她迅速失去了人心。然而，我們需要注意，語言的理解往往需要結合具體場景和上下文。同樣的一句話，在不同情境下可能有完全不同的含義。例如，稱「白痴」這個詞在某些輕鬆的情境下或許僅僅是戲謔，但是在正式場合下使用，則顯得極不恰當。

但是，在多數情況下，傳遞資訊的人並不會去完整還原當時的場景，而是會以自己的理解做抽象總結。例如，這位朋友告訴我：「這位新院長居然罵學院的老師是白痴。」並隨後補充說：「她真以為自己了不起嗎？」這種表達方式展示了人們在交流時，常常習慣於使用經過自身加工的抽象概念，而非具體細節。

第 10 章　個人品牌化下的人際關係與溝通技巧？

◆ 什麼是抽象與具象？

　　什麼是抽象呢？抽象指的是透過分析與綜合，運用概念在人腦中重現對象的特質和本質的一種方法。

　　當我們說到「水果」時，這個詞是對橘子、梨子、桃子、蘋果等的抽象表達。同樣地，當我們說「食品」時，可能是對水果、餅乾、糕點等的抽象概括。相比具體的事物，抽象的概念往往具有更廣泛的內涵。抽象程度越高，其所包含的意義就越多。比如，我們說「世界都是物質的」，「物質」這個詞就包含了無數的具體事物。

　　與抽象相對應的是具象。具象，就是具體的形象化表達。具象需要具備兩個要素：一是具體化，細節豐富；二是形象化，具有畫面感。例如，我們可以說一個具體的場景來讓讀者腦海中浮現畫面，進而產生共鳴。這就是具象化帶來的語言效果。

　　要理解語言中抽象與具象表達的不同，我們可以再次用水果為例。如果我們說：「小王，你去幫我買些水果來。」那麼小王的選擇就很廣泛，他可以買橘子、蘋果、桃子等任何一種水果。如果我們說：「小王，你去幫我買點吃的來。」那麼小王的選擇範圍更廣，誤解的機會也更大。假設你希望小王幫你買點主食，但是他回來時卻帶了水果，你會責怪小王嗎？如果你說：「小王，我要的是麵條，怎麼買了蘋果？」小王可能會覺得委屈，因為你只是說「買點吃的」，而蘋果也是食物。錯不在小王，而是在於你使用了抽象的表達，而不是具象的表達。

　　由此可見，語言越抽象，人們的感受就會越朦朧，就越容易拿自己以往的經驗去填充空白，於是歧義也更容易發生。那麼你的想法即使再高明，被聽懂、準確接受的機率也就越低了。所以，個人品牌塑造者在

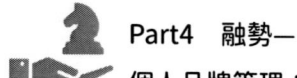

**Part4 融勢—**
**個人品牌管理：在溝通與相處中，讓你的身價翻倍**

語言溝通中，為了防止歧義，為了讓別人能準確接受你的思想，要採取具象的表達方式，而不是抽象的。

因此，在策劃公司提交方案時，他們往往會先用一個具體的場景來展示策略的效果。這個場景可能是方案實施後達成理想結果的畫面。策劃者會使用激動且具感染力的語言，逐一描述未來的情境，讓聽眾腦海中浮現生動的畫面，產生共鳴，從而提高提案被接受的機會。

所以，在日常工作和生活中的溝通中，我們也應該盡量使用具象的語言，而非抽象的表達。需要注意的是：書面語和口頭語是兩回事，切勿將書面語直接用作口頭表達，否則就容易讓人覺得刻板、生硬。

### ◆ 如何進行具象表達？

那麼，正確的具象化表達應該是怎麼樣的呢？我還是透過一個案例來說明一下。

假設這樣一個情境：你是一間公司的主管，你手下有位員工叫小王。最近公司業務繁忙，每個週末你都會要求小王加班。一段時間後，小王開始感到不滿，長時間的加班讓他沒有時間陪女朋友，兩人經常為此爭吵，所以小王的心情變得越來越糟。

有一天，當你再次通知小王週末需要加班時，小王終於忍不住提出抗議。而你這段時間一直在想小王的心情似乎不太好。當小王爆發時，你可能會這樣說：

①「小王，你不要心情不好啊。」

試想一下，當小王聽到這樣的話，他會有什麼感受？他可能會在心裡抱怨：「我這麼長時間都在加班，搞得我女朋友都快分手了，你還嫌我

## 第 10 章　個人品牌化下的人際關係與溝通技巧？

心情不好……」小王可能無法接受這樣的話。但是如果你把這件事表達得具象一點，你可以這樣說：

②「小王，**我們試著積極一點，好嗎？**」

當小王聽到這句話時，他的感受肯定會比第一句話好一些。因為「心情不好」是一種批評，而「積極一點」則是正向的表達。然而，這樣的表述還不是最理想的。你可以再具象一點，這樣說：

③「小王，**讓我們少一點抱怨，好嗎？**」

當小王聽到這句話時，他可能會想：「哦，原來要我不要一直抱怨。」這樣說，顯然比前兩句要好一些。但是這還不是最理想的表達方式，你可以表達得更具體、更積極一點，例如：

④「小王，**我們是不是可以對工作上的辛苦抱怨少一點呢？**」

當小王聽到這句話時，他會想：「哦，主管希望我對工作辛苦的事抱怨少一點，以後我應該注意這一點。」但是即便如此，這樣的表達還是不夠具象。如果你能更具體一點，小王會更容易接受。例如，你可以這樣說：

⑤「小王，**我們對週末加班這件事抱怨少一點，好嗎？**」

這樣說，比前面的幾句話都更具象，更容易讓人接受。

總而言之，個人品牌塑造者在語言溝通中，應該盡量做到具象，而非抽象。因為在傳播的過程中，個人品牌形象是透過細節來傳遞的。如果我們在與人溝通時，總是採用抽象的表達方式，容易導致誤解，進而影響品牌形象，也可能達不到我們預期的溝通效果。

古詩有云：「事莫明於有效，論莫定於有證。」個人品牌塑造者要想與人有效溝通，就請把語言說得具象一點，再具象一點。

243

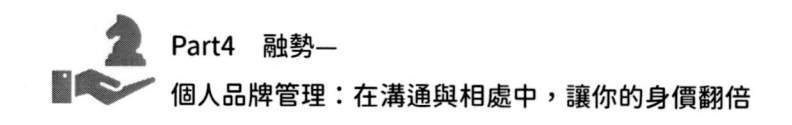

# Part4 融勢—
## 個人品牌管理：在溝通與相處中，讓你的身價翻倍

## 10.5 自我應驗預言管理：
## 如何堅定不移地實現自我預言？

個人品牌建立的過程，其實也是一個設定自我目標並不斷努力實現的過程。而這種自我設定的目標，其實反映了你對未來期望成為的自己的期待，這種期待在社會學家的眼中，就是一種自我應驗預言。因此，個人品牌管理的本質也可以視為一種自我應驗預言的管理。

那麼，如何理解這一點？該怎麼做？我們從「什麼是自我應驗預言」談起。

### ◆ 什麼是自我應驗預言？

所謂「自我應驗預言」，指的是對某件事情的發生抱有某種期待，並根據這種期待行動，最終使這個期待成真。

美國學者羅伯特・羅森塔爾（Robert Rosenthal）曾經在他的著作《教室中的比馬龍效應》（*Pygmalion in the Classroom*）中描述了一個經典實驗：

羅伯特告訴一位小學老師說：「你的學生中有 20％ 的人比其他 80％ 的學生更聰明。」然後，他將這 20％ 所謂「更聰明」的學生名單交給了老師。老師聽後，轉而告訴這些學生：「專家說你們比其他人更聰明。」那些學生聽了後變得更加努力和勤奮，信心大增。一段時間後，這些學生的成績顯著提高。

然而，這些學生真的比其他 80％ 的學生更聰明嗎？

其實並不是。

這 20％ 的學生其實是羅伯特隨機選出的。他想要證明的是，透過自

## 第 10 章　個人品牌化下的人際關係與溝通技巧？

我預言的暗示，這些學生可以取得比其他人更大的進步。

透過羅伯特的這個實驗，我們可以看到，自我應驗預言對一個人的成功與否具有非常重要的影響。因此，我們需要了解如何理解並運用它。

### ◆ 自我應驗預言的兩種類型

通常來說，自我應驗預言有以下兩種類型：

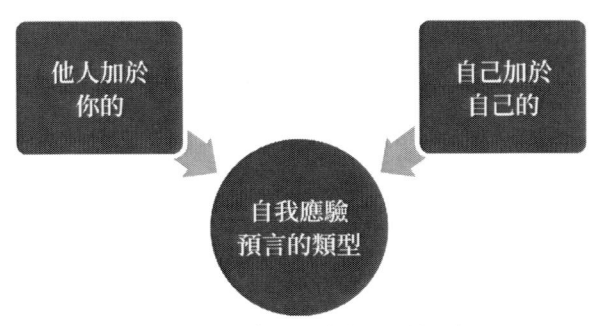

圖　自我應驗預言的兩種類型

自我應驗預言有兩種類型：一種是由他人加於你的；另一種是由自己加於自己的。在自我應驗預言中，如果是自己加於自己的，這意味著你對自己非常自信，堅信自己一定會成功。然後你朝著這個方向努力，最終夢想成真。如果是他人加於你的，那麼這個「他人」就變得非常重要了。

例如，在我近 20 年的諮詢生涯中，我曾經參與過許多成功案例。許多來諮詢的客戶在聽取了我為他們制定的規畫後，認為我的建議非常正確。隨後，他們便按照這樣的規畫努力奮鬥，最終取得了成功。不僅如此，在我擔任研究生導師的過程中，對於每一位學生，我都會根據他們的性格特點、職業發展特點、動機能力特點等，為他們指引一條合適的

**Part4　融勢—**
**個人品牌管理：在溝通與相處中，讓你的身價翻倍**

道路。結果幾乎100%的學生都按照我所預言的道路前進，而且都取得了不錯的成績。

說到這裡，不知道你是否發現：在自我應驗預言中，誰是那個說出預言的人非常重要。這個人必須是你信任的人。如果是一個你不信任、不太重視的人對你做出的預言，那麼這個預言的效果可能就不會太大。因此，要想讓自我應驗預言成功，還是有一些條件限制的。那麼，這些條件是什麼呢？

### ◆ 自我應驗預言成功的四大條件

具體來說，要想自我應驗預言成功，至少要達到以下四個條件：

- 清晰、明確的期待
- 採取與期待一致的行為
- 期待如實發生
- 強化起初的期待

圖　自我應驗預言成功的四大條件

首先，要有非常清晰的期待，這個期待必須明確，不能模稜兩可。我會告訴研究生們：「你的性格特點和能力特點適合從事銷售管理、品牌策劃或產品經理的工作。」這些預言中的期待是非常清晰且明確的。我

第 10 章　個人品牌化下的人際關係與溝通技巧？

在告訴他們時，對這些職業所需的能力結構、創業與為他人工作的能力差異心知肚明，因此我的表述也會非常清楚。我與對象在預言中的指向有共同的理解。

其次，提出明確的期待後，你需要採取一系列的行動來實現這個期待。從策略到戰術，你必須用一系列的行動來貫徹它。如果你聽到預言後，只是笑笑了事，不採取任何行動，那麼這個預言肯定無法實現。畢竟，這個世界沒有「天上掉餡餅」的事。這個步驟是至關重要的。如果前一步是方案的制定，那這一步就是方案的執行。

接著，你將看到期待如期實現。

最後，是對起初期待的昇華和強化。如果創業成功了，進一步強化後，你會發現自己在這方面確實有天賦，那麼你就會繼續努力，結果也會越來越好。

以上是實現自我應驗預言的四大條件，也是四大步驟。

◆ 如何運用自我應驗預言到個人品牌建立上？

那麼，如何將自我應驗預言應用到個人品牌的建立上呢？

在個人品牌的建立過程中，自我應驗預言具有極為重要的作用。例如，當我們質疑自己是否有能力成功、是否能夠達到某個高度時，如果內心充滿了不自信和懷疑，那麼另一個聲音就會不斷冒出來：我可能不行，我做不到。這種不自信的自我應驗預言會引導我們，最終可能真的導致失敗。

在現實生活中，你是否有過這樣的經歷：當你開始做一件事情時，內心告訴自己「我肯定可以做到」，但是隨即又出現另一個聲音：「可能

247

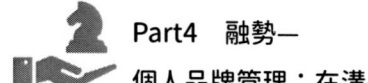

# Part4 融勢—
### 個人品牌管理：在溝通與相處中，讓你的身價翻倍

不行，我是不是把話說得太滿了？」這樣的矛盾心理會對實現目標產生極大的負面影響。因此，在建立個人品牌時，必須堅定不移地執行自己的自我應驗預言，相信它一定能夠實現。如果你發現自己缺乏信心，該怎麼辦呢？

請記住，自我應驗預言有兩種：一種是自己給自己的，另一種是他人給你的。如果你自己力量不足，那麼你應該尋找一位你信任的導師，讓他來告訴你：「你可以做到。」並圍繞著這句「你可以做到」展開行動，把該做的事情一一做好。比如，在個人品牌建立的第一步中，你需要制定策略定位，接著設計整體的形象，再做行銷管理。這幾個步驟需要你一一地執行下來，這樣你就會逐漸接近目標。

僅僅口頭上的鼓勵是無法實現目標的。達成目標可以分為多個步驟和階段。當你完成一個小目標後，再進入下一個小目標。不要好高騖遠，一下子給自己設定一個過高的目標。從一點一滴開始，讓自己的預言一步一步實現，隨著自信的不斷累積，最終你就會真的夢想成真。

## 10.6 情緒管理：面對指責時，如何用理性代替非理性？

個人品牌的建立過程，本質上就是一個不斷取得他人認同的過程。在這個過程中，你需要不斷地與他人溝通。無論你處於何種情緒狀態，無論面對的是善意還是惡意的人，你都必須努力讓他們認同你所建立的形象。

然而，人無完人，我們都有自己的喜怒哀樂、也有失去耐心和急躁的時候。然而，對於接收方來說，他們並不會考慮你的情緒狀態，粉絲心目中的你，必須始終維持在那個理想的形象。

第 10 章　個人品牌化下的人際關係與溝通技巧？

因此，如何讓我們的言行不被不良情緒所控制，尤其是在面對指責或不良評價時，如何保持良好的情緒狀態，是個人品牌建立過程中，自我管理的一個非常重要的方面。本節將與大家探討這方面的管理方法。

在討論情緒管理之前，我們先來了解一個重要的概念：情商。情商是大家經常聽到的詞彙，但事往往存在理解上的偏差。那麼，什麼是情商呢？

情商其實就是對情緒的自我管理能力，也就是對情緒的平衡控制能力。

為什麼我們要管理好自己的情緒？越來越多的研究顯示，人的情緒是有記憶的。一次負面的情緒感受會積澱在你的心裡，很多年後，它仍然可能以潛意識的形式提醒你，讓你避免再次受到類似的傷害。這就是俗語中所說的「一朝被蛇咬，十年怕井繩」的道理。如果你在某個時刻忍不住發洩情緒，傷害了你的粉絲，即使你事後道歉，也可能無濟於事。

因此，心理諮商師常常會透過讓被傷害者還原情境，發洩潛藏的情緒，再重塑他們的認知。然而，在大多數情況下，你不會有機會幫你的粉絲做這樣的心理重塑。所以，一旦造成傷害，這可能成為永遠的痛。粉絲可能因此遠離你，並且為了自我修復心理創傷，會不斷地宣洩和表達這些不好的情緒，導致你的負面形象不斷被傳播。因此，個人品牌塑造者在與社群成員打交道時，管理好自己的情緒至關重要。

## ◆ 情緒是有記憶的

讓我們透過一個故事來開始這一節的討論：

還記得在我讀國中時，有一次老師在班上表揚了我寫的一篇作文，

# Part4 融勢—
## 個人品牌管理：在溝通與相處中，讓你的身價翻倍

當時我非常開心。下課後，我站在教室外的走廊上，望著陽光發呆。這時，一位坐在最後一排的高個子女同學走過來，惡狠狠地對我說：「蔡丹紅，你別太得意，有什麼了不起的。」可以想像，當時的我內心是多麼震驚。雖然我當時沒有哭，但是卻呆立在那裡，感到茫然無措，心裡不停地想：「她為什麼要這麼說？她憑什麼這麼說我……」

多年過去了，我已經記不清當時作文的內容，甚至忘記了老師為什麼要表揚我。然而，那位女同學對我的羞辱卻深深印在我的記憶中。多年以後，當我偶然再見到這位女同學時，雖然我已經不再是那個矮小的孩子，但是看到她時，我心裡仍然感到不安，甚至有些害怕。這件事導致我在與同齡女性交往時，內心總是有一種無名的恐懼，害怕再次受到傷害。

這件事在心理學就叫「批評者算式」。所謂「批評者算式」，其公式如下所示：

一條侮辱 ＋ 一千條讚美 ＝ 一條侮辱

圖 「批評者算式」的公式

這個公式的意思是說：即使你收到了上千條讚美，只要其中有一條侮辱性的話語，留在你記憶中的，往往就是那條侮辱，而不是那千條讚美。正如上面的故事所示，我已經把那些讚美我的事都忘光了，唯有那句侮辱的話深深留在了我的腦海裡。

在心理學上，我們把這種深刻的情緒記憶稱為「情緒記憶」。這些情緒會在我們的記憶中埋藏得越深，越難以發掘，它們對我們的影響也就

## 第 10 章　個人品牌化下的人際關係與溝通技巧？

越大。這些記憶會不時在我們的生活中浮現出來，干擾我們的人際關係和正常的表達，甚至會危害到我們的生活和事業。

顯然，如果我們沒有適時地表達和發洩不良的情緒，它們就會在我們心中累積，最終對我們造成傷害。因此，情緒管理在個人品牌建立中至關重要。我們需要讓這些負面的情緒在我們心靈中停留的時間越短越好。從這裡可以看出，情緒管理不僅僅關係到我們的日常生活，還關乎我們個人品牌的成敗。如果我們不能有效地管理情緒，這些負面情緒就會對我們的品牌形象和事業產生深遠的負面影響。這樣的例子屢見不鮮。

個人品牌的建立，需要的是廣泛的認同，越多的人認同你，你的品牌就越成功。然而，在這個過程中，我們不可避免地會遇到不喜歡我們的人，甚至會遭到他們無理的辱罵和指責。這時，我們可能會感到委屈和不適，那麼，我們應該如何應對這些辱罵和無理指責呢？

一種方式是直接表達情緒，這樣雖然逞一時之快，卻不利於個人品牌的建立和影響。然而，壓抑情緒也是不對的。我之前提到過，情緒是有記憶的。如果我們受到的傷害越深，這些情緒就會深深植根於我們的腦海中，並且會不時地干擾我們的正常處事和自信心。因此，壓抑情緒也不可取。醫學研究顯示，情緒壓抑會導致身體上的重大疾病，比如癌症都可能與情緒壓抑有關。

基於此，心理諮商師在治療患者時，通常會鼓勵他們表達壓抑在心中的情緒，因為只要表達出來，就意味著治療成功了一大半。因此，在個人品牌的管理中，我們既不能直接表達受辱時的情緒，也不能傷害人際關係。這看似兩難，那麼，我們該如何應對呢？

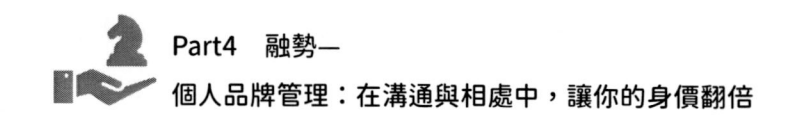

**Part4　融勢—**
**個人品牌管理：在溝通與相處中，讓你的身價翻倍**

## ◆ 情緒管理的方法 —— 理性情緒治療

美國著名心理學家亞伯特・艾利斯（Albert Ellis）於 1950 年代創立了「理性情緒治療法」。我認為這個方法對個人品牌的情緒管理具有很大的指導意義。

這個方法的核心觀點是：當我們面對壞情緒時，應該改變自己的思考模式，建立一個正確、健康的思維方式，以取代那些不良、非理性的思考模式，從而改變我們的情緒反應。

為了更形象地說明這一點，我舉一個例子：

假設你經過一個朋友的家門口，這位朋友突然走到窗前，對你破口大罵，毫無理由地指責你。你聽到後，心裡可能會想：「他憑什麼指責我？我又沒做錯什麼，以後再也不理他了……」這種反應是許多人典型的非理性思考模式。

那麼，如果我們換一種思考方式呢？試著在心裡想：「這個朋友是不是心情不好？他是不是遇到什麼困難了？」

當你這樣想時，是否感覺情緒和心情好了很多？事實上，我們對一件事情的反應，大多取決於我們的思考模式。當我們的思考模式基於不同的法則和邏輯時，結果就會大不相同。因此，作為個人品牌塑造者，在做情緒管理時，應該學會如何讓我們的思考模式有助於我們的情緒表達。這就是亞伯特所提出的「理性情緒治療法」。在這個過程中，我們需要學會「自我內言」。

所謂「自我內言」，就是當我們面對一些對自己情緒產生影響的事情時，能夠快速自我對話。例如，在上述被朋友無端辱罵的情況下，你應

## 第 10 章　個人品牌化下的人際關係與溝通技巧？

該問自己：「為什麼會發生這樣的事情？這件事背後的邏輯是什麼？」在這裡，我們需要找到理性的邏輯，而不是讓自己被非理性的情緒所支配。

為了更深入地詮釋這個技巧，我再舉一個更具體的例子。

我曾經參加過一個健康訓練營，在那裡，我有幸見證了一位優秀的諮詢師如何快速地幫助一個人處理情緒問題。在這個人接受治療之前，發生了這樣一件事：

她參加了這個健康訓練營的第一階段課程後，覺得與她的預期不符，因此決定不再參加後續的活動，並打算向主辦方討回她的 5,000 元定金。然而，在她與健康訓練營的主辦方初步電話溝通後，主辦方態度曖昧，似乎不太願意退還定金，並要求她當面詳談。想到要面對這樣一件麻煩，且可能產生激烈衝突的事情，她感到不安，且缺乏信心去處理。於是她請求一位參加訓練營的心理諮商師幫助她。

諮詢過程開始後，諮詢師讓她詳細談談此刻的感受。當她敞開心扉，傾訴完當下的感受後，諮詢師追問她的情緒來源：「你的情緒是如何來的？」接著，她向諮詢師揭開了埋藏在心裡多年的祕密。原來，她從小在父親嚴厲的管教下長大，父親對她非常苛刻，對她做的每一件事總是挑剔和指責。顯然，父親這種過於嚴厲的教育和壓抑人性的打擊，導致了她缺乏自信，面對壓力時，她習慣了忍耐，缺乏勇氣面對壓力和衝突。回憶這些過去的經歷時，諮詢師幫助她努力還原當時的情境，這觸發了她內心的痛苦，她淚流滿面，這種被壓抑已久的情緒終於被釋放出來。

當她釋放出這些情緒後，諮詢師開始幫助她重建新的信念。諮詢師告訴她，要求退還定金是一件合理的事情，並解釋了其中的邏輯。她之

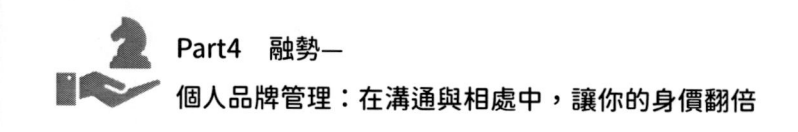

# Part4 融勢—
## 個人品牌管理：在溝通與相處中，讓你的身價翻倍

所以不敢去討回定金，不是因為這件事本身，而是因為內心害怕衝突、害怕面對，這些恐懼源自於過去的情緒經驗。

當這個邏輯關係被理清後，她的信念得到了重建，心情也豁然開朗。隨後，她充滿信心、理直氣壯地去找主辦方討回定金。結果，她不僅順利拿到了定金，還為自己在交流過程中鏗鏘有力的表達能力感到自豪，對方也因此對她刮目相看。

透過這個案例，我們了解到情緒管理的一個重要原則：重構我們的信念。當我們釋放出曾經被傷害過的情緒後，再重構我們的理性信念，建立新的邏輯，才能讓自己勇於面對挑戰。

在銷售界被譽為大師級人物的奧格‧曼狄諾（Og Mandino）曾說過一段具有極大警示作用的話：

「弱者任由思緒控制行為，強者讓行為控制思緒。

我要成為自己的主人，由此而變得偉大。

一直堅持做下去吧，這會給你帶來無數的益處。」

因此，在我們建立個人品牌的過程中，個人形象的管理實際上就是在管理我們的認同和輿論。在這個過程中，任何情緒化的衝動都有可能對我們的個人品牌產生重大影響，有時甚至會帶來致命的後果。要做好情緒管理，最關鍵的密碼就是學會自我內省，並在這個過程中運用理性的思維來取代非理性的想法。

最後，我想說的是：潮起潮落，月圓月缺，雁來雁往，花開花謝。這世界萬物都在不斷變化中，更何況我們人類呢？因此，有情緒並不可怕，可怕的是不懂得如何管理情緒。無論情況如何，個人品牌管理中，最愚蠢的行為莫過於傷害自己或他人。而情緒管理的缺失，往往是這種

## 第 10 章　個人品牌化下的人際關係與溝通技巧？

愚蠢行為的主要原因。能夠管理好自己情緒的個人品牌塑造者，才能從容應對各種挑戰。而那些任由負面情緒肆意蔓延的個人品牌塑造者，即使再聰明，也無法成功。修身養性才是提升自身層次的根本，其他一切都只是這個基礎的延伸。

# 學會「賣」自己，讓你成為焦點人物：
生活，就是你的品牌秀場！打造專屬自己的標籤，別再消失在人群中

| | |
|---|---|
| 作　　　者：| 蔡丹紅 |
| 發 行 人：| 黃振庭 |
| 出 版 者：| 財經錢線文化事業有限公司 |
| 發 行 者：| 財經錢線文化事業有限公司 |
| E - m a i l：| sonbookservice@gmail.com |
| 粉 絲 頁：| https://www.facebook.com/sonbookss/ |
| 網　　　址：| https://sonbook.net/ |
| 地　　　址：| 台北市中正區重慶南路一段61號8樓<br>8F., No.61, Sec. 1, Chongqing S. Rd., Zhongzheng Dist., Taipei City 100, Taiwan |
| 電　　　話：| (02)2370-3310 |
| 傳　　　真：| (02)2388-1990 |
| 印　　　刷：| 京峯數位服務有限公司 |
| 律師顧問：| 廣華律師事務所 張珮琦律師 |

-版權聲明——————————

本書版權為文海容舟文化藝術有限公司所有授權崧博出版事業有限公司獨家發行電子書及繁體書繁體字版。若有其他相關權利及授權需求請與本公司聯繫。

未經書面許可，不得複製、發行。

定　　價：350 元
發行日期：2024 年 10 月第一版
◎本書以 POD 印製
Design Assets from Freepik.com

## 國家圖書館出版品預行編目資料

學會「賣」自己，讓你成為焦點人物：生活，就是你的品牌秀場！打造專屬自己的標籤，別再消失在人群中 / 蔡丹紅 著. -- 第一版. -- 臺北市：財經錢線文化事業有限公司，2024.10
面；　公分
POD 版
ISBN 978-626-408-030-9（平裝）
1.CST: 自我實現 2.CST: 成功法
177.2　　　　113015006

電子書購買

爽讀 APP　　　臉書